Sammlung Metzler
Band 282

Matthias Bauer

Der Schelmenroman

Verlag J. B. Metzler
Stuttgart · Weimar

Die Deutsche Bibliothek – CIP-Einheitsaufnahme

Bauer, Matthias:
Der Schelmenroman / Matthias Bauer.
– Stuttgart ; Weimar : Metzler, 1994
(Sammlung Metzler ; Bd. 282)
ISBN 978-3-476-10282-9
NE: GT

ISSN 0558-3667
ISBN 978-3-476-10282-9
ISBN 978-3-476-03979-8 (eBook)
DOI 10.1007/978-3-476-03979-8

SM 282

© 1994 Springer-Verlag GmbH Deutschland
Ursprünglich erschienen bei J.B. Metzlersche Verlagsbuchhandlung
und Carl Ernst Poeschel Verlag GmbH in Stuttgart 1994

EIN VERLAG DER   SPEKTRUM FACHVERLAGE GMBH

Inhalt

V

I. Einleitung

Wer einen Roman liest, läßt sich auf eine bestimmte Art und Weise der narrativen Welterzeugung ein; die Perspektive des Erzählers bestimmt die Sicht des Interpreten. Nun ist jedoch nicht jeder Erzähler gleichermaßen vertrauenswürdig. Gerade der Schelmen- oder Pikaroroman zeichnet sich dadurch aus, daß die verkehrte Welt der Gauner und Vertrauensschwindler, die in ihm zur Darstellung gelangt, von einer Figur beschrieben wird, die selbst im Verdacht steht, ein Gauner und Vertrauensschwindler zu sein. Dank dieser vertrackten Erzählanlage überträgt sich die zwischenmenschliche Vertrauenskrise, in die der Schelm auf seiner Lebensreise gerät, von der Ebene der dargestellten Handlung auf die Ebene ihrer Interpretation: die spezifische Vermittlungsstruktur des Romans reflektiert das Generalproblem der pikarischen Welt.

Der Kunstgriff, das Thema der Erzählung durch die Erzählweise bewußt zu machen, wurde so wohl erstmals in dem 1554 anonym veröffentlichten *Lazarillo de Tormes* mit aller Raffinesse angewandt. Man kann in der Erfindung dieses Kunstgriffs die Initialzündung nicht nur der novela picaresca, sondern des modernen Romans überhaupt sehen. Allerdings handelt es sich dabei um eine Initialzündung mit Verzögerungseffekt. Erst 1599 nämlich legt Mateo Alemán den ersten Teil seines *Guzmán de Alfarache* und damit ein Erzählwerk vor, das der gleichen Machart verpflichtet ist; 1602 folgt ein apokrypher zweiter Teil, 1604 die authentische Fortsetzung. Dann aber werden mit der *Vida del Buscón* (1603) und *La Pícara Justina* (1605) alsbald zwei weitere Erzählwerke nach dem gleichen Muster verfaßt, die das thematische Spektrum der Gattung erheblich erweitern. López de Úbeda setzt Alemáns Picaro mit seiner Justina eine Schelmin entgegen; Francisco de Quevedo unterläuft die Weltanschauung des *Guzmán* mit den erzählerischen Mitteln des *Lazarillo*.

In all diesen Werken wird die pikarische Welt aus der retrospektiven Sicht eines unzuverlässigen Ich-Erzählers entfaltet; in allen Fällen verbindet der Lebensbericht des Schelms einen pseudoautobiographischen Erzählstrang der Selbstdarstellung mit einem paraenzyklopädischen Erzählstrang der Weltdar-

1

stellung. Da der Schelm sich und seine Welt vornehmlich in der Auseinandersetzung mit verschiedenen Widersachern erfährt, die ihrerseits als Repräsentanten der zeitgenössischen Gesellschaft in Erscheinung treten, besteht die pikarische Welt aus einer als Sittengemälde angelegten Typenrevue. Der eigentliche Witz dieser Erzählanlage liegt jedoch darin, daß die pikarische Welt durch die einseitige Erzählperspektive eine asymmetrische Brechung erfährt: in der Selbst- und Weltdarstellung des Schelms sind die denkbaren Gegendarstellungen seiner Widersacher ausgespart. Mit dieser signifikanten Leerstelle ist die pikareske Weise der narrativen Welterzeugung als ergänzungsbedürftig markiert. Um dem Schelm auf die Schliche zu kommen, muß der Leser die gleichsam halbierte Sicht der Dinge einer Komplementärlektüre unterziehen.

Das Komplementaritätsprinzip, das im Pikaroroman die Interaktion von Text und Leser – und damit den Aufbau der pikarischen Welt – reguliert, hat neben dem rezeptionsstrategischen auch einen produktionsästhetischen Clou: denn die spezifische Lesart, nach der die unzuverlässige Selbst- und Weltdarstellung des Schelms verlangt, provoziert entsprechende Schreibweisen. Wie der *Buscón* beispielhaft zeigt, kann die Version der Welt, die in einem Schelmenroman vorgestellt wird, in einem anderen Roman einer Revision unterzogen werden. Komplementär zu dieser Binnendifferenzierung der Gattung anhand der unterschiedlichen Versionen, die ihre Vertreter von der pikarischen Welt erzeugen, kann man der pseudoautobiographischen Erzählanlage insgesamt die ironische Weise der auktorialen Welterzeugung entgegenstellen, die Cervantes in seinen Erzählwerken verwirklicht hat. Entscheidend ist, daß dieser Gegensatz in den *Novelas ejemplares* (1613) und im *Don Quijote* (1.Teil 1605; 2.Teil 1615) ausdrücklich reflektiert wird: die Kritik des Schelmenromans ergänzt bei Cervantes die Parodie des Ritterromans. Verhielt sich bereits die pikarische Welt zum phantastischen Universum der Ritterbücher wie die Realsatire zum Idealroman, so erwächst aus dem Gegensatz zwischen der pikaresken und der cervantesken Weise der Welterzeugung eine Dialektik von Genre & Countergenre, die es gestattet, die Genese des modernen Romans als ein agonales Spiel von einander zum Teil ergänzenden, zum Teil widersprechenden Weltbildern und Erzählformen zu verstehen.

Die Wechselwirkungen, die zu Beginn der Neuzeit auf der iberischen Halbinsel zwischen der novela picaresca, dem Ritterroman und Cervantes Werken bestanden, haben Spanien zum Modellfall für die Entstehung einer nationalen Erzählliteratur gemacht. Ob in Frankreich oder England, Deutschland oder Rußland, Süd- oder Nordamerika – überall tauchen Schelmenromane bei der Entwicklung des modernen Romans an entscheidender Stelle auf. Jurij M. Striedter, der diese Schlüsselfunktion der pikaresken Erzählweise am Beispiel der russischen Literatur untersucht hat, erklärt – seine Ergebnisse verallgemeinernd –:

»Die lockere Kompositionstechnik erlaubt den Autoren nahezu alles einzufügen, was ihnen an schwankhaftem Material zur Verfügung steht (weshalb der Schelmenroman als ideale Übergangsform von der einfachen satirischen Schwanksammlung zum komplexen und straff durchkomponierten Gesellschaftsroman angesehen werden kann)« (Striedter, 1961, 34 f).

Der Romancier Alejo Carpentier bestätigt diese Analyse für den Bereich der lateinamerikanischen Literatur. In seinem Essayband *Stegreif und Kunstgriffe* erläutert er die notwendigen Rahmenbedingungen einer nationalen Erzählkultur:

»damit ein Land eine Romanliteratur bekommt, müssen mehrere Romanciers unterschiedlicher Altersstufen nebeneinander eine ähnliche bis antagonistische Arbeit in fortwährender Anstrengung und ständigem Experimentieren mit der Technik geleistet haben [...] Daraus resultiert, daß der Roman, wie wir ihn heute verstehen – der Roman innerhalb einer definierbaren Romanliteratur –, eine spanische Erfindung ist. Diese spanische Erfindung ist der Schelmenroman, der nach Ablauf von drei Jahrhunderten – eine langlebigere, umfänglichere literarische Gattung hat es nie gegeben – auf Amerika überspringt und kraft eigener Ausstrahlung den *Periquillo Sarniento* [von Fernández de Lizardi] entstehen läßt« – laut Carpentier »der erste auf dem Kontinent veröffentlichte authentisch lateinamerikanische Roman« (Carpentier, 1979, S. 11 und S. 67).

Insofern die novela picaresca zunächst ein mit den literarischen und außerliterarischen Gegebenheiten auf der iberischen Halbinsel eng verknüpftes Genre gewesen ist, das dann in Deutschland, Frankreich und England landesspezifisch ab- und umgewandelt wird, erschließt sich die Entwicklungsgeschichte des europäischen Schelmenromans aus den Übersetzungen und Bearbeitungen, die die Originalwerke außerhalb Spaniens erfahren haben. Die recht unterschiedliche Aufnahme und Weiterführung der novela picaresca hat nämlich zu einigen Verwerfungen innerhalb der pikarischen Welt sowie zu Unterschieden in der Romanproduktion der einzelnen Länder geführt.

Anknüpfungspunkt für die erste Rezeption und Reproduktion der spanischen Werke im deutschsprachigen Kulturraum war die von Brant und Murner begründete Tradition der volkstümlichen Narrenssatire, vor allem aber das *Volksbuch von Till Eulenspiegel* aus dem Jahre 1512, das bereits das schriftstellerische Bemühen erkennen läßt, die einzelnen Schwänke und Streiche auf die zentrale Figur des Schalks hin anzuordnen. Allerdings erscheint Eulenspiegel noch nicht als eine individuelle, sondern entsprechend dem kompilatorischen Charakter des Werkes als eine kollektive, aus diversen Schwankfiguren zusammengesetzte Persönlichkeit. Obwohl seine Streiche zumeist linguistischer Art sind – bestehen sie doch in der allzu wörtlichen Interpretation umgangssprachlicher Redensarten und bildlicher Ausdrucksweisen – und einige rhetorische Fähigkeiten voraussetzen, wird aus dem Schalksnarren noch kein Ich-Erzähler.

In Frankreich liegen die Dinge anders, vor allem weil François Rabelais mit *Gargantua et Pantagruel* (1532–1562) noch vor der Veröffentlichung des *Lazarillo de Tormes* und seiner ersten französischen Übersetzung 1560 ein an die karnevaleske Lachkultur anschließendes Erzählwerk zu verfassen begonnen hatte, in dem mit Panurge eine dem Schelm in vielerlei Hinsicht verwandte Gestalt vorgestellt wurde. Tatsächlich besitzen Panurge und Lazarillo einen gemeinsamen italienischen Vorläufer. Gemeint ist Cingar, eine Nebenfigur in Teofilo Folengos *Baldus*, der abschnittsweise sogar als Ich-Erzähler fungiert. Die produktive Rezeption der novela picaresca beginnt in Frankreich allerdings erst mit der *Vray Histoire Comique de Francion* von Charles Sorel, deren erste Fassung aus dem Jahr 1623 datiert. Entscheidend für die Ableitung dieses Romans von der novela picaresca und die damit einsetzende Veränderung des ursprünglichen Erzählkonzepts ist, daß es in Frankreich – anders als in den vom Dreißigjährigen Krieg verwüsteten deutschen Landen – schon zu Molières Lebzeiten ein Lesepublikum gab, das mit dem sozialen Außenseitertum des Picaro vergleichsweise wenig anfangen, dafür aber das Sittengemälde, das der Schelmenroman bot, bei entsprechender Einfärbung auf die eigenen frühbürgerlichen Gesellschaftsverhältnisse beziehen konnte.

Wiederum anders liegt der Fall in England, dessen Aufstieg zur weltweit führenden See- und Wirtschaftsmacht sich im

Windschatten der kontinentalen Ereignisse vollzog. Im Unterschied zur novela picaresca, die in einer Zeit der ökonomischen Krise entstanden war, steht schon *The English Rogue* von 1665 im Zeichen des aufstrebenden Bürgertums. Als Vergleichsfigur von Schelm und Schelmin fungiert daher in England nicht der Ritter, sondern der Kaufmann.

Wendet man sich von den allgemeinen Rahmenbedingungen der besonderen Lage einzelner Autoren zu, so ergeben sich weitere Differenzierungsmomente. Grimmelshausen beispielsweise, dessen *Abentheuerlicher Simplicissimus Teutsch* (1668) als Hauptvertreter des deutschsprachigen Schelmenromans im Barockzeitalter gilt, kannte den *Lazarillo* und den *Guzmán* nur in Bearbeitungen, die die Originalwerke erheblich entstellten, und las den *Buscón* – wenn überhaupt – nicht vor 1671, also erst nachdem der *Simplicissimus* fertiggestellt war. In diesem Jahr erschien nämlich eine deutsche Version der Spitzbuben-Geschichte, die allerdings nicht auf Quevedos ursprünglichen Text, sondern auf eine französische Fassung von 1633 zurückging. Davon abgesehen verbindet der *Simplicissimus* Themen und Strukturen, die für die spanische novela picaresca charakteristisch sind, mit Erzählformen und Inhalten, die aus anderen literarischen und außerliterarischen Quellen stammen. Grimmelshausens Version der pikarischen Welt ist wesentlich durch die Erfahrung des Dreißigjährigen Krieges bestimmt, während die novela picaresca ausschließlich vom zivilen ›bellum omnia contra omnes‹ handelt.

Wenn die verkehrte Welt des Krieges bei Grimmelshausen als reales Inferno erscheint, so kann man darin allerdings eine Anknüpfung an Traditionen sehen, die ihrerseits schon bei der Entstehung der novela picaresca wirksam waren. Bereits die Antike kennt den literarischen Topos der verkehrten Welt als satirisches Zerr- und Spiegelbild der menschlichen Gesellschaft. Als Erzählrahmen fungiert dabei – etwa in Lukians *Menippos seu Necyomantia* – die Jenseitswanderung eines Menschen, der vorübergehend vom Diesseits ins Jenseits des Totenreichs versetzt wird. Dabei begleitet den Grenzgänger zuweilen ein Seelenführer (Psychopompos). Zu den mittelalterlichen Traumgesichten, die an diese Tradition anknüpfen, gehört u. a. Dantes *Divina Commedia*, deren Ich-Erzähler von Vergil durch die Unterwelt geleitet wird, in der er zahlreiche Totengespräche führt. Quevedo, der Verfasser des *Buscón*, schildert in seinen *Sueños* ebenfalls Traumlandschaften, die als groteske Karikaturen der zeitgenössischen Wirklichkeit angelegt sind. Wie im *Buscón* zielt er dabei auf eine umfassende Kritik menschlicher Laster und gesellschaftlicher Mißstände ab.

Quevedos Visionen wurden von Johann Michael Moscherosch ins Deutsche übertragen und um weitere Darstellungen der verkehrten Welt ergänzt. Grimmelshausen hat sowohl diese *Gesichte Philanders von Sittewalt* als auch das von Aegidius Albertinus, dem deutschen Bearbeiter des *Guzmán*, verfaßte Werk *Luzifers Königreich und Seelenjagd oder Narrenhatz* gekannt. Während Quevedo und Moscherosch jeweils einen Ich-Erzähler das halluzinierte Territorium erkunden lassen, entwirft Albertinus eine Landkarte der teuflischen Jagdgründe. Als Legende dient ihm dabei das von der katholischen Kirche errichtete System der Haupt- oder Todsünden, dem eine bestimmte Hierarchie der Teufel entspricht, die sich auf verschiedene Laster spezialisiert haben. Neben der christlichen Dämonologie kann man auch in der von Sebastian Brant begründeten und von Thomas Murner fortgesetzten Narrenliteratur ein Erzählmodell sehen, dem *Luzifers Königreich* verpflichtet ist. Schon die Besetzung von Brants *Narrenschiff* besteht nämlich aus Sündern, deren Vergehen nach dem einschlägigen Tugendkatalog der Kirche beurteilt werden. In Brants Nachfolge wendet sich Murners *Narrenbeschwörung* gegen die *Schelmenzunft*, dank der sich die Welt in einen Sündenpfuhl verkehrt hat. ›Welt‹ ist dabei als Synonym von ›Gesellschaft‹ zu verstehen.

Der Zusammenhang von Narr, Schelm und Sünder, von Traumgesicht, Hölle und Teufelsgrund durchzieht Grimmelshausens gesamtes Werk. Während *Die Verkehrte Welt* eine direkte Anknüpfung an das Genre der Jenseitswanderungen darstellt, weist der *Simplicissimus* eher indirekte Bezüge zu den tradierten Figuren und Motiven auf. Immerhin durchquert Simplicius nicht nur den ›mundus perversus‹ des Dreißigjährigen Krieges, in dem die Menschen einander das Leben zur Hölle machen; vielmehr werden diesem furchtbaren Diesseits Traumgesichte und Ausflüge in utopische Welten entgegengestellt. Der Lebenslauf des seltsamen Vaganten, den Grimmelshausen schildert, ist also einerseits akkurat in die Realhistorie eingebettet, andererseits jedoch auf satirische und phantastische Textsorten bezogen, die seine künstlerische Gestaltung offenbaren. Daraus ergeben sich nicht nur zahlreiche Kontrastwirkungen, sondern auch erhebliche Probleme für die Beurteilung dieses Lebenslaufs, je nachdem, ob man den biographischen Erzählstrang als eine diskontinuierliche Reihung von exemplarischen, aus der Literatur abgeleiteten Situationen oder als kontinuierliche Metamorphose der simplicianischen Persönlichkeit versteht. In der Sekundärliteratur ist die These, daß Grimmelshausens Titelheld eine psychologische Entwicklung durchlaufe, die auf den Bildungsroman vorausweise, umstritten. Auf jeden Fall kann man aber sagen, daß Grimmelshausen mit seinem Werk in einer Entwicklungsreihe der deutschen Erzählliteratur steht, die über verschiedene Zwischenstufen auch zum Bildungsroman führt. Zu diesen Zwischenstufen gehört der sog. Politische Roman, der noch zu Lebzeiten von Grimmelshausen und in Auseinandersetzung mit seinem Werk entsteht. Die im Politischen Roman vorbildlich gestaltete Welt-Klugheit ist nämlich eine Vorwegnahme der Tugend, die den gereiften Helden der Bildungsgeschichte auszeichnet.

Neben diese eher ideologische Ableitung des Bildungsromans aus der deutschsprachigen Romantradition tritt eine Entwicklungslinie, die über Frankreich verläuft und mit Alain René Lesages *Histoire de Gil Blas* (1715–35) jenen Scheitelpunkt erreicht, an dem die Transformation der novela picaresca in die Präformation der Bildungsgeschichte umschlägt. In diesem Buch, das von den deutschen Begründern des Bildungsromans intensiv gelesen und hoch geschätzt wurde, »überwindet der Pikaro sich selbst und tritt in eine nach bürgerlichen Maßstäben geordnete, selbstgewählte und selbstgestaltete Existenzform ein« (Jacobs, 1972, S. 26).

II. Forschungsansätze und -erträge

1. Biographie & Enzyklopädie

Die literaturwissenschaftliche Erkundung der pikarischen Welt beginnt mit den Pionierarbeiten von Frank Wadleigh Chandler und Fonger de Haan. Chandler verfaßte gleich zwei Werke. In dem ersten beschäftigte er sich mit dem Schelmenroman im engeren Sinne (*Romances of Roguery, An Episode of the Novel, The Picaresque Novel in Spain*, 1899; Reprint 1961); 1907 dehnte er die Untersuchung in seinem zweiten Werk auf *The Literature of Roguery* (Reprint 1958) aus, die neben literarischen Werken auch Verbrecherbiographien, Gaunergeschichten und Darstellungen einschlägiger Betrugsmanöver umfaßt. Chandlers grundlegende Definiton des Schelmenromans ist nach wie vor der Wiedergabe wert: »the picaresque novel is the comic biography (or more often the autobiography) of an anti-hero who makes his way in the world through the service of masters, satirizing their personal faults, as well as their trades and professions. It posesses therefore, two poles of interest – one, the rogue and his tricks; the other, the manners he pillories« (Chandler, 1958, S. 5). Diese dipolare Erzählanlage des Schelmenromans gilt es festzuhalten: der Lebensweg des Pikaro, der sich mit seinen Schelmenstreichen profiliert, führt durch die verschiedenen Berufsgruppen einer Gesellschaft, wobei die Reihe der verschiedenen Herren, denen der Antiheld dient, eine regelrechte Typenrevue nach Art der Ständesatire ergibt.

De Haan legte das Gewicht in seiner *Outline of the History of the Novela Picaresca in Spain* (1903) stärker auf die Ambivalenz der Schelmenbeichte und das Thema des Überlebenskampfes. Seine Bestimmung der Gattung lautete dementsprechend: »It is the prose autobiography of a person, real or imaginary, who strives by fair means and by foul to make a living, and in relating this experience in various classes of society, points out the evils which came under his observation« (De Haan, 1903, S. 8). Damit waren die Beobachterrolle des Schelms und die integrative Funktion der Retrospektive für den Aufbau der pikarischen Welt klar erfaßt. Zudem bestätigte de Haan die Dipolarität von Pikaro und Welt, war der Schelmenroman für ihn doch »a mine of information concerning the habits, customs, ways of thinking, of dressing, of eating and drinking« (ebd.) einer Gesellschaft. Deshalb sollte seiner Ansicht nach jede literaturwissenschaftliche Untersuchung des Schelmenromans eine Enzyklopädie der pikarischen Welt umfassen.

Die Forschung hat sich de Haan und Chandler weitestgehend angeschlossen. Als Kennzeichen des Schelmenromans gilt, daß sein pseudoautobiographischer und sein paraenzyklopädischer Erzählstrang dadurch zusammengeführt werden, daß der Schelm auf seiner Lebensreise Einblick in zahlreiche Gesellschaftskreise erhält. Von dieser Strukturanalyse war es nur ein kurzer Schritt zu der Erkenntnis, daß der Schelm aus wenigstens zwei Gründen unter die Kategorie des »unreliable first person narrator« (Wayne C. Booth) fällt: ganz allgemein muß jeder Erzähler, der seine eigene Geschichte berichtet, als befangen gelten, selbst wenn er sich um eine vorurteilsfreie Darstellung bemüht; diese Befangenheit ist beim Pikaro besonders offensichtlich, da er sich als Trickbetrüger durchs Leben schlägt, und auch zu erwarten steht, daß er womöglich auch die Leser an der Nase herumführt.

Cervantes war wohl der erste, der den Schelmenroman wegen seiner pseudoautobiographischen Erzählanlage systematisch kritisiert hat, dies freilich nicht in der Terminologie der Literaturwissenschaft, sondern mit den Mitteln der Erzählkunst selbst. Sein *Coloquio de los perros* stellt eine regelrechte Anatomie der Schelmenbeichte im Gewande der Tierfabel dar. Die Novelle *Rinconete y Cortadillo* legt dar, daß die pikarische Welt eine verkehrte Welt ist, deren Verkehrung zumindest ebenso sehr aus der Wahl einer unangemessenen Betrachtungsweise wie aus den realen Mißständen resultiert. Im *Don Quijote* schließlich findet ein ironisches Gespräch zwischen dem fahrenden Ritter und einem zum Galeerendienst verurteilten Pikaro statt. Dieser Ginés de Pasamonte prahlt damit, eine Autobiographie verfaßt zu haben, die den *Lazarillo de Tormes* und all die anderen Werke, die in seiner Nachfolge stünden, in den Schatten stelle. Aufschlußreich an diesem Gespräch ist nicht nur, daß Cervantes den *Lazarillo* ganz selbstverständlich als Ursprung einer inzwischen etablierten Gattung anspricht, sondern daß er Ginés als einen rechtskräftig verurteilten Verbrecher vorstellt, von dem Don Quijote sogleich genarrt wird, weil er in seiner Verblendung nicht die Verlogenheit dieses Spitzbuben erkennt. Ginés erklärt nämlich, er sei zu Unrecht verurteilt worden. Ohne weitere Erkundigungen darüber einzuziehen, ob diese Behauptung der Wahrheit entspricht, verhilft Don Quijote Ginés zur Freiheit – eine Freiheit, die der Schelm prompt dazu benutzt, Sanchos Esel zu stehlen. Bezogen auf die Gattung, die Ginés repräsentiert, kann diese Episode nur bedeuten, daß der Leser gegenüber den Behauptungen eines Pikaro genau die Vorsicht walten lassen sollte, die der Ritter von der traurigen Gestalt vermissen läßt.

2. Außenseiter & Beobachter

Nach Chandler und de Haan sind vor allem Claudio Guillén und Michail Bachtin als maßgebliche Inspiratoren der Forschung zu nennen. Guillén hat neben einer grundlegenden Studie zur temporalen Organisation des *Lazarillo de Tormes* eine umfassende Begriffsbestimmung des Pikaresken vorgelegt und mit der Dialektik von ›Genre & Countergenre‹ einen Ansatz zur Erforschung des Wechselspiels zwischen der pikaresken und der cervantesken Weise der erzählerischen Welterzeugung geliefert. Von Bachtin, mit dessen Theorie der Intertextualität sich dieser komparatistische Ansatz fruchtbar verbinden läßt, stammen eine Reihe von terminologischen und methodologischen Überlegungen, die für die literaturwissenschaftliche Erkundung der pikarischen Welt unverzichtbar geworden sind. Dazu gehören die Begriffe des ›Chronotopos‹ und der ›Genreform-Maske‹, aber auch das Axiom von der ›Karnevalisierung der Literatur‹ am Beginn der Neuzeit. Von Guilléns Untersuchung des *Lazarillo de Tormes* wird zu gegebenem Anlaß noch die Rede sein; an dieser Stelle soll zunächst seine Begriffsbestimmung des Pikaresken kommentiert werden, die insgesamt acht Gattungsmerkmale umfaßt:

Erstens lenkt der Schelmenroman die Aufmerksamkeit seiner Leser auf eine dynamische und ambivalente Situation. Der Pikaro kann »sich weder der Gemeinschaft seiner Mitmenschen anschließen noch sie verschmähen. Er wird zu einem Menschen, den ich als ›halben Außenseiter‹ bezeichnen möchte« (Guillén, 1969, S. 384). Die Forschung hat diese marginale Position des Pikaro ebenso wie seine Rolle als Grenzgänger mit einer Fülle von Beispielen belegt. Dabei ist die spezifische Situation des halben Außenseiters in der Sekundärliteratur wiederholt mit dem ›double-bind-dilemma‹ in Verbindung gebracht worden, das als eine Ursache krankhafter Persönlichkeitsspaltungen gilt:

Der Schelm steht demnach vor einer fatalen Alternative. Da die Gesellschaft die soziale Akzeptanz eines Menschen von seiner moralischen Integrität abhängig macht, schließt sie den Pikaro für gewöhnlich aus dem Kreis ihrer angesehenen Mitglieder und von der Teilhabe an den Gemeinschaftsgütern aus. Da der Pikaro ohne eine gewisse Teilhabe an diesen Gütern jedoch nicht überleben kann, muß er seine mangelnde Integration überspielen und eine Zugehörigkeit zur Gesellschaft vortäuschen. Fliegt diese Täuschung auf, wird er wiederum exkommuniziert. Der ›Sisyphos-Rhythmus‹ (S. Miller) der pikaresken Karriere erwächst folgerichtig aus dem ständigen Wechsel von konformistischem Rollenspiel und Demaskierung, da der Pikaro gezwungen ist, zum Vertrauensschwindler zu werden, wenn er sich nicht selbst aufgeben will. Wichtig ist, daß sich gerade am Ausnahmefall des halben Außenseiters der existentielle Regelfall offenbart: das Angewiesensein des einzelnen auf die Gemeinschaft seiner Mitmenschen. Die Gesellschaftswissenschaft spricht in diesem Zusammenhang vom sozialen ›Komplementaritätsprinzip‹.

Die psychologische Zwickmühle des halben Außenseiters hat vor allem Alexander Blackburn zum zentralen Problem des Schelmenromans erklärt. In seinem Buch *The Myth of the Picaro* steht der Begriff ›Mythos‹ einerseits für die Geschichte des Schelms, andererseits aber auch für den simulatorischen Charakter des Lebens, das der halbe Außenseiter führt, um seine mangelnde gesellschaftliche Akzeptanz mit hochstaplerischen Betrugsmanövern zu kompensieren. Der Schelm muß im Rahmen seiner Selbstbeschreibung eine bestimmte Reputation fingieren; er betreibt daher als Ich-Erzähler eine Art ›Stigma-Management‹, d.h. er wählt alle auf seine eigene Person bezogenen Informationen sorgfältig aus, verschweigt Nachteiliges und lügt unter Umständen sogar. Erving Goffman, von dem der Begriff des ›Stigma-Managements‹ stammt, meint, daß »täuschen zu lernen eine Phase in der Sozialisiation der stigmatisierten Person und einen Wendepunkt in ihrem moralischen Werdegang darstellt« (Goffman, 1975, S. 128). Im Schelmenroman setzt dieser Lernprozeß mit dem Erweckungserlebnis des Ich-Erzählers anläßlich seiner Einführung (Initiation) in die verkehrte Welt ein.

Zweitens verweist Guillén auf den pseudoautobiographischen Charakter der meisten Schelmenromane, der drittens mit einem einseitigen Blickwinkel einhergeht. Wie bereits dargelegt, erfährt die fiktive Welt durch die für den Pikaroroman typische Erzählperspektive eine optische Halbierung: sie wird ausschließlich durch die Brille des Schelms gesehen.

Viertens macht Guillén auf die reflexive Haltung des Ich-Erzählers zu seiner eigenen Geschichte aufmerksam, wie sie vor allem in der nachträglichen moralischen Bewertung des Erzählten zum Ausdruck kommt. Man kann, diesen Gedanken weiterführend, sagen, daß die pseudoautobiographische Erzählanlage des Schelmenromans eine Dissoziation von erzähltem und erzählendem Ich mit sich bringt, und daß diese Dissoziation u.U. mit der Bewußtseinsspaltung des Pikaro zusammenhängt. Gerade im *Guzmán de Alfarache* verweist der Gegensatz von ›narratio‹ und ›moralisatio‹ auf die inneren Konflikte des Pikaro. Diese inneren Konflikte bilden das seelische Pendant zu den Auseinandersetzungen des Protagonisten mit wechselnden Antagonisten, die den äußeren Verlauf der pikaresken Karriere kennzeichnen. Während die inneren Konflikte eng mit dem Selbstwertgefühl des Ich-Erzählers zusammenhängen, geht es in seinen Auseinandersetzungen mit verschiedenen Widersachern in aller Regel um handgreifliche Interessenskollisionen, die aus dem Mangel an erstrebenswerten Sachgütern resultieren. Die Betonung des Materiellen gegenüber dem Ideellen, die Guillén als fünften Punkt seiner Begriffsbestimmung anführt, ist in diesem Zusammenhang zu sehen.

Sechstens tritt aufgrund der materiellen Konflikte zwangsläufig das Schurkenpanorama als Strukturkomponente neben die fingierte Autobiographie. Dieses Panaroma umfaßt, wie schon Chandler und de Haan erkannt hatten, zahlreiche Stände, Gesellschaftsschichten und Berufsgruppen, weist also die enzyklopädischen Züge eines auf die Gegenwart bezogenen Sittengemäldes auf. Auf seiner Lebensreise bewegt sich der Pikaro siebtens auf der horizontalen Linie durch den Raum und auf der Vertikalen durch die Gesellschaft. In der Regel entspricht dabei jeder biographischen Station eine Episode.

Die Episodenhaftigkeit der pikaresken Selbst- und Weltdarstellung, die Guillén als achten und letzten Punkt nennt, provoziert eine Konjektur der Schelmengeschichte, d.h. die diskontinuierliche Machart des Lebensberichts erfüllt die Funktion einer ›Aktstruktur‹ (W. Iser): sie leitet den Leser an, zwischen den Zeilen zu lesen, um die signifikanten Leerstellen, die der Text aufweist, wenn nicht zu füllen, so doch zu überbrücken. Als Hinweise auf mögliche Aussparungen regulieren diese Leerstellen die Lektüre, d.h., sie stimulieren die Phantasie des Interpreten, während das Erzählte seine Vorstellung in bestimmte Bahnen lenkt. Der Verfasser bedient sich also der Genreform-Maske des unzuverlässigen Ich-Erzählers, um die pikarische Welt aus dem Blickwinkel des halben Außenseiters zu erzeugen; der Leser hingegen kapriziert sich auf den Part, der durch den ›lector in fabula‹ (U. Eco) vorgegeben ist und versucht dem ›Stigma-Management‹ des ›unreliable narrator‹ auf die Spur zu kommen.

3. Chronotopos & Initiation

Zwischen dem ›lector in fabula‹ und dem unzuverlässigen Ich-Erzähler besteht daher eine komplementäre, dialogische Beziehung. Aber auch die Genreform-Maske und der Chronotopos eines Textes stehen in einem wechselseitigen, erzähltechnisch bedingten Abhängigkeitsverhältnis. Unter dem Chronotopos eines Textes versteht Bachtin die raumzeitliche Ordnung bzw. die fiktionale Situierung des Romangeschehens. Im Chronotopos, der für das Genre von grundlegender Bedeutung ist, »werden die Knoten des Sujets geschürzt und gelöst« (Bachtin, 1989, S. 7 f). Infolgedessen gibt es eine enge Wechselwirkung zwischen dem Charakter der Romanfiguren und der raumzeitlichen Situierung des Geschehens. Damit ein Ritter wunderbare Abenteuer bestehen kann, muß die Welt, in der seine Beständigkeit auf die Probe gestellt wird, phantastisch und unbeständig sein. »Der Schelmenroman arbeitet im wesentlichen mit dem Chronotopos des abenteuerlichen Alltagsromans – dem Weg durch eine vertraute Welt« (Bachtin, 1989, S. 99), wobei die Landstraße, auf der sich Lazarillo und seine Nachfolger bewegen, mitten durch die zeitgenössische Wirklichkeit des Autors führt. Im Gegensatz zum Ritter- und Schäferroman rückt daher mit dem Schelmenroman die empirische Lebenswelt in den Brennpunkt der Aufmerksamkeit.

Interessant ist, daß der Chronotopos des abenteuerlichen Alltagsromans schon bei Apuleius zusammen mit der Genreform-Maske des unzuverlässigen Ich-Erzählers eingesetzt wird. Allerdings wird die in den *Metamorphosen* (alias *Der Goldene Esel*) erzählte Geschichte noch mit dem phantastischen Motiv der Verwandlung eines Menschen in ein Tier motiviert. Diese Verwandlung ist bei Apuleius aber kein Glaubensartikel mehr, sondern ein erzählstrategisch eingesetzter Kunstgriff: ihre Aufgabe besteht in der perspektivischen Verfremdung des Chronotopos. Bachtin verweist auf die Vorbildfunktion des *Goldenen Esels* für die Erzählanlage des Schelmenromans und gibt zu bedenken, daß das Handlungskonzept der Metamorphose die Idee der Entwicklung mit sich bringt, die für das gesamte biographische Schrifttum von ausschlaggebender Bedeutung ist. »Auf der Grundlage der Metamorphose wird ein Typ der Darstellung geschaffen, der ein ganzes Menschenleben mit dessen wesentlichen Umbruchs- und Krisenmomenten erfaßt; es wird gezeigt, wie aus einem Menschen ein anderer wird« (Bachtin, 1989, S. 43).

Auch der Schelmenroman demonstriert in diesem Sinne, wie sich ein Mensch unter den alltäglichen Bedingungen verändert, wie er zum Pikaro mutiert. Dabei gelangt er unweigerlich in die Rolle eines Beobachters, dem sich im Hause seiner Herren Einblicke in private oder intime Vorgänge eröffnen, die diese nach Möglichkeit vor der Öffentlichkeit zu verbergen suchen. Die entlarvende, satirische Funktion der Schelmenperspektive kann, so gesehen, bis auf die Eselsmetamorphose zurückgeführt werden; folgerichtig läßt sich auch die pikareske Karriere anhand der Krisenmomente gliedern, die die häufigen Wechsel der Dienstverhältnisse mit sich bringen (Bachtin, 1989, S. 50, S. 54f, S. 57). »Dies alles gewinnt deshalb besondere Relevanz, weil eine der fundamentalsten Aufgaben des Romans darin bestehen wird, jegliche Konventionalität, jegliche schlechte, verlogene Übereinkunft in sämtlichen menschlichen Beziehungen zu entlarven« (Bachtin, 1989, S. 96).

Genau diese Aufgabe nimmt der Schelmenroman seit dem *Lazarillo de Tormes* wahr: Indem der Leser mit dem Schelm hinter die Fassade der vermeintlichen Wohlanständigkeit und in den Abgrund der menschlichen Heuchelei und Gemeinheit blickt, gelangt er aus dem Zustand der (Selbst-)Täuschung in den Zustand der Ernüchterung. In diesem Zusammenhang wird die Doppelfunktion der Initiation einsichtig, da mit dem Ich-Erzähler jeweils auch der Leser in die pikarische Welt eingeführt wird. Auf ihre Bedeutung als Schlüsselszene der pikaresken Karriere verweist das dramatisch-traumatische Erweckungserlebnis, das in vielen Schelmenromanen mit der Initiation verbunden ist. Im *Lazarillo* beispielsweise wird der Kopf des anfangs noch gutgläubigen Titelhelden gegen einen Stein gestoßen, damit er lernt, niemandem vorbehaltlos zu vertrauen. Die Verschlagenheit, die den Protagonisten eines Schelmenromans eigentlich erst zum Pikaro macht, bildet sich hier unmittelbar aus dem Geschlagenwerden. Entscheidend ist, daß die Initiation entweder als Einführung in eine verkehrte Welt oder als eine Verkehrung des Weltbildes der Hauptfigur dargestellt wird. Außerdem hängt sie in aller Regel mit einer drastischen Erfahrung des gesellschaftlichen Antagonismus zusammen. Man kann daher sagen, daß die Initiation mit einer Konversion des Ich-Erzählers einhergeht, weil seine Weltanschauung und Lebenseinstellung vor und nach dieser Schlüsselerfahrung nicht mehr dieselben sind.

In vielen Interpretationen ist davon die Rede, daß der Initiation als Ausgangspunkt der pikaresken Karriere eine zweite, komplementäre Konversion entspreche, in deren Gefolge sich der Ich-Erzähler von seiner Schelmenlaufbahn distanziere. Gerade im Hinblick auf Grimmelshausens *Simplicissimus* hat man immer wieder argumentiert, daß die Hanauer Narreninitiation des Protagonisten durch die Schloßabenteuer im 6. Buch gleichsam aufgehoben würde, damit Simplicius am Ende des Romans zu jenem Einsiedlerdasein zurückkehren könne, das er bereits am Anfang der Geschichte führt. Grimmelshausens Erzählung wäre demnach eine durch das Einsiedlermotiv eingerahmte Bekehrungsgeschichte. Allerdings ist Simplicius Bekehrung eine zweischneidige Angelegenheit. Eine genaue Lektüre des Textes führt außerdem zu der Erkenntnis, daß dem Einsiedlerleben im 1. Buch des Romans bereits eine das Menschenbild der Hauptperson nachhaltig prägende Initiation in die Welt des Dreißigjährigen Krieges vorausgeht. So gelangt Simplicius überhaupt nur deswegen in den Wald, wo er vorübergehend zum Eremiten wird, weil er vor Soldaten flüchtet, die ihn überfallen haben. Im weiteren Verlauf der Geschichte wird Grimmelshausens Held immer wieder hin- und hergerissen zwischen Weltflucht und Weltsucht; Phasen einzelgängerischen Müßiggangs wechseln mit Phasen hektischer Betriebsamkeit inmitten der kriegerischen Gemeinschaft ab. Auf der Kreuzinsel, auf der sich Simplicius in der sog. *Continuatio*, dem letzten Teil des Romans, befindet, mangelt ihm zur Gottgefälligkeit die ›Leutseligkeit‹. Da die Schöpfung den Menschen zu einem Gemeinschaftswesen gemacht hat, ist es nicht gut, daß er allein ist. Auch der Eremit, der böse Gesellschaft zu meiden sucht, ist dem Komplementaritätsprinzip unterworfen; folgerichtig kehrt Simplicius in den nachfolgenden Schriften des simplicianischen Zyklus in die Welt, in die Gemeinschaft der Menschen zurück.

Während also die Initiation eine obligatorische Handlungseinheit des Schelmenromans bildet, kann die Bekehrung des Pikaro zu einem antipikaresken Leben bestenfalls als fakultatives Erzählmoment aufgefaßt werden. Weder Lazarillo noch der Buscón, weder die Courasche noch Jonathan Wild wenden sich von ihrem schelmischen Dasein ab, und die Konversionen des Guzmán, des Simplicissimus, der Moll Flanders und des Gil Blas sind jeweils ausgesprochen ambivalente Vorgänge. Wichtiger als die Symmetrie zwischen der Einführung in die pikarische Welt und der Abkehr von ihr ist das Prinzip der Inversion selbst, das zugleich eine intra- und eine intertextuelle Bedeutungsdimension aufweist. Im Rahmen der erzählten Geschichte betrifft es, wie erwähnt, entweder das Selbst- und Weltverständnis des Pikaro oder aber die dargestellte Welt. Da die Erfahrungswirklichkeit des Schelms den idyllischen Gefilden Arkadiens im Schäferroman ebenso entgegengesetzt ist wie der wunderbaren Welt des Ritterromans, kann man von einer Inversion des pastoralen und chevaleresken Chronotopos durch die pikareske Erzählkunst sprechen.

4. Narr & Schelm

Darüber hinaus bestehen zahlreiche Beziehungen zwischen dem ›mundus inversus‹ des Schelmenromans und der verkehrten Welt des Karnevals. Schon die Genealogie von Figur und Genreform-Maske weist in diese Richtung. Der Blick hinter die Kulissen, den der Leser mit dem Schelm wagt, ist wie das Privileg, die Wahrheit ungestraft sagen zu können, seit jeher ein Vorrecht der Narren und Karnevalsjecken. Schelm, Schalk und Tölpel »lachen und werden verlacht. Ihr Lachen ist ein öffentliches, ist das Lachen der Volksplätze« (Bachtin, 1989, S. 94), an denen zu Fastnacht die alltägliche Ordnung der Welt auf den Kopf gestellt wird. Von hier aus wird verständlich, warum die Entstehungsgeschichte des Schelmenromans mit der Karnevalisierung der Literatur zusammenhängt.

16

In seiner Eigenschaft als betrogener Betrüger und Vertrauensschwindler ähnelt der Pikaro den Schalksnarren, die der Welt einen satirischen Spiegel vors Gesicht halten und ihren Widersachern eine lange Nase drehen, ohne selbst der Verspottung zu entgehen.

Auch im Karneval gilt nämlich die Devise: mitgefangen – mitgehangen: jeder einzelne wird während der närrischen Weltverkehrung zu einem Teil des Volkskörpers, des grotesken Leibes, der im Mittelpunkt der archaischen Frühlingsfeste stand, die im mittelalterlichen Karneval aufgehen. Dieser groteske Leib ist in stetem Wechsel und Wandel begriffen, er ist ein ewig werdender Leib, der sich die Welt einverleibt und verschlingt, um sie in verwandelter Gestalt neu zu gebären. Seine dem unendlichen Kreislauf der Natur nachempfundene Metamorphose stellt das Körperdrama im universellen Maßstab dar und hebt alle Unterscheidungen von oben und unten, arm und reich, vornehm und gemein auf. Daher werden Kaiser und Papst für die Dauer des Karnevals in die sog. Narrenhölle verbannt, während ein Mann aus dem einfachen Volk den Narrenthron besteigt. Dieser Narrenkönig herrscht über die verkehrte Welt, bis er entthront und mit Schimpf und Schande davon gejagt wird, nachdem der fette Prinz Karneval im Duell mit dem dürren Vertreter der Fastenzeit, die auf die Fastnacht folgt, gefallen ist (Bachtin, 1987, S. 358 ff und S. 415).

»Der Sündenbockcharakter dieses Spottkönigs ist natürlich unverkennbar« (Zijdervelt, 1976, S. 96 f) und taucht wie viele andere Elemente des närrischen Treibens in der karnevalesken Literatur wieder auf. So ähnelt Sancho Pansas Statthalterschaft im 2. Teil des *Don Quijote* der rituellen Inthronisation und Degradierung des Narrenkönigs. In Quevedos *Buscón* wird die pikareske Hauptfigur zum ›Hahnenkönig‹ erhoben, erniedrigt und durch den Schmutz gezogen. Auch Simplicius Verwandlung in einen Narren erfolgt im Rahmen der Saturnalien, die gerade in Hanau abgehalten werden. Insgesamt stellen die mittelalterlichen Narrenfeste und Fastnachtsschwänke ein Reservoir an Figuren- und Handlungskonstellationen bereit, auf das viele Verfasser von Schelmenromanen zu Beginn der Neuzeit zurückgegriffen haben. Die dadurch ausgelöste Karnevalisierung der Literatur reflektiert allerdings bereits die Zurückdrängung des närrischen Treibens im Prozeß der Zivilisation. Da dieses Treiben in die Sprache des politischen Protestes übersetzt werden konnte, standen die

17

Ordnungsmächte der karnevalesken Weltverkehrung seit jeher mißtrauisch gegenüber (LaCapra, 1987, S. 69). Sie duldeten die kurzfristige Aussetzung der Feudalordnung zwar wegen ihrer notwendigen Ventilfunktion, hatten an der Erhaltung der Lachkultur jedoch keinerlei Interesse.

Mit der zunehmenden Individualisierung, die der Tendenz des grotesken Leibes zur Kollektivierung entgegengesetzt ist, und der gleichfalls voranschreitenden Sublimierung jener Vitalvorgänge des Fressens, Trinkens und Ausscheidens, die im Karneval eine so wichtige Rolle spielen, nimmt die Attraktivität des närrischen Treibens ab. Die Ausdifferenzierung der modernen, arbeitsteiligen Gesellschaft sowie die Subjektivierung des Lesepublikums durch den Buchdruck, der die mündlichen Traditionsstränge der Erzählkunst in Vergessenheit geraten läßt, führen daher, langfristig gesehen, wieder zu einer Entkarnevalisierung der Literatur. Während die Werke von Rabelais und Grimmelshausen noch Berührungspunkte mit der Lachkultur aufweisen, stehen die Erzählwerke des 18. Jahrhunderts bereits im Zeichen der Aufklärung, die als eine Epoche der Vergeistigung mit der Physiologie des grotesken Leibes kaum noch etwas anzufangen weiß.

Der Chronotopos der pikarischen Welt ist mithin nicht nur auf literarische, sondern auch auf folkloristische Weise mit dem Topos der verkehrten Welt verbunden; die Genreform-Maske des pikaresken Ich-Erzählens gewinnt im Vergleich mit der Tarnkappe des Karnevalsjecken Kontur; dem Schelm sitzt der Schalk im Nacken. Auch Don Quijotes Ritterrüstung hat etwas von einem Narrenkostüm. Der Ritter von der traurigen Gestalt war für Cervantes Zeitgenossen eine Lachfigur, dessen anachronistische Mission auf eine komische Weltverkehrung hinauslief: einerseits erscheint die lasterhafte Welt, wird sie an den Ehr- und Tugendbegriffen des christlichen Ritters gemessen, als verrückt; andererseits erweisen sich Don Quijotes Ausfahrten in den Augen der Welt als aberwitzige Unternehmungen. Auf eine ganz ähnliche Weise macht auch Simplicius auf die Hanauer Gesellschaft einen närrischen Eindruck, weil er das weltliche Treiben an den Maßstäben eines frommen Einsiedlers mißt, was umgekehrt wiederum der Gesellschaft ganz und gar abwegig erscheint und sie dazu veranlaßt, Simplicius ein Kalbsfell über die Ohren zu ziehen. In beiden Fällen operiert die Literatur mit der Doppeldeutigkeit des Narrenbegriffs, die sich an der Reversibilität der Auffassungsperspektiven offenbart. Schon Chandler erkannte die

Bedeutung dieser Dialektik: »The rogue did what the artist in the course of painting often does: he inverted the picture« (Chandler, 1961, S. 43). Klaus Mähl hat darauf hingewiesen, daß die Ambivalenz des Narrenbegriffs just zu Cervantes und Grimmelshausens Lebzeiten erstmals auch im moralischen Schrifttum reflektiert wurde. Während noch bei Brant Narrentum mit Weltverfallenheit gleichgesetzt wurde, gilt nun: »Man kann närrisch sein, indem man sich auf die Welt einläßt – man kann aber auch närrisch sein, indem man sich aus ihr heraushält« (Mähl, 1973, S. 30). Daraus erwächst ein Dilemma, das sowohl im *Don Quijote* als auch im *Simplicissimus Teutsch* zum Lebensproblem der Titelhelden wird.

5. Genre & Countergenre

Angesichts dieser Gemeinsamkeiten stellt sich die Frage nach dem Verhältnis, in dem der Chronotopos des Schelmenromans und Don Quijotes Universum zueinander stehen. Zur Beantwortung dieser Frage bietet sich die Dialektik von Genre & Countergenre an, die Claudio Guilléns Begriffsbestimmung des Pikaresken ergänzt. Ausgangspunkt dieses Untersuchungsansatzes ist die Ko-Opposition, die Cervantes literarisches Werk mit der novela picaresca zugleich trennt und verbindet (Guillén, 1986, S. 67–80).

Schelmen-, Ritter- und Schäferroman sind in der Einseitigkeit ihrer Weltbilder aufeinander bezogen. Im höfisch-heroischen Roman herrscht eine auktoriale Form der Vogelperspektive vor, die Autor, Held und Leser über die Widrigkeiten des Alltags erhebt, während der Schelmenroman gerade diese Widrigkeiten aus der Froschperspektive eines Menschen anvisiert, der am unteren Rand der Gesellschaft steht. Im Hinblick auf den Helden des höfisch-heroischen Romans ist der Anti-Held des Pikaroromans eine inverse Figur. Während der christliche Ritter das weltliche Pendant zu den Heiligen bildet, die in der Nachfolge Christi stehen, erinnert die Geschichte des halben Außenseiters an den Mythos von Sisyphos. Ebenso wie der Ritterroman neigt der Schäferroman dazu, die Defizite der Realität mit einem Ausflug nach Arkadien zu kompensieren. Allerdings geht die Simulation einer idealen Welt im Schäferroman eher als im Ritterroman mit einem Bewußtsein ihres fiktionalen Status einher, da Autoren und

Leser wissen, daß der bukolische Friede lediglich eine Illusion darstellt. Demgegenüber läuft der Schelmenroman gerade auf eine Desillusionierung des Menschen hinaus, indem er allein die Schlechtigkeit der Welt vorführt, wobei sich das ästhetische Paradox ergibt, daß die vermeintlich authentische Darstellung der Wirklichkeit im Medium der fingierten Autobiographie, also im Modus der Inauthentizität geschieht. Die realistische Wirkung des Pikaroromans beruht daher auf der ›rhetoric of dissimulation‹ (Wayne C.Booth), der die Aufgabe zukommt, den Kunstcharakter des Textes zu verschleiern.

Sieht man Cervantes Erzählkonzept vor diesem Hintergrund, so zeigt sich, daß der *Don Quijote* in Ko-Opposition zu allen drei zeitgenössischen Romantypen steht. Einerseits unterläuft Cervantes beständig die pikareske ›rhetoric of dissimulation‹, indem er die Tricks und Kunstgriffe der fiktionalen Welterzeugung offenlegt. Andererseits parodiert er die pastorale und chevhaleske Dichtung, indem er diese der Realität enthobenen Texte in einen realistischen Kontext versetzt, der ihre Irrealität offensichtlich werden läßt. Der Einseitigkeit der pikaresken Version steht die multiperspektivische Erzählanlage von Cervantes Roman entgegen; dem Anachronismus von Ritter- und Schäferroman die Gegenwartsbezogenheit seiner Weltdarstellung. Zu dieser Gegenwartsbezogenheit trägt nicht unerheblich bei, daß viele schelmisch veranlagte Figuren zur Bevölkerung von Cervantes Welt gehören. Wie im Schelmenroman läuft auch im *Don Quijote* die Handlungsführung auf eine Ent-Täuschung der Figuren respektive auf eine Desillusionierung des Lesers hinaus. Der wesentliche Unterschied besteht darin, daß Cervantes von sich aus Perspektiven aufzeigt, die diese Ernüchterung zugunsten eines ausgewogenen Welt- und Menschenbildes auffangen, während die pikareske Sicht der Dinge einer Relativierung durch den Leser bedarf.

Dieser Unterschied rührt eben daher, daß der Schelmenroman vom Schelm selbst erzählt wird, während sich Cervantes lediglich als Stiefvater des *Don Quijote* ausgibt, um mit der Genreform-Maske des Ritterromans ein ironisches Spiel treiben zu können. Im pikaresken Roman setzt der Verfasser die Maske des Schelms auf; im chevalesken Roman war es Konvention, daß sich der Verfasser als Chronist ausgab und dadurch den Anschein erweckte, als ob die Heldentaten des Ritters historisch verbürgte Ereignisse wären. Cervantes nun erklärt, er bearbeite lediglich den Stoff eines anonymen Geschichtenerzählers, der ihm durch Cide Hamet Benengelí, einem arabischen Geschichtsschreiber, übermittelt worden sei. Die Pointe dieser ironischen Reduplikation der narrativen Vermittlungsstruktur, dank der Cervantes als Leser seiner eigenen Erzählung erscheint, besteht darin, daß sie seine auktoriale Macht verdoppelt: er kann nun jeweils wählen, ob er die Version des arabischen Chronisten akzeptiert oder variiert. Anstatt wie der Pikaro solange auf der Zuverlässigkeit der eigenen Darstellung zu beharren, bis dem Leser Zweifel an ihrer Glaubwürdigkeit kommen, setzt Cervantes die Geschichte von Don Quijote und Sancho Pansa von vornherein in Anführungszeichen, die als Ironiesignale verstanden werden können. Cervantes gewinnt also durch die Einschaltung einer fiktiven Vermittlungsinstanz der Reversibilität der Auffassungsperspektiven, die im Schelmenroman durch eine Ausschaltung jeder auktorialen Kontrollinstanz zustandekommt, eine ganz neue Bedeutung ab, er unterzieht die zeitgenössische Wirklichkeit inklusive ihrer bibliothekarischen Bestände durch die Schreibweise einer kritischen Lesart, die auf eine neue Moral der narrativen Welterzeugung hinausläuft.

Grundlage dieser neuen Moral ist die Zusammenschau der diversen Chronotopoi der zeitgenössischen Erzählkunst. Cervantes zeigt nämlich, daß die verschiedenen, fiktionalen Weisen der narrativen Welterzeugung immer auch bestimmte, komplementäre Lesarten der Realität sind. Das scheinbar unverbindliche Spiel mit den Gattungskonzepten, die der Verfasser des *Don Quijote* als jeweils unzureichende Konzeptionen der Wirklichkeit entlarvt, demonstriert, welche Verantwortung ein Geschichtenerzähler trägt: Da die komplexe Lebenswelt der Menschen nie direkt, sondern immer nur indirekt über einzelne, jeweils unvollständige Versionen zur mündlichen oder schriftlichen Verhandlung gelangen kann, kommt es entscheidend darauf an, die verschiedenen Standpunkte und Betrachtungsweisen so aufeinander abzustimmen, daß weder der einzelne noch die Gemeinschaft einer Fehlrahmung der Wirklichkeit zum Opfer fallen. Eine solche Fehlrahmung aber stellen der Pikaroroman, die Ritterbücher oder die Schäferdichtung, isoliert betrachtet, dar. Cervantes hat seine moralisch ausgewogene (Sicht der) Welt aus anderen (literarischen) Welten erzeugt.

Die Dialektik von Genre & Countergenre ist daher im Zusammenhang mit der proteushaften Wandlungsfähigkeit des modernen Romans zu sehen. »Der Roman ist das einzige im Werden begriffene Genre, weshalb er das Werden der Wirklichkeit tiefer, wesentlicher, feinfühliger und schneller widerspiegelt« als andere literarische Textsorten (Bachtin, 1989, S. 214). Diese Wandlungsfähigkeit zeigt sich u. a. darin, daß der Roman »keiner seiner Spielarten die Möglichkeit gibt, sich zu stabilisieren« (ebd. S. 213). Unter diesen Voraussetzungen geht Guilléns Konzept einer Dialektik von Genre & Countergenre in einem übergeordneten Zusammenhang auf. Wenn es bereits die Aufgabe jedes einzelnen Romans ist, »immer neue und andere Lesarten zu erzeugen« (Eco, 1986, S. 17), dann treibt die Dialektik von Genre & Countergenre immer neue und andere Schreibweisen aus sich hervor.

Insofern stellt der Roman eine autopoietische Gattung dar, d. h., er ist seiner Umwelt gegenüber offen und funktioniert doch fast ausschließlich nach Regeln, die aus der Literatur selbst abgeleitet sind. So vielseitig sich Texte auch in thematischer Hinsicht auf ihren historischen Entstehungszusammenhang oder auf den Lebens-Kontext ihrer Interpreten beziehen lassen, die Art und Weise, in der sie die Welt strukturieren, folgt im wesentlichen Erzählmustern und -konzepten, die in einem intertextuellen Verfahren entwickelt und abgewandelt werden. Walter L. Reed hat auf dieser Basis eine exemplarische Romangeschichte vorgelegt, die das Wechselspiel zwischen der pikaresken und der cervantesken Weise der narrativen Welterzeugung bis in die Gegenwart hinein verfolgt (Reed 1981).

Noch grundsätzlicher als Reed kann man aus der dialogischen Machart des Romans zwei Tendenzen der modernen Erzählkunst ableiten: eine zentripetale und eine zentrifugale. Für Bachtin weist jede sprachliche Äußerung eine dialogische Orientierung auf, die daher rührt, daß sie immer im Rahmen einer mündlichen oder schriftlichen Gesprächssituation geäußert wird. So gesehen ist jeder Sprechakt eine Gegen-Rede, die ihrerseits zur Widerrede herausfordert (Bachtin, 1979, 170). Zu dieser dialogischen Orientierung können sich die Gesprächspartner auf zweierlei Art verhalten: indem sie sich dem Dialog in seiner prinzipiellen Unabschließbarkeit anvertrauen, oder indem sie sich einer Fortsetzung des Gesprächs auf künstliche Weise verschließen. In diesem zuletzt genannten Fall werden die sog. zentripetalen Kräfte der Sprache mobilisiert, die auf eine Vereindeutigung des Sinns, eine ideologische Fixierung der Aussage oder eine begriffliche Konklusion abzielen. Im entgegengesetzten Fall überläßt sich der

Sprecher/Schreiber den zentrifugalen Kräften der Sinndispersion, der Metamorphose und der Ambiguität, um das Gespräch für Anschlußoperationen offen zu halten.

Bezogen auf die Literatur führt dieser Konflikt widerstrebender Kräfte zu einer Unterscheidung zwischen monologischen und dialogischen Textsorten. Als Paradigma einer dialogischen Textsorte gilt Bachtin der polyphone oder multiperspektivische Roman, in dem eine Vielzahl von Erzählerstimmen die Engführung des Geschehens auf eine einzige Auslegungsmöglichkeit verhindert. Aber auch der elliptische, ergänzungsbedürftige Diskurs des Schelmenromans verfolgt ein Erzählkonzept, das zum offenen Kunstwerk tendiert.

6. Menippeische Satire & Parodie

Aufschlußreich ist Bachtins Ableitung des polyphonen Romans von der Menippeischen Satire, weil eine Reihe der für die Genese des Schelmenromans wichtigen Werke – Lukians *Wahre Geschichte*, Apuleius *Metamorphosen* und Petrons *Satyricon* – ebenfalls in diese Tradition gehören. Der Name der Gattung geht auf Varro (116–27 v.Chr.) zurück, der seine Dichtungen ›Saturae Menippeae‹ nannte, weil sie an die populären Schriften des kynischen Philosophen Menippos von Gadara aus dem 3.Jhd. v. Chr. anknüpften. Varros Prosa und Metrik verbindende Satiren dienten als Instrument der Kritik und Invektive. Als satirisches Sittengemälde verstand auch Petronius Arbiter, der 66.n.Chr. starb, sein *Satyricon*, das die für die Menippea charakteristische Verbindung von Prosimetrum und Mythenparodie aufweist und als antiker Vorläufer des Schelmenromans gilt (Adamietz 1986).

Wie in vielen anderen Bereichen führte die Renaissance auch hinsichtlich der Menippea zu einer Wiederbelebung antiker Formen. So weisen die *Coloquia familiaria* und das *Encomium Moriae* des Erasmus von Rotterdam Strukturmerkmale dieser Textsorte auf. Apuleius *Metamorphosen*, von denen 1513 eine spanische und 1538 eine deutsche Ausgabe erschien, übten ebenso wie Erasmus Werke einen starken Einfluß auf die Barockliteratur aus. Cervantes zum Beispiel verweist in seinem *Coloquio de los perros* ausdrücklich auf die Eselsgeschichte, und der Dialog seiner sprechenden Hunde erinnert an die Rollenverteilung der Sprechakte bei Erasmus. »Die menippeische Satire ist dialogisch, steckt voller Parodien und Travestien, weist eine Vielzahl von Stilen auf und scheut nicht einmal vor Elementen der Zweisprachigkeit zurück« (Bachtin, 1989, S. 236). Im Umkehrschluß kann man den Gegenpol zur menippeischen Satire z.B. in der Traktatliteratur, dem Thesenroman und jeder anderen dogmatisch-apodiktischen Textsorte sehen, in der die Welt auf eine bestimmte Betrachtungsweise und Lesart oder auf einen orthodoxen Denkstil festgelegt wird.

Neben Guillén und Bachtin, deren Arbeiten hier – ihrer Bedeutsamkeit entsprechend – ausführlich behandelt wurden, sei abschließend auf den sog. ›Modal Approach‹ verwiesen, den Ulrich Wicks vorgestellt hat. Er geht davon aus, daß eine fiktionale Welt besser, schlechter oder genauso gut wie die empirische Realität sein kann, auf die sie sich bezieht. Ist sie besser als die Erfahrungswirklichkeit, stellt sie das Ergebnis einer romantischen Weise der fiktionalen Welterzeugung dar; ist sie schlechter, so weist der Text eine satirische Machart auf; ist sie gleich gut, handelt es sich um einen historischen bzw. historiographischen Diskurs. Diese drei Modi narrativer Welterzeugung bilden ein Kontinuum der Erzählkunst, in dem die pikareske Schreibweise zwischen der satirischen und der historischen angesiedelt ist (Wicks, 1974, S. 240f). Nach Wicks Lesart dominiert die pikareske Schreibweise den Schelmenroman, was zumindest zwei Möglichkeiten offenläßt: erstens können auch andere Modi bei der Entstehung und Weiterentwicklung des pikaresken Genres eine Rolle gespielt haben, und zweitens können auch Erzählwerke, die keine Schelmenromane sind, den pikaresken Darstellungsmodus als Subdominante enthalten. Für die erste Möglichkeit spricht die enge Verbindung des pikaresken Genres zur Visionsliteratur; von der zweiten Möglichkeit machen zahlreiche Werke Gebrauch, in denen eine pikareske Nebenfigur als Ich-Erzähler auftaucht.

Wenn Wicks im Rahmen seiner Liste von Gattungsmerkmalen erwähnt, daß der zwischen ›history‹ und ›satire‹ angesiedelte Schelmenroman zur »implied parody of other fictional types (romances) and of the picaresque itself« (Wicks, 1974, S. 247) tendiert, dann kann man diesen Gesichtspunkt sowohl mit Guilléns Gattungsdialektik als auch mit Bachtins Romankonzept in Verbindung bringen. Die Parodie nämlich weist, so gesehen, eine Fremd- und eine Selbstreferenz auf.

Einerseits bezieht sich der Schelmenroman parodistisch auf den Ritter- und Schäferroman, die im Sinne von Wicks als Beispiele für den romantischen Modus der narrativen Welterzeugung verstanden werden können (Fremdreferenz), andererseits besteht seine eigene Entwicklungsgeschichte wesentlich aus der diskontinuierlichen Abfolge der Versionen, die in den einzelnen Romanen von der pikarischen Welt erzeugt werden – Versionen, die wie der *Buscón* als Parodie des Schelmenromans durch den Schelmenroman entstanden sein können (Selbstreferenz).

7. Schelmenbeichte & Schelmenschelte

Das Konzept der Komplementärlektüre (Bauer, 1992, S. 26 ff) ergibt sich aus der spezifischen Vermittlungsstruktur des Schelmenromans, genauer: aus dem asymmetrischen Bruch, den die pikarische Welt mit ihren (symmetrischen) Konfliktsituationen durch die einseitige Erzählperspektive erfährt: anstatt sowohl die Sicht des Schelms als auch die seiner Gegner wiederzugeben, wird der Leser mit der halben Wahrheit einer Geschichte konfrontiert, die im Hinblick auf die Leitidee der ganzen Wahrheit einer Ergänzung bedarf. Um dem Schelm auf die Schliche zu kommen, muß der Leser die von ihm erzählte Geschichte gegen den Strich lesen.

Dieser agonale Charakter der Interaktion von Text und Leser reflektiert die latenten oder manifesten Konflikte, von denen der Schelmenroman handelt. Der Schelm lebt in einer Welt, in der die Devise ›homo homini lupus‹ gilt; da er mit den Wölfen heult, kann er nicht als das Unschuldslamm durchgehen, als das er sich in seiner Selbstdarstellung vorstellt. Wenn daher der unzuverlässige Ich-Erzähler in seiner Lebensbeichte die eigenen Widersacher selbstgefällig Schelme schilt, dann muß diese Schelte auf den Pikaro zurückgewendet werden, der ja selbst ein Wolf im Schafspelz ist.

Es ist höchst aufschlußreich, daß diese Dialektik von Schelmenbeichte und Schelmenschelte auch außerhalb der Literatur anzutreffen ist. Das Wort Schelm kommt von ahd. ›scelmo‹, was soviel wie Aas, Kadaver oder Leichnam bedeutet. Im übertragenen Sinne wurde dieses Wort im Mittelalter als Berufsbezeichnung auf Schinder, Abdecker oder Henker angewandt, also auf Personen, die tagtäglich mit toten

Tieren oder Menschenleichen in Berührung kamen. Bezeichnenderweise standen der Henker und der Schinder, also die Angehörigen der Schelmensippe, dem Maskenumzug vor, mit dem im Mittelalter die Karnevalsfeierlichkeiten begannen. Dieser Maskenumzug war offenbar eine totentanzähnliche Inversion der gewöhnlichen sozialen Hierarchie mit Kaiser und Papst an der Spitze; er führte von der Peripherie der Siedlungen, an der die Asozialen und Aussätzigen lebten, ins Zentrum, auf den Marktplatz, der die eigentliche Arena der karnevalesken Weltverkehrung war. Die Angehörigen der Schelmensippe mußten nämlich, da sie keine zunftfähigen Berufe ausübten, am Rande der Siedlungen leben, dort, wo es im wortwörtlichen Sinne ›stinkt‹, wo etwas faul ist, am Aas- oder Schelmengraben. An diesem Ort wurden all diejenigen verbannt, die man öffentlich zu Schelmen erklärt hatte. Was darunter zu verstehen ist, erläutert Jacob Grimm im 1. Band seiner *Deutschen Rechtsalterthümer* unter dem Stichwort ›darlehen‹ (S. 160ff):

»Für unsere rechtsalterthümer ist bei dem darlehen hauptaugenmerk die strenge behandlung der ›bösen Schuldner‹. sie verloren ehre und guten ruf, der gläubiger durfte sie vor aller welt ›schelme schelten‹. Im mittelalter war es sitte, treubrüchigen, meineidigen leuten ehrenrührige ›scheltbriefe‹ zu senden oder sie öffentlich anschlagen zu lassen [...] Abgeschloßne verträge enthielten häufig die formel, daß den wortbrüchigen ein solches schelten treffen solle, wie noch heutzutage unter dem volk die betheuerung: du sollst mich einen ›spitzbuben heißen‹, wenn ich das nicht thue, gewöhnlich ist [...] Man vergleiche mit dem schelmschelten den altn. gebrauch, einem zu hohn und schimpf die ›neidstange‹ aufzustecken, oder die sitte der ›schandgemälde‹ im mittelalter. Der insolvente schuldner muß sich ›öffentlich entblößen‹ [...]«

Grimm läßt zwar offen, ob es sich bei dieser Entblößung um eine beschämende Entkleidung oder um den Offenbarungseid des Schuldners handelt, aber man kann mit Sicherheit davon ausgehen, daß die Schelmenschelte ein für den Betroffenen hochnotpeinlicher Akt mit weitreichenden gesellschaftlichen Folgen war: er geriet nicht nur in finanzieller Hinsicht in Mißkredit. Infolgedessen ist jede literarische Figur, die als Schelm bezeichnet wird, ebenfalls als ehrlos oder unehrlich anzusehen und mit Argwohn zu behandeln. Daß umgekehrt auch die unzuverlässigen Ich-Erzähler ihrem Publikum mit Mißtrauen begegnen – entblößen sie sich mit der Veröffentlichung ihrer Schelmenbeichte doch vor aller Welt –, läßt sich leicht am *Guzmán de Alfarache* nachvollziehen, dessen Erzähler ständig bemüht ist, für ihn nachteilige Interpretationen seiner Geschichte im vorhinein auszuräumen. Der Pikaro hat hier wie in vielen anderen pikaresken Erzählwerken ein bemerkenswert schlechtes Gewissen. Um einer Schelmenschelte zuvorzukommen, wendet der pikareske Ich-Erzähler eine Reihe von rhetorischen Tricks und Erzählstrategien an, die als direkte oder indirekte Verlängerung seiner Betrugsmanöver in die literarische Zeichenpraxis hinein verstanden werden können. Umgekehrt bedeutet dies, daß der Leser eines Schelmenromans in die Lage eines satirischen Scharfrichters versetzt wird, der darüber zu entscheiden hat, ob die pikaresken Vertrauensschwindel auf das Konto des Schelms oder zu Lasten der Umwelt gehen, die ihn zu seinen Streichen getrieben hat. Bei dieser Entscheidung geht es nicht um eine rigide Entweder-Oder-Alternative, sondern um ein dem Bedingungszusammenhang der pikaresken Karriere angemessenes Sowohl-Als-Auch: die allmähliche Korrumpierung eines einzelnen, von der die Schelmengeschichte handelt, spiegelt die Korruption der zeitgenössischen Gesellschaft wider, obwohl natürlich nicht jedes Gesellschaftsmitglied ebenso anfällig für diese Umweltprägung ist wie der unzuverlässige Ich-Erzähler.

Aus der dialektischen Beziehung zwischen individuellen Verhaltensweisen und kollektiven Verhaltensmustern, die der Schelmenroman mit seiner dipolaren Erzählanlage reflektiert, ergibt sich mithin eine grundlegende und im Prinzip unaufhebbare Reversibilität der Auffassungsperspektiven. Die in der Darstellung des Pikaro ausgesparten Gegendarstellungen seiner Widersacher bilden einen virtuellen Text: die apologetische Schelmenbeichte, die expressis verbis nachzulesen ist, verweist auf die ›Szenographie‹ (Eco, 1987, S. 100) der Schelmenschelte, die im Text nicht ausgeführt wird. Nun kann der Leser zwar nicht ohne weiteres die vom Erzähler unterdrückte Sicht seiner Gegner rekonstruieren, aber er kann doch die zur Selbstverstellung und Weltverkehrung neigende Darstellung des Pikaro einer Komplementärlektüre unterziehen. Unter Berücksichtigung der durch Leerstellen markierten Szenographie macht sich eine solche Komplementärlektüre die einschlägige Dialektik von Schelmenbeichte und Schelmenschelte zunutze, die im außerliterarischen Bereich vorgegeben ist.

Zu den genuin literarischen Konventionen, die auf die Ergänzungs- und Revisionsbedürftigkeit der pikaresken Weltversion hinweisen, gehört die ironische Wahrheitsbeteuerung des unzuverlässigen Erzählers, die bereits Lukian in seinen satirischen Lügenmärchen verwendet hatte. Im Zweiten Buch seiner *Wahren Geschichte*, einer Odyssee durch phantastische Welten, trifft der Ich-Erzähler im Totenreich auf einige geistesverwandte Seelen, über deren Schicksal er zu berichten weiß: »Am schärfsten unter allen werden die Lügner gezüchtigt, besonders die Geschichtsschreiber, die nicht die Wahrheit geschrieben haben, unter denen ich den Ktesias und Herodot, und noch viele andere bemerkte. Der Anblick dieser Leute machte mir gute Hoffnung für mein eigenes Schicksal, da ich mir Gottlob! nicht bewußt bin, eine einzige Lüge gesagt zu haben.« Wieland, aus dessen Übersetzung das Zitat stammt, kommentiert diese ironische Stelle mit den nicht weniger ironischen Worten: »In der That sind die strafbaren Lügen nur die, die man andern treuherzigen Leuten für Wahrheit aufhängt: und von dieser Sünde ist schwerlich je ein Lügner reiner gewesen als der Verf. dieser wahren Geschichte« (Lukian, 1985, S. 143). In diesem Sinne hat auch der Leser eines Schelmenromans die Wahl, treuherzig und gutgläubig alles, was ihm der Pikaro erzählt, für bare Münze zu nehmen oder zu überprüfen, ob der Wechsel, den er erhält, auch gedeckt ist.

Schon der *Lazarillo de Tormes* bezieht seine Brisanz aus jenem symbolischen Tausch, bei dem das Vertrauen der Leserschaft mit frommen Sprüchen erworben wird, die bekanntlich auch umsonst zu haben sind. Lázaro, der unzuverlässige Ich-Erzähler dieses Romans, betreibt ein regelrechtes ›Stigma-Management‹, als er von einer hochgestellten Persönlichkeit aufgefordert wird, zu einem bestimmten Vorfall Stellung zu nehmen. Dies jedenfalls geht aus dem Prolog hervor, der den nachfolgenden Text als einen Brief des Ich-Erzählers an ›Vuestra Merced‹ (Euer Gnaden) erscheinen läßt. Doch anstatt den anrüchigen Fall von Konkubinat, in den er verwickelt ist, ohne Umschweife aufzuklären, verschleiert der Erzähler die Tatsachen, beispielsweise indem er mit einer ausführlichen Darstellung seiner Vergangenheit von der Gegenwart ablenkt. Trotz der Vertraulichkeit, die der Briefform eigen ist, mag Lázaro nicht offenherzig darlegen, wie es um seine Ehrlichkeit und Ehrenhaftigkeit in Wahrheit bestellt ist. Um seinem Fall auf die Spur zu kommen, muß der Leser, der für die Dauer der Lektüre in die Rolle des Briefadressaten schlüpft, die

Geschichte des Lazarillo de Tormes gegen den Strich lesen. Nur so läßt sich dieser Geschichte nämlich einerseits entnehmen, wie ein Mensch nach und nach zu einem durchtriebenen Lügner und Betrüger wird, andererseits aber auch, warum diese Entwicklung insofern im Rahmen des Üblichen bleibt, als die Unaufrichtigkeit den gemeinsamen Nenner aller Sprach-, Denk- und Verhaltensweisen in Lázaros Umgebung bildet.

Die Komplementärlektüre des *Lazarillo de Tormes* bleibt also nicht bei der Entlarvung des unzuverlässigen Ich-Erzähler stehen, sie stößt vielmehr bis zum gesellschaftlichen Bedingungszusammenhang der erzählten Geschichte vor, die auch und gerade davon handelt, wie der Schelm zum Erzähler wird und warum er sich als Erzähler so und nicht anders verhält. Der Ausgangssituation des Textes – Lázaros Verhör durch ›Vuestra Merced‹ – entspricht wenigstens eine der traumatischen Szenen in Lazarillos Entwicklung: der Befragung des Jungen über die Diebstähle seines Stiefvaters. Damals hatte der kleine Lazarillo unter Androhung von Gewalt die Wahrheit gesagt und so nicht nur seinen Ernährer an die Inquisition, sondern, ohne es zu ahnen, auch sich selbst an den blinden Bettler ausgeliefert, der seiner Mutter das Sorgerecht für den kleinen Schlingel abzunehmen versprach. Damit aber begann Lazarillos triste Karriere als Hungerleider und Prügelknabe. Als er nun erneut verhört wird und wiederum mit der Wahrheit die Lebensgrundlage preisgeben müßte, die er sich inzwischen gesichert zu haben meint, entscheidet Lázaro sich beinahe zwangsläufig gegen die Aufrichtigkeit. Diese Entscheidung ist dem Text allerdings nicht expressis verbis zu entnehmen. Der bloße Nachvollzug dessen, was schwarz auf weiß dasteht, genügt daher nicht, um in die Grauzone des Erzählten vorzudringen. Was der Leser zwischen den Zeilen entdecken und im Verlauf seiner Konjektur erschließen kann, wird im Text bestenfalls angedeutet, etwa dadurch, daß Lázaro selbst mehrfach auf die Ergänzungsbedürftigkeit seiner Darstellung hinweist.

Die agonale Interaktion von Text und Leser basiert im *Lazarillo* also auf dem erzählerischen Verwirrspiel, das der ›unreliable narrator‹ veranstaltet; der Interpret muß darauf achten, sich nicht in den Fallstricken zu verheddern, die Lázaro ausgelegt hat, um seinerseits den eigenen Kopf aus der Schlinge zu ziehen; ein falsches Wort genügt, und ›Vuestra Merced‹ zieht den Strick, der bereits um seinen Hals baumelt, zu. Der Leser jedoch verständigt sich mit dem anonymen Verfasser über den Kopf des Ich-Erzählers hinweg, der ein Halsrätsel zu lösen versucht, auf eine Kritik der Gesellschaft, die ihre Mitglieder zur Unredlichkeit nötigt und zwischenmenschliches Vertrauen stranguliert. Wichtig ist, daß dadurch die Doppeldeutigkeit der Geschichte nicht etwa aufgehoben, sondern bestätigt wird, denn die Umkehrbarkeit der Betrachtungsweisen bleibt angesichts des wechselseitigen Bedingungszusammenhangs zwischen der pikaresken Karriere und der durch Lug und Trug verkehrten Welt erhalten.

Die Reversibilität der Auffassungsperspektiven, die der Komplementärlektüre zugrundeliegt, kann ihrerseits vom Rezeptionsästhetischen ins Produktionsästhetische gewendet werden, wenn sich ein Verfasser entscheidet, die Schelmengeschichte eines anderen Autors mit den Mitteln der Erzählkunst gegen den Strich zu lesen. Das ist z.B. im *Buscón* der Fall. Quevedo bedient sich der Genreform-Maske des unzuverlässigen Ich-Erzählers, um den Guzmán de Alfarache, der seinen Zeitgenossen als »El Pícaro« schlechthin galt, als literarischen Hochstapler zu entlarven. Wenn sich der Spitzbube (= buscón) unter dem falschen Namen Ramiro de Guzmán als Heiratsschwindler betätigt, dann kommt seine Entlarvung einer Kritik des berühmt-berüchtigten Namensvetters gleich.

Auch innerhalb des simplicianischen Schriftenzyklus hat es der Leser mehrfach mit dieser Reversibilität zu tun. So erweist sich die *Lebensbeschreibung der Landstörtzerin und Ertzbetrügerin Courasche*, die schon im Titel als *Trutz=Simplex* vorgestellt wird, als Einspruch gegen jene Version, die Simplicissimus von seiner Affäre mit der Landstörtzerin abgeliefert hatte. Erschien die Courasche in seiner Darstellung als die Betrogene, so behauptet sie in ihrer Gegendarstellung umgekehrt, Simplicius sei in Wahrheit von ihr ausgetrickst worden. Hatte dieser sie als eine Frau geschmäht, die ›mehr mobilis als nobilis‹ sei, so weist die Courasche in ihrer eigenen Lebensbeschreibung darauf hin, daß sich gleich zu gleich geselle. Im *Springinsfeld* nun erhält wiederum Simplicius Gelegenheit, diese Schelte von sich abzuwenden und darzulegen, daß die Courasche doch eine betrogene Betrügerin sei. Auf diese Weise sind die ersten acht Bücher des insgesamt zehnbändigen Schriftenzyklus thematisch, personell und strukturell aufeinander bezogen. Courasche und Simplicius liefern jeweils komplementäre Darstellungen ihrer zum Teil gemeinsamen Lebenswelt; der dialogisch-agonale Modus von Rede, Gegenrede und Widerrede bestimmt die Abfolge der einzelnen Lebensgeschichten. Damit vollzieht sich innerhalb der Simplicianischen Schriften eine fiktionale Auseinandersetzung, wie sie auch für die von unterschiedlichen Autoren verfaßten novelas picarescas nachweisbar ist. Schon López de Úbeda hatte die Rivalität der Geschlechter mit der Reversibilität der Auffassungsperspektiven in Verbindung gebracht. In seiner 1605 erschienenen *La Pícara Justina* fordert die Titelheldin Alemáns Pícaro zu einem regelrechten Schelmen-Duell heraus. Úbedas Roman wurde zunächst ins Italienische und 1620 bzw. 1627 in zwei Teilen von einem Unbekannten aus dem Italienischen ins Deutsche übertragen. Grimmelshausen kannte die *Iustina Dietzin Picara*, und es liegt nahe, die Komplementarität von Simplex und Trutz=Simplex auf diese Lektüre zurückzuführen.

Verallgemeinernd kann man sagen, daß die gesamte Entwicklung der pikaresken Erzählkunst dadurch gekennzeichnet ist, daß die Rezeption immer wieder in die Produktion umschlägt. Die offene Erzählanlage des Schelmenromans bietet Möglichkeiten zur Fortsetzung, die auch von anderen als den ursprünglichen Autoren genutzt werden können. So erfuhr der *Lazarillo* neben diversen Umarbeitungen und Übersetzungen verschiedene Fortsetzungen, etwa durch Juan de Luna 1620. (Der Nobelpreisträger Jose Camillo Cela hat noch 1936 *Nuevas andanzes y desaventurias de Lazarillo de Tormes* vorgelegt.) Grimmelshausens Simplicianische Schriften waren so erfolgreich, daß sie die Modeerscheinung der sog. Simpliciaden auf den Plan riefen. Im weiteren Verlauf der Literarhistorie hat sich die Dialektik von Genre & Countergenre immer dann wiederholt, wenn die pikareske und die cervanteske Weise der narrativen Welterzeugung aufgegriffen und gegeneinander ausgespielt wurden. Das ist beispielsweise in Fieldings Romanen *Joseph Andrews* (1742) und *Tom Jones* (1749), aber auch in John Barths *The Sot-Weed Factor* von 1967 der Fall.

III. La Novela Picaresca

1. Spanien im Goldenen Zeitalter

Die novela picaresca entstand in Spanien während des Goldenen Zeitalter, das von 1519 bis 1659 dauerte. Voraussetzung für das ›Siglo de Oro‹ war die Vereinigung der beiden Königreiche Aragón und Kastilien, die 1479 unter Ferdinand II. und Isabella I. stattgefunden hatte; wenig später kam auch die Rückeroberung der maurisch besetzten Gebiete, die sogenannte ›Reconquista‹, zu einem erfolgreichen Abschluß. Der Fall von Granada (1492), dem letzten arabischen Stützpunkt auf der iberischen Halbinsel, fiel in dasselbe Jahr wie die Entdeckung der Westindischen Inseln, für die Kolumbus Amerika hielt. 1492 setzte aber auch die Vertreibung der Juden ein, die während der langen Zeit der Reconquista – sie zog sich über mehr als sieben Jahrhunderte hin – eine wichtige Vermittlerfunktion zwischen der Welt des Islams und der Welt des Christentums gespielt hatten. Gerade deshalb erschienen sie den in ihrer nationalen Identität noch unsicheren Spaniern jetzt verdächtig. Der territorialen Einigung sollte die ›Reinigung‹ des Volkes von andersgläubigen Gruppen und fremden Einflüssen folgen. Seit 1490 verfolgte die Inquisition die tatsächlich oder vermeintlich zum Christentum bekehrten Juden, die sogenannten ›conversos‹. Für viele Bewohner der iberischen Halbinsel war das ›Siglo de Oro‹ daher eine von Furcht und Mißtrauen erfüllte Zeit.

Hinzu kam, daß das spanische Weltreich in ökonomischer Hinsicht auf tönernen Füßen stand. In Spanien gab es praktisch kein Erwerbsbürgertum, von dem der Staat Abgaben erheben konnte. Viele Menschen gingen überhaupt keinem Beruf nach. Vor allem die Angehörigen des niederen Adels, die während der langen Dauer der ›Reconquista‹ Waffendienste geleistet hatten und es nun für unter ihrer Würde hielten, Handel zu treiben oder ein Handwerk zu lernen, lasteten auf dem kleinen Kreis der Steuern zahlenden Spanier. Zudem neigten die oft verarmten Adligen dazu, den Verlust ihrer realen gesellschaftlichen Funktion durch einen hypertrophen Ehrbegriff zu kompensieren. Daraus entstand die

Ideologie des Hidalgismo mit den Schlüsselbegriffen der ›honra‹, der ›fama‹ und der ›limpieza de sangre‹, die mehr und mehr zu einem illusionären, rückwärtsgewandten Mythos geriet. Aber auch der Klerus lebte vielfach in selbstgefälliger, ausbeuterischer und rücksichtsloser Manier von Pfründen, die ihm das Feudalsystem auf Kosten der unterprivilegierten Bevölkerungskreise verschaffte. Scharen von entlassenen Soldaten und arbeitslosen Studenten, die es nicht geschafft hatten, sich rechtzeitig solch eine Pfründe zu sichern und nun zu Bettlern oder Kleinkriminellen absackten, bevölkerten als Obdachlose und Landstreicher die Straßen und Marktplätze der Städte. Immer mehr Menschen fanden in der alten, überkommenen Gesellschaftsordnung keinen Platz mehr und waren doch ohne Aussicht auf eine neue, gesicherte Position. Ob sie sich nun wie die Angehörigen des niederen Adels und Klerus weigerten, einer geregelten Tätigkeit nachzugehen, oder zum fahrenden Volk gehörten – viele von ihnen führten ein parasitäres oder pikareskes Dasein am Existenzminimum. Schon der *Lazarillo de Tormes*, in dem das Thema des Hungers zentrale Bedeutung gewann, führte die typischen Vertreter dieser Krisenzeit vor: den durchtriebenen Bettler, den scheinheiligen Priester, den falschen Hidalgo, den betrügerischen Ablaßkrämer und Lázaro, den undurchsichtigen Hungerleider selbst.

In der Hauptstadt Madrid und in Sevilla, dem Tor zur Neuen Welt, in der viele Spanier jener Zeit das Glück suchten, das sie in der alten Heimat nicht finden konnten, sammelten sich die arbeitsscheuen und erwerbsunfähigen Mitglieder der Gesellschaft in rechtsfreien Räumen. Wer nicht zu den Küchenjungen (pinches de cocina) oder zu den Laufburschen und Lastenträgern (esportilleros) stieß, kam hier rasch auf den Gedanken, sich als invalid auszugeben, um vor den Kirchentoren das einträgliche Mitleid wohlhabenderer Menschen zu erregen. Die Entlarvung der falschen Bettler, die als Tiefstapler, und der falschen Hidalgos, die als Hochstapler unterwegs waren, aber auch die Verdächtigung der neuen Christen, klammheimlich die alten Andersgläubgen geblieben zu sein, mußten das zwischenmenschliche Vertrauen in der Gesellschaft nachhaltig untergraben. Jeder Fremde konnte unter diesen Umständen ein Vertrauensschwindler sein.

Das Klima der Verdächtigungen wurde durch die Inquisition verstärkt, da diese in der Mehrzahl der Fälle auf obskure Gerüchte und bloße Verdächtigungen hin tätig wurde, ohne daß eine klärende Gegenüberstellung zwischen dem Denunzianten und dem Beschuldigten stattfand. In dem Augenblick, in dem der Angeklagte hinter den Gefängnismauern verschwunden war, hörte er auf, für seine Mitmenschen zu existieren, denn das inquisitorische Verfahren fand unter Ausschluß der Öffentlichkeit statt (Defourneaux, 1986, S. 147). Endete der Arkanprozeß mit einem Autodafé, so ging die Exekution des Delinquenten in aller Regel mit einer schamlosen Ausplünderung seiner Familie einher (Castro, 1957, S. 504).

Zwischen dem Beginn der Judenvertreibung im Jahre 1492 und der Vertreibung der sog. ›moriscos‹, die von arabischen Vorfahren abstammten, im Jahre 1609 führte die sozioökonomische Krise auf der iberischen Halbinsel zur inneren Aushöhlung der spanischen Weltmacht, deren äußerer Zusammenbruch alsbald folgte. Der Freiheitskampf der Niederlande (1568–1648), der Staatsbankrott (1575), der auch durch die Ausbeutung der Kolonien nicht aufzuhalten gewesen war, sowie die katastrophale Niederlage der Armada (1588) und die Schwächung des mit dem spanischen Imperium eng verbundenen Katholizismus durch die Reformation trugen dazu wesentlich bei. Cervantes, Quevedo und ihre Zeitgenossen waren Zeugen dieses Macht- und Sittenverfalls. Von vielen Verfassern einer novela picaresca wird angenommen, daß sie zum Christentum konvertierte Juden waren. Bei Alemán gilt dies als sicher; für den anonymen Verfasser des *Lazarillo* und für López de Úbeda wird es vermutet. Francisco de Quevedo dagegen gehörte seiner Herkunft nach zum Adel.

Unter diesen Umständen kann es kaum verwundern, daß die Enttäuschung über die Welt in der Literatur jener Zeit breiten Raum einnimmt: das ›desengaño‹-Erlebnis der Ernüchterung verbindet sich im Schelmenroman mit dem Erwachen des Protagonisten aus seiner Naivität, in Baltasar Graciáns *Handorakel der Weltklugheit* mit der Aufstellung von Verhaltensregeln, wie man sich in der antagonistischen Gesellschaft behaupten und dennoch ein weltlicher Heiliger werden kann. Philosophie und Belletristik reflektieren die heikle Situation des Menschen, der auf seine Mitmenschen angewiesen ist, ohne ihnen vorbehaltlos vertrauen zu können. Daher stehen die Techniken der Simulation und Dissimulation, der Maskierung und Demaskierung im Mittelpunkt der zynisch-kynischen Maximen, die hier wie dort ausgegeben werden. Im Zeitalter des Argwohns gilt das Motto: ›mundus vult decipi –

ergo decipiatur‹, aus dem zumindest für den Pikaro folgt, daß der vorbeugende Betrug die beste Überlebensstrategie darstellt. Insgesamt gesehen bedarf es daher nicht unbedingt des Nachweises, daß neben Alemán auch andere Verfasser von Schelmenromanen zur Gruppe der Neuchristen gehörten; wer im Siglo de Oro lebte, war für die metaphysischen und sozialen, psychischen und politischen Abgründe seiner Zeit hinreichend sensibilisiert, um in der Froschperspektive der novela picaresca ein besonders subversives Instrumentarium der literarischen Satire und Gesellschaftskritik erkennen und sich dieses Instrumentariums gegebenfalls bedienen zu können. Gleichwohl kann man Antonio Rey Hazas zustimmen, wenn er den spanischen Gattungsvertretern eine thematisch-polemische Kohärenz unterstellt, die in den Übersetzungen und Bearbeitungen, Nachdichtungen und Weiterführungen des Genres im Ausland nicht gewahrt bleiben konnte. Rey Hazas wertet die ungleiche Verteilung der Aufstiegschancen auf der iberischen Halbinsel, die gerade die Neuchristen besonders leidvoll erfuhren, als entscheidenden Erzählimpuls. Daher artikuliere die novela picaresca den Protest der ›conversos‹ gegen das ideologische Junktim von Abstammung und Ehre, das sie von der Wahrnehmung öffentlicher Ämter und der Übernahme einträglicher Aufgaben ausschloß. Daß also ausgerechnet Spanien zum Ursprungsland des Schelmenromans geworden ist, läßt sich nach Rey Hazas auf zwei miteinander zusammenhängende Gründe zurückführen: auf die spezifische Situation der ›conversos‹, die so nur auf der iberischen Halbinsel gegeben war, und auf die Polemik gegen die vorherrschende Ideologie, die diese Gruppe gesellschaftlich benachteiligte (Rey Hazas, 1990, S. 64f).

2. Lazarillo de Tormes (1554)

La Vida de Lazarillo de Tormes, y de sus fortunas y adversidades erschien 1554 in drei verschiedenen Ausgaben, jeweils ohne Nennung eines Verfassernamens. Ob der Autor nun aufgrund seiner mutmaßlich jüdischen Abstammung, aus begründeter Furcht vor der Zensur – das Werk wurde 1559 auf den Index gesetzt – oder aufgrund anderer unbekannter Umstände seine Anonymität gewahrt wissen wollte – auf jeden Fall trägt die

Unmittelbarkeit, die der elliptische Diskurs des Ich-Erzählers dadurch gewinnt, wesentlich zur Glaubwürdigkeit der im Prolog etablierten Ausgangslage bei, derzufolge der Text ein an ›Vuestra Merced‹ (Euer Ehren) gerichtetes Schreiben ist.

Der Eindruck der Unmittelbarkeit wird durch die Gegenwartsbezogenheit und die exakte geographische Einbettung des Geschehens unterstützt. Die Handlung ist in einem Milieu angesiedelt, das im Vergleich zu den idealisierten Schauplätzen des Schäfer- und Ritterromans als realistisch bezeichnet werden darf. Trotz dieser direkten Anknüpfung an die außerliterarische Wirklichkeit bezieht sich der Roman auf eine Reihe von folkloristischen und literarischen Traditionen, deren Zusammenführung ihm den Charakter eines Schwellentextes am Übergang von der oralen Kultur des Mittelalters zur modernen, durch den Buchdruck geprägten Schriftkultur verleiht. Mündliche Erzählungen in Schwank- und Legendenmanier sowie die sprichwörtlichen Redensarten und der kolloquiale Stil, in dem Lázaro seine Geschichte vorträgt, stoßen auf Formen der schriftlichen Kommunikation. So beruft sich der Ich-Erzähler einerseits mit Plinius auf eine literarische Instanz, andererseits ist sein Brief an »Vuestra Merced« – Paradigma der schriftlichen Kommunikation schlechthin – durch Gerüchte veranlaßt worden, die um ihn und seine Frau entstanden und bis zu den Ohren des Adressaten vorgedrungen sind. Auch das Duell zwischen dem Bettler und seinem Blindenführer geht auf Motive der mittelalterlichen Schwankliteratur (*Le garcon et l'aveugle*) zurück, die dort allerdings nicht aus der fragwürdigen Sicht eines unzuverlässigen, weil parteiischen Ich-Erzählers dargestellt worden waren. Erst im *Lazarillo* wird diese Genreform-Maske konsequent eingesetzt, um im Rahmen einer fingierten Autobiographie zwischenmenschliche Konfliktsituationen in einer perspektivischen Brechung vorzuführen, die den Leser zur Komplementärlektüre anhält.

Mit dieser Erzählanlage ist der *Lazarillo de Tormes* zur Initialzündung des pikaresken Genres geworden. In ihm werden erstmals der pseudoautobiographische und der paraenzyklopädische Erzählstrang in der Art und Weise miteinander verschränkt, die den Schelmenroman insgesamt auszeichnet. Die satirisch akzentuierte Typenrevue, die unfreiwillige Selbstentlarvung des unzuverlässigen Ich-Erzählers, dessen Gesellschaftskritik gleichwohl nicht von der Hand zu weisen ist, und die trickreiche, mit der vermeintlichen Ausschaltung

einer textexternen Vermittlungsinstanz zusammenhängende
Einbeziehung des Interpreten in die Inszenierung des literarischen Diskurses führen zu jener neuen agonalen Interaktion
von Text und Leser, aus der die offenbar unerschöpfliche
Vieldeutigkeit der Gattung resultiert.

Claudio Guillén geht in seinem bereits erwähnten Aufsatz
La disposición temporal del Lazarillo de Tormes so weit, die
erste novela picaresca einen »Bildungsroman en germen«,
einen Bildungsroman im Keim, zu nennen (Guillén, 1957,
S. 271), da der Akzent der Erzählung entgegen dem Anschein
nicht auf Lazarillos Erfahrungen, sondern auf den Folgerungen liege, die Lázaro aus ihnen ziehe. Die Kindheits- und
Jugendgeschichte des Protagonisten habe vor allem die Funktion, an den in ihr vorherrschenden antagonistischen Inter-
aktionsmustern nachvollziehbar zu machen, warum und wie
die Hauptperson zu einem Vertrauensschwindler wird. Wichtig ist, daß der Leser die Schlüsse, die Lázaro zwar praktisch,
aber nicht expressis verbis aus seinen Erlebnissen zieht, anhand einer Gegenüberstellung des erzählten und des erzählenden Ichs aufdecken muß. Mithin ergibt sich die Einheit des
Werkes erst im Verlauf der Lektüre aus der Konjektur der
einzelnen Episoden, die der Leser leistet. Die Pointe dieser
Konjektur liegt jedoch darin, daß sie nicht die Einheit, sondern die Gespaltenheit von Lázaros Bewußtsein enthüllt: Der
pseudoautobiographische Erzählstrang besteht, so Guillén, in
der »autoproyección de la persona en el tiempo« (Guillén,
1957, S. 271), wobei die Zeit drei Dimensionen umfaßt: die
objektive Chronologie der Ereignisse als externe Ereignis-
folge, ihre subjektive Ordnung durch das diesen Ereignissen
unmittelbar unterworfene Bewußtsein des erzählten Ich und
die Vermittlung dieser beiden Dimensionen durch das erzählende Ich, die wiederum eine Unterscheidung in die Dauer
des Erzählvorgangs und die Dauer der erzählten Vorgänge
gestattet. Während zu Beginn der Erzählung eine große Kluft
zwischen dem Zeitpunkt der Erzählung sowie Lázaros Standpunkt als Erzähler auf der einen und der erzählten Zeit sowie
Lazarillos naivem Bewußtsein auf der anderen Seite besteht,
nähert sich die Geschichte, die ja immer auch die Vorgeschichte ihrer Nacherzählung ist, mehr und mehr der Gegenwart des Erzählers, so daß die Kluft am Ende der Erzählung
aufgehoben zu sein scheint. Der entscheidende Punkt jedoch
ist, daß das Bewußtsein des Ich-Erzählers und das Bewußtsein
Lazarillos in dem Moment, in dem erzählte Zeit und Erzähl-

zeit konvergieren, die größte denkbare Divergenz aufweisen.

Dieses paradoxe Zusammentreffen gegenläufiger Tendenzen wird dem Leser nicht zuletzt dadurch bewußt, daß er sich wohl mit Lazarillo, aber kaum mit Lázaro identifizieren mag. Der Sicherheitsabstand, den er zu diesem korrupten Ich-Erzähler wahrt, läßt ihn Lazarillos Korrumpierung nachvollziehen und doch auf Distanz zu der Person gehen, die sich nicht zu schade ist, das illegitime Verhältnis des Erzpriesters von Toledo durch eine Scheinheirat zu decken und als öffentlicher Ausrufer Bestechungsgelder einzustreichen. Die Distanzierung des Lesers vom Ich-Erzähler wird durch den signifikanten Bruch vorbereitet, der, wie zahlreiche Interpreten gezeigt haben, zwischen dem dritten und dem vierten Kapitel des *Lazarillo de Tormes* verläuft (Willis, 1959, S. 274; Mancing, 1975, S. 429; Deyermond, 1975, 34 ff). Bis zum dritten Kapitel wird Lazarillos Geschichte nicht nur relativ kontinuierlich, sondern zugleich so erzählt, daß der Leser Sympathie für den geschundenen Hungerleider und Blindenführer empfinden muß, der noch in der bittersten Not den Großmut aufbringt, sein kärgliches Essen mit dem verarmten Hidalgo zu teilen. In den Kapiteln 4 bis 6, die eine diskontinuierliche Abfolge von scheinbar unzusammenhängenden Episoden entfalten, spielt Lazarillo, der bis dahin im Mittelpunkt gestanden hat, nur noch eine unbedeutende Nebenrolle – eine Merkwürdigkeit, die sich nicht einfach damit erklären läßt, daß hier die satirische Entlarvung der Betrugsmanöver anderer Figuren im Fokus der Aufmerksamkeit steht. Um die Entlarvung solcher Betrugsmanöver ging es nämlich auch schon in den ersten drei Erzählabschnitten. Der Unterschied zwischen der ersten und der zweiten Hälfte der asymmetrisch konzipierten Erzählung, die der Prolog und das siebte Kapitel umrahmen, besteht darin, daß zwar die Demaskierungen des blinden Bettlers, des selbstgefälligen Priesters und des falschen Edelmanns jeweils über ein Duell mit Lazarillo abgewickelt werden, die Kritik an den anschließend auftretenden Figuren jedoch von einem Beobachterposten aus vorgenommen wird, der eher schon dem Standpunkt des Erzählers Lázaro als der Sicht Lazarillos entspricht.

Während Lazarillo im Verlauf seiner Auseinandersetzungen mit den drei repräsentativen Vertretern der spanischen Gesellschaft die Techniken der Simulation und Dissimulation lernt, die seine Widersacher bis zur Perfektion beherrschen, wendet der Erzähler diese Techniken an, um den irreführenden Eindruck vorzubereiten, den insbesondere das letzte Kapitel beim Leser hinterlassen soll. Dort nämlich wird die vermeintliche Teilnahmslosigkeit des Protagonisten derartig auf die Spitze getrieben, daß nur ein Leser, der sich nicht von Lázaros parteiischer Darstellung vereinnahmen läßt, bemerken kann, wie diese Teilnahmslosigkeit in eine unfreiwillige Selbstentlarvung des Ich-Erzählers als Hahnrei umkippt. Der Ausrufer von Toledo gibt vor, von dem offenkundigen Techtelmechtel seiner Frau mit dem Erzpriester nichts zu wissen und mit seiner Nachbarschaft im besten Einvernehmen zu leben. Er dissimuliert also ein stummes Wissen, über das er verfügt, und simuliert eine Integrität, die er nicht besitzt.

Was Lázaro über den dubiosen ›caso‹ sagt, vor allem jedoch was er darüber verschweigt, muß dabei vor dem Hintergrund der Tatsache gesehen werden, daß er zu einer übergeordneten Autorität spricht. Nur weil jede der in den Anfangskapiteln geschilderten Konfliktsituationen Lazarillo etwas über die Möglichkeiten der Selbstverstellung und Weltverkehrung gelehrt hatte, die der Sprache eingeschrieben sind, ist Lázaro in der Lage, den inquisitorischen Prozeß, den ›Vuestra Merced‹ gegen ihn angestrengt hat, mit den Mitteln der Erzählkunst zu unterlaufen. Da jedoch der Leser seinerseits durch die Komplementärlektüre in den Stand versetzt wird, die Zwickmühle zu erkennen, in der Lázaro steckt, weil er »Vuestra Merced« Rede und Antwort stehen und dennoch alle heiklen Fragen offen lassen muß, aktualisiert er das Entlarvungspotential des Textes. Nachdem er sich vom unzuverlässigen Ich-Erzähler distanziert hat und in die Rolle von »Vuestra Merced«, dem ›lector in fabula‹, geschlüpft ist, kann er die Erzählung gegen den Strich lesen.

Doch so verdächtig der korrumpierte Ich-Erzähler, der den Leser ebenfalls zu korrumpieren versucht, auch sein mag, sein Verhalten als Akteur und Autor der eigenen Vita spiegelt lediglich das Fehlverhalten seiner Interaktionspartner wider. Dabei bildet der dubiose Streitfall, in den Lázaro verwickelt ist, wie F. Rico bemerkt hat, zugleich den Pretext seiner fingierten Autobiographie und den Fluchtpunkt der Erzählung: er ist als das die Erzählweise Lázaros bestimmende Motiv permanent anwesend und dennoch als der eigentliche Anlaß und Gegenstand der Erzählung merkwürdig abwesend, weil sich der Erzähler systematisch bemüht, von ihm abzulenken (Rico, 1984, S. 7).

Dabei unterläuft die Geschicklichkeit des Ich-Erzählers die Geltung einer ganzen Reihe von literarischen und außerliterarischen Normen, die dem zeitgenössichen Kontext zu entnehmen sind. So kann man den *Lazarillo de Tormes* beispielsweise auf die sogenannte ›Homo novus‹-Literatur beziehen, die darauf hinwies, daß wahre Ehre und echter Adel weniger mit dem äußeren Erscheinungsbild und der Abstammung eines Menschen als mit seiner inneren Werthaltung zusammenhängen, weshalb Standhaftigkeit angesichts des vorherrschenden Anpassungsdrucks eine Tugend sei, deren Aufrechterhaltung viel Geschicklichkeit erfordere. Vor diesem Hintergrund wirkt die Tüchtigkeit, die Lázaro bei seiner konformistischen Mimikry an den Tag legt, wie eine ironische Kontrafaktur dieser Literatur (Truman, 1969). Mit den moralphilosophischen Idealen der ›Homo novus‹-Literatur werden zugleich die ideologischen Vorgaben des Ritterromans desavouiert, in dem die Tugend der Standhaftigkeit ebenfalls als Ausweis von echtem Edelmut und wahrer Ehre galt.

Hans Robert Jauss hat im *Lazarillo de Tormes* darüber hinaus eine Travestie der christlichen Lebensbeichte in der auf Augustinus *Confessiones* zurückgehenden Tradition sehen wollen, da Lázaro für seine pikareske Karriere jene providentielle Fügung in Anspruch nehme, auf die sich eigentlich nur der von Gottes Gnade bekehrte Sünder berufen dürfe (Jauss, 1957, S. 299). Dieser Auslegung ist mehrfach widersprochen worden, vor allem deshalb, weil es im Text keine expliziten Hinweise auf eine solche Erzählintention gäbe. Dieser Einwand ist jedoch m.E. als irrelevant einzustufen, weil die zeitgenössischen Leser des Romans als Angehörige einer katholisch geprägten Kultur gewiß nicht extra eine förmliche Aufforderung brauchten, um den Text der Schelmenbeichte auf die Vergleichsfolie der Bekenntnis- und Bekehrungsliteratur zu beziehen und ihn als implizite Parodie zu verstehen.

Daß nicht nur die gebildeten Schichten in der Lage waren, solche Bedeutungsnuancen zu erfassen, ist schon deshalb wahrscheinlich, weil bereits der Name der Titelfigur eine stillschweigende Aufforderung zur figuraltypologischen Auslegung seiner Geschichte darstellt. Wohl kaum einem Zeitgenossen des anonymen Verfasser wäre bei diesem Titel nicht das Bibelgleichnis vom armen Lazarus eingefallen, der im Gegensatz zu jenem reichen Mann, der ihn verhungern läßt, in den Himmel gelangt. Die figuraltypologische Auslegung war eine seit dem Mittelalter fest etablierte Form der Exegese, die einerseits die Gestalten des Neuen Testaments als real-prophetische Einlösungen ihrer alttestamentarischen Präfigurationen erscheinen ließ, und andererseits dazu aufforderte, auch Personen und Ereignisse aus Geschichte und Gegenwart auf biblische Vorbilder zu beziehen. Dabei konnte der *Lazarillo de Tormes* nicht nur auf den armen Lazarus des Lukas-Evangeliums, sondern auch auf jenen Lazarus bezogen werden, den Jesus von den Toten auferweckt. Da dieser zweite Lazarus des Johannes-Evangeliums im Mittelalter und zu Beginn der Neuzeit ohnehin vielfach mit dem ersten identifiziert wurde, lag es nahe, die Beinahetode, die Lazarillo stirbt, als Parodie der Bibelgleichnisse zu lesen: im *Lazarillo de Tormes* ist es nämlich ausgerechnet ein Geistlicher, der sich noch schlimmer als der reiche Mann in der Bibel verhält. ›Elazar‹, die hebräische Form von Lázaros Namen, meint übrigens soviel wie ›Gott hilf‹ oder ›Gott hat geholfen‹, und in der Tat wird Lazarillo ja mehr als einmal aufgrund seiner Stoßgebete vor dem drohenden Hungertod bewahrt (Alter, 1964, S. 2).

Wendet man sich von diesen mehr thematischen Querbezügen den Vorbildern zu, die die Forschung für die Erzählstruktur des *Lazarillo de Tormes* ermittelt hat, so kommen hier vor allem zwei Quellen in Betracht: *El Asno Oro*, eine spanische Ausgabe des *Asinus Aureus* von 1513 und die Übersetzung von Teofilo Folengos *Baldus* aus dem Italienischen, die 1542 auf der iberischen Halbinsel in einer erweiterten Ausgabe erschien. Margot Kruse hat die Zweideutigkeit der Erzählperspektive, die episodische Machart und die Motive des Hungers, der Prügel und des Herrenwechsels im *Lazarillo de Tormes* auf Apuleius *Metamorphosen* zurückgeführt (Kruse, 1959, S. 299 ff). Für die intertextuelle Genealogie des *Lazarillo de Tormes* ist es nicht unwichtig zu wissen, daß Apuleius (125–180 n. Chr.) seinerseits nicht der erste war, der eine Version der komischen Eselsgeschichte vorgelegt hatte. Vielmehr unterzog er in seinen *Metamorphosen* die Geschichte des in einen Esel verzauberten Ich-Erzählers, die lange Zeit Lukian von Samosata zugeschrieben wurde, aber in Wahrheit wohl von Lukios aus Patrai stammt, einer Um- und Anverwandlung:

Geschildert wird, wie der vorwitzige und liebesgeile Lucius im Verlauf eines amourösen Abenteuers zu seiner animalischen Gestalt gelangt, wie befremdlich ihm die menschliche Gesellschaft aus seiner die Welt verfremdenden Tier-Perspektive erscheint und wie er die Eselshaut schließlich wieder loswird. Da die unfreiwilligen Abenteuer dem kuriös-kuriosen Helden heimliche Einblicke in zum Teil skandalöse Machenschaften gewähren, verbindet der Roman ein zeitkritisch akzentuiertes Sittengemälde mit der Travestie von Motiven aus Homers *Odyssee*. Diese Zusammenführung von Gesellschaftssatire und Literaturparodie wird durch verschiedene Einschübe – beispielsweise das Märchen von Amor und Psyche – aufgelockert. Dadurch kommt es zu einer unterhaltsamen Juxtaposition von vorwiegend komischen und vergleichsweise seriösen Textpartien, wie etwa der Initiation des Ich-Erzählers in den Isis-Kult am Ende der Geschichte. Die mit der Eselsnatur korrespondierende Sprunghaftigkeit von Apuleius Erzählung verweist einerseits auf die Launenhaftigkeit der Glücksgöttin Fortuna, andererseits aber auch auf die Unberechenbarkeit der Menschen, die Lucius immer wieder nötigt, von einem Dienstherren zum nächsten zu flüchten. Apuleius hat sein Werk im »Milesischen Stil« verfaßt, da die für diesen Stil charakteristische Vermischung der Sprachebenen und Tonlagen das angemessene stilistische Analogon zur Zwitterhaftigkeit des Erzählers darstellt, der ja auch als Esel ein denkender, fühlender Mensch bleibt.

Bernhard König hat Kruses Hinweise auf die Vorbildfunktion des *Goldenen Esels* für die Erzählanlage des *Lazarillo de Tormes* um eine weitere Quellenangabe ergänzt. Im Gegensatz zu den *Metamorphosen* weist der *Lazarillo de Tormes* ja eine trickreich ausgeführte Erzählsituation auf, die Lázaros Diskurs mit einer Aufforderung durch »Vuestra Merced«, den dubiosen Fall zu klären, motiviert. Eine vergleichbare Einbettung einer fingierten Autobiographie findet sich in Teofilo Folengos *Baldus*. Folengo (1491–1544) veröffentlichte dieses Hauptwerk der sog. makkaronischen Dichtung erstmals 1517 unter dem Pseudonym Martino Cocaico. Der *Baldus* stellt eine burleske Version der Ritterepik dar und belegt in vielfacher Form die von Bachtin beschriebene Karnevalisierung der Literatur. Folengo geht sowohl mit der lateinischen als auch mit der italienischen Sprache in einer virtuosen, artistischen Manier um, die den Unterschied von Hochsprache und Dialekt, gehobenem und niederem Gestus zugunsten einer volkstümlich-frivolen Ausdrucksweise einebnet. Dieser aggressive Umgang mit allem Hochgestochen-Eleganten setzt sich auf der Ebene der Handlung fort: Baldus und seine Bande führen in ihrem Heimatdorf ein anarchisches Regime, bis sie von den Bürgern in einem grotesken Scharmützel vertrieben und in die

Welt zersprengt werden. Unter Baldus Gefährten ragen der Riese Fracassus, der Erzschelm Cingar und der zwitterhafte, hündische Falchettus hervor, der im Gegensatz zum goldenen Esel nur halbwegs von einem Menschen in ein Tier verwandelt worden ist. In seiner Zwitterhaftigkeit weist Falchettus auf Cervantes sprechende Hunde voraus, während Cingar für Rabelais Panurge Modell gestanden hat.

Im Hinblick auf den *Lazarillo de Tormes* gilt es, König zufolge, festzuhalten, daß Cingar, nachdem er sich durch verschiedene Streiche hervorgetan hat, wie Làzaro von einer höhergestellten Person, dem römischen Ritter Leandro, förmlich aufgefordert wird, seine Vita zu erzählen, eine Aufforderung, der er mit all der rhetorischen Finesse nachkommt, die sein Scharfsinn und seine Verschlagenheit von vornherein erwarten lassen. Interessant ist, daß der *Baldus* den ersten Schelmenroman über den Modus der Parodie mit dem Ritterepos und mit der menippeischen Satire verbindet, zu der Folengos makkaronische Dichtung gerechnet werden darf. Allerdings ist Cingar, wie König selbst anmerkt, nicht die einzige und nicht die erste Schelmengestalt der italienischen Renaissance-Epik, die nach Spanien gelangte. »Vor ihm traf einer seiner Vorfahren ein, eine der bemerkenswertesten Figuren Pulcis: Margutte. Diesem absonderlichen Geschöpf, das für einen Riesen zu klein, für einen Menschen zu groß und zu unproportional geraten ist, begegnet der Titelheld und wirkliche Riese Morgante in der Mitte von Pulcis 18.Cantare. Als Gefährten wandern die beiden gemeinsam einen Gesang, d.h., viele Tagesreisen durch eine gefährliche und unbewohnte Wildnis« (König, 1981, S. 294f), deren ebenso gefährliches, aber bewohntes Gegenstück die Gegend um Salamanca bildet, durch die Lazarillo den blinden Bettler begleitet. Der Hunger, an dem Morgante und Margutte leiden, wäre eine weitere Parallele. Allerdings erzählt Luigi Pulcis (1432–1484) Versepos *Il Morgante*, dessen erste vollständige Ausgabe 1483 erschien, zur Hauptsache keine Schelmengeschichte. Vielmehr geht es in diesem Werk um vornehmlich chevalereske und galante Abenteuer, die der Titelheld mit wechselnden Gefährten auf seiner Suche nach einem verschollenen Freund erlebt. Auch *Il Morgante* durchziehen jedoch schon parodistische Bezüge (auf das *Rolandslied* und auf Dante).

3. Mateo Alemán: Guzmán de Alfarache (1599/1604)

Mateo Alemán wurde am 28. September 1547 in Sevilla geboren. Seine Lebensspuren verlieren sich nach 1614 in Mexiko, wohin der Verfasser des *Guzmán de Alfarache* 1608 trotz des ungeheuren Publikumserfolges seines Schelmenromans ausgewandert war. Dieser Erfolg ist umso bemerkenswerter, als Alemán in seinem Werk ein zutiefst pessimistisches Bild der desolaten spanischen Gesellschaft zeichnet. Guzmán selbst erscheint im Verlauf seiner pikaresken Karriere immer wieder als ein betrogener Betrüger, dessen von Selbstanklagen strotzende Moralpredigten sich angesichts des eigenen Lebenswandels nur allzu oft als scheinheilige Lippenbekenntnisse entpuppen.

Gleichwohl hat es nicht an Interpreten gefehlt, die diesem unzuverlässigen Ich-Erzähler seine Bekehrungsgeschichte geglaubt und in Alemáns Roman ein ernstzunehmendes Werk religiöser Erbauung gesehen haben. Tatsächlich trifft Alemáns Protagonist eine grundsätzliche Unterscheidung zwischen Erzählbericht und Erzählerkommentar, die offenbar den Abstand von erzähltem und erzählendem Ich, von Sünder und Bekenner, unterstreichen soll. Außerdem gibt Guzmán an, die Geschichte seiner Verfehlungen als abschreckendes, die Geschichte seiner Läuterung als nachahmenswertes Beispiel zu erzählen, damit der Leser lerne, wie er das Schlechte meiden und das Rechte erkennen könne. Der Text demonstriert jedoch, daß der Weg zur Hölle mit guten Vorsätzen gepflastert ist, und daß diese Hölle die von den Menschen auf Erden verkehrte Welt ist. Dergestalt wird dem Leser die Schlußfolgerung nahegelegt, daß ein einzelner, schwacher Mensch unter den gegebenen Lebensumständen lediglich die Wahl hat, entweder mit den Wölfen zu heulen oder von denen, die für sich das Recht des Stärkeren in Anspruch nehmen, zerfleischt zu werden. Die Selbstanklage des Ich-Erzählers verwandelt sich also Schritt für Schritt in ein Lamento über Neid, Mißgunst, Macht- und Geldgier. Mehr und mehr verwischen sich dabei die Fronten zwischen Gut und Böse, zwischen Opfer und Täter, Unschuldslamm und Raubtier.

Zur Doppeldeutigkeit von Guzmáns Geschichte gehört, daß sie eine Reihe von Parallelen zu Alemáns eigener Biographie aufweist. Der Verfasser und sein Ich-Erzähler haben das gleiche Geburtsdatum. Alemáns Italienreise nach dem frühen Tod des Vaters und sein Studium, vor allem aber die häufigen Schwierigkeiten mit der Justiz bilden weitere Vergleichsmomente zur Geschichte des Schelms. Im Gegensatz zu seinem Pikaro wurde Alemán allerdings nie zum Strafdienst auf den Galeeren verurteilt, und im Unterschied zu Guzmán studierte er auch nicht Theologie, sondern Medizin und Jura. Naturgemäß hat die familiäre Vorgeschichte des Guzmán Forschungen über Alemáns Ahnen angeregt, bei denen herausgefunden wurde, daß diese ursprünglich jüdischer Herkunft waren und nach ihrer Bekehrung zum Christentum den Behörden eine gefälschte Genealogie vorlegten (McGrady, 1968, S. 60). Alemán selbst ist zwar schon katholisch gewesen, gehörte aber immer noch zu den wenig angesehenen Neuchristen.

Dem Umstand, daß Guzmán gezeugt wurde, während seine Mutter fremdging, verdankt er einen offiziellen und einen inoffiziellen Vater. Dies könnte ein verdeckter Hinweis auf die illegitime Abstammung Alemáns sein, wurde den ›conversos‹ doch vorgeworfen, sich öffentlich zu einem anderen Gott als dem zu bekennen, an den sie wirklich glaubten. Mit einer solchen Deutung ist jedoch noch lange nicht entschieden, ob die obskure Abstammung des Guzmán eine ironische Form der Selbstdenunziation Alemáns oder eine Spitze gegen jene Ideologie sein soll, derzufolge die soziale Wertschätzung eines Menschen ausschließlich vom Nachweis seiner ›einwandfreien‹ Herkunft abhing.

Wie im Falle des *Lazarillo de Tormes* rühren die Unsicherheiten der Textauslegung wesentlich daher, daß es der Schelm selbst ist, der in Alemáns Roman seine Geschichte erzählt. Trotz dieser Gemeinsamkeit überwiegen jedoch alles in allem die Unterschiede zwischen dem *Guzmán* und dem *Lazarillo*. Zunächst einmal bricht Alemán die autobiographische Fiktion, die im Vorläufer strikt durchgehalten wurde, in zweifacher Weise auf: durch Erzählungen, die wie die Geschichte von Ozmin und Daraxa am Ende des 1.Bandes nicht von Guzmán selbst, sondern von einem Binnenerzähler vorgetragen werden, und durch Guzmáns eigene Digressionen, die den Fortgang seiner Erzählung beständig unterbrechen. So beginnt das Buch mit einer narrativen Verzögerungstaktik, die zumindest ansatzweise die retardierende Erzähltechnik von Laurence Sterne vorwegnimmt, da auch Guzmán mit dem Anspruch auftritt, dem Leser sein Leben und seine Meinungen kundzutun. Die ständige Überlagerung der erzählten Geschichte durch Kommentare wird hier allerdings nicht so weit wie in *The Life and Opinions of Tristram Shandy, Gentleman* getrieben und erfüllt auch einen ganz anderen Zweck als dort. Guzmáns Schwierigkeiten, den roten Faden seiner moralischen Verstrickung zielstrebig aufzurollen, reflektieren die Schwierigkeiten des erzählten Ich, dem Pfad der Tugend zu folgen. Dem erzählenden Ich geschieht, was Guzmanillo geschah, d.h., der Erzähler kommt immer wieder vom rechten Weg ab, weil er nach wie vor eine gespaltene Persönlichkeit ist. Die mit der autobiographischen Retrospektive rein strukturell verbundene Aufspaltung des Pikaro in Guzmán und Guzmanillo wird also in Alemáns Roman thematisch und damit auslegungsrelevant. Interpretationsbedürftig ist dabei vor allem der Zusammenhang zwischen der inneren Zerrissenheit des Protagonisten und der Außenwelt, der antagonistisch verfaßten Gesellschaft. Einerseits präsentiert sich der Ich-Erzähler als abschreckendes Beispiel und distanziert sich so von der eigenen Vergangenheit; andererseits versucht er immer wieder den Leser für seine Sicht der Dinge einzunehmen. Die aber läuft letztendlich darauf hinaus, die eigenen Verfehlungen mit dem Hinweis auf die widrigen Verhältnisse zu entschuldigen, die sich Guzmáns Verfügungsgewalt entziehen.

Der Pseudo-Dialog mit dem Leser dient also der Überredung, und die selbstkritischen Exkurse des Erzählers verdanken sich dem Umstand, daß Guzmán jedem möglichen Einwand gegen seine Selbst- und Weltdarstellung zuvorkommen und andere Auslegungen als die eigene Lesart verhindern will. Jederzeit ist er sich als Akteur wie als Autor bewußt, daß die unbarmherzigen Augen der Öffentlichkeit auf ihm lasten. Daher ist bereits die Verwendung der Wachturm-Metapher eine Kontrafaktur des religiösen Sinns, den dieses Bild im Alten Testament hat. Alemán hat den zweiten Teil seines Romans unter das Motto ›Atalaya de la vida humana‹ gestellt, und damit auf Ezechiel 33;1–20 angespielt. Dort wird ein Menschensohn, der die Gottlosen bekehren soll, von Gott als Wächter über das Haus Israel bestellt. Gelingt dem Tugend-Wächter diese Bekehrung nicht, hat er doch immerhin sein eigenes Leben durch die löbliche Warnung gerettet, während der unbelehrbar Gottlose der Verdammung anheimfällt. Vordergründig betrachtet könnte man Guzmáns Schelmenbeichte in diesem Sinne als eine Warnung verstehen, durch die der sündige Ich-Erzähler sein Seelenheil rettet, unabhängig davon, ob es ihm gelingt, auch seine Leser zu bekehren. Eine genauere Betrachtung offenbart jedoch, daß Guzmán sich nicht vor Gott, sondern vor der öffentlichen Meinung seiner Mitmenschen rechtfertigt. So gesehen, steht nicht seine Bußfertigkeit, sondern seine Anpassungsfähigkeit zur Debatte. Diese Selbstunterwerfung unter die soziale Kontrolle aber führt, weil die Kontrolle von einer lasterhaften Gesellschaft ausgeübt wird, zur Übernahme der allgegenwärtigen Scheinheiligkeit.

Unter diesen Umständen bietet sich ein direkter Vergleich mit dem Paradigma der Bekehrungsgeschichte, mit den *Confessiones* des Hl. Augustinus zur Beantwortung der Frage an, ob Alemán das Schema der Bekenntnisliteratur in seiner orthodoxen Form übernimmt oder nicht. Alemáns Roman beginnt mit einer Unterscheidung zwischen dem gewöhnlichen, gutgläubigen und oberflächlichen Leser auf der einen und dem kuriosen, tieferschürfenden und mißtrauischen Leser auf der anderen Seite. Man kann darin entweder den Versuch sehen, die Interpreten auf einen verborgenen heilsgeschichtlichen Sinn einzustimmen, oder aber eine Warnung, Guzmáns Optik nicht leichtfertig zu übernehmen. Auf jeden Fall handelt es sich bei den Ansprechpartnern des Ich-Erzählers um gewöhnliche Menschen. Der eigentliche Adressat der augustinischen Lebensbeichte ist jedoch Gott: »Ich mache dir, Herr des Himmels und der Erde, meine Bekenntnisse,« heißt es gleich im 1. Buch der *Confessiones* (Augustinus, 1989, S. 38). Im Hinblick auf sein Sündenregister erklärt Augustinus: »Zurückdenken will ich an die von mir begangenen Abscheulichkeiten und die fleischlichen Verderbnisse meiner Seele nicht, als ob ich sie liebte, sondern um dich zu lieben, mein Gott« (Augustinus, 1989, S. 57). Guzmáns kriminelle Verfehlungen weisen freilich eine ganz andere Dimension als die Abscheulichkeiten des Kirchenvaters auf, und seine Darstellung dieser Verfehlungen hinterläßt im Gegensatz zu Augustinus Ausführungen auch einen höchst zwiespältigen Eindruck. Offenbar delektiert sich der Pikaro noch im Nachhinein an den Streichen, die nur allzu oft den Charakter niederträchtiger Rachefeldzüge haben. Damit wird zum einen die kompensatorische Funktion des Schelmenstreichs, zum anderen aber auch die Fragwürdigkeit von Guzmáns angeblichen Läuterung deutlich, die schlecht zu dieser Niedertracht paßt. Augustinus schreibt, er habe sich nach seiner Bekehrung »aus der Zerstreuung, in der ich mich irrtümlich zersplitterte, solange ich mich von dir, dem Einen abkehrte, und mich an das Viele verlor« (Augustinus, 1989, S. 57) gerettet. Guzmáns Erzählung weist ganz im

Gegenteil dazu eine heillose Zersplitterung auf. In den *Confessiones* wird die Bekehrung behutsam vorbereitet; sie hängt dort eng mit Augustinus Entdeckung des Evangeliums als des für seine Neuorientierung maßgeblichen Textes zusammen. Seiner Erleuchtung geht daher eine meditative Phase der kritischen Reflexion im Zusammenhang mit einer Selbstauslegung nach Maßgabe der biblischen Präfigurationen voraus. Davon kann in Guzmáns Fall keine Rede sein; er wird von sich überstürzenden Ereignissen zu einer hastigen, impulsiven Entscheidung genötigt, deren nachträgliche Interpretation als Läuterungsprozeß wenig glaubwürdig wirkt.

Angesichts dieser eklatanten Verstöße gegen das Vorbild kann Alemáns Roman kaum als orthodoxe Nachahmung und Einlösung des Bekehrungsschemas verstanden werden. Was der Erzähler dem Leser gegenüber als Bekehrung ausgibt, ist nichts anderes als der Versuch, aus seiner Not eine Tugend zu machen. Guzmán verrät die Galeerensträflinge, die eine Revolte planen, an den Gefangenenaufseher, um sich dessen Wohlwollen zu sichern und die Demütigungen zu rächen, die ihm der Anführer der Revolte angetan hat. Dabei läßt er jede Nachsicht und Milde vermissen. Die vermeintliche Konversion des Protagonisten ist also mit einem Rückfall in antagonistische Verhaltensweisen verbunden und erinnert den Leser an die ebenfalls nur vorübergehende Läuterung, die Guzmáns Aufnahme eines Theologiestudiums voranging. Schon damals hatten sich die guten Vorsätze alsbald in Luft aufgelöst, nachdem Guzmán in der Kirche nicht auf die göttliche Gnade (gracia), sondern auf die verführerische Garcia gestoßen war.

M. N. Norval konnte zeigen, daß in Alemáns Roman immer wiederkehrende Szenen der Rache und des Rückfalls in unheilige Verhaltensweisen die mehrfach wiederholten Bekehrungsversuche des Ich-Erzähler konterkarieren (Norval, 1974, S. 356). Man kann ihr und D. Souiller zustimmen, daß der Mythos von Sisyphos in Alemáns Roman eine mindestens ebenso wichtige Rolle wie das Gleichnis vom verlorenen Sohn spielt, das seit Augustinus *Confessiones* die figuraltypologische Vorlage der Bekehrungsgeschichte ist: »chaque étape de la vie de Guzmán est brusquement interrompue au moment où il réussit et il doit recommencer comme un autre Sisyphe« (Souiller, 1980, S. 33). Wenn also Guzmáns Geschichte ein syllogistisches Muster aufweist, und der Leser, wie A. A. Parker meint, aufgefordert ist, aus den zwei Basisaxiomen – alle

Menschen sind aufgrund der Erbsünde schuldig und können dennoch auf Grund der göttlichen Gnade ihr Seelenheil finden – eine Schlußfolgerung abzuleiten (Parker, 1967, S. 38f), dann ergibt sich in Alemáns Roman paradoxerweise mehr als eine Möglichkeit, diese Axiome zu interpretieren. Anstatt die katholische Rechtfertigungslehre einfach zu ratifizieren, wird sie im *Guzmán de Alfarache* zum Ausgangspunkt eines weiteren Beweisgangs, der in typisch pikaresker Manier nicht auf die Rechtfertigung des bekehrten, sondern des unbekehrten Sünders hinausläuft (Vgl. Arias, 1977). Die Ambiguität der pseudosyllogistischen Erzählanlage des *Guzmán de Alfarache* ist also die trickreiche Einlösung der für die Gattung des Schelmenromans charakteristischen Reversibilität der Auffassungsperspektiven, die den Leser ihrerseits zur Komplementärlektüre anregt.

4. Francisco de Quevedo: Vida del Buscón (1603/1626) – Los Sueños (1605ff)

Francisco de Quevedo y Villegas wurde am 17. Dezember 1580 geboren. Sein Vater war ein Sekretär Ana de Austrias, der Gattin Philipps II., so daß Quevedo bereits als Kind mit der Welt des Hofes in Berührung kam. So glanzvoll sein Leben begonnen haben mag, es hätte beinahe im Kerker geendet. 1639 wurde Quevedo verhaftet, weil er sich erdreistet hatte, Mißstände unter Philipp IV. öffentlich anzuprangern. Die Haftbedingungen waren außergewöhnlich hart und für den Verfasser des *Buscón* und der *Sueños*, der lange in hohem Ansehen gestande hatte, psychisch wie physisch schwer zu ertragen. Nur knapp drei Jahre nach seiner Entlassung starb Quevedo am 8. September 1645.

Die Lebensgeschichte des Spitzbuben, genannt Don Pablos; Beispiel der Landstreicher und Spiegel der Gauner (Historia de la vida del Buscón llamado don Pablos, ejemplo de vagamundos y espejo de tacaños) macht schon vom Titel her deutlich, daß Quevedo die Dipolarität des Schelmenromans klar erfaßt und mit dem eigenen Werk auf die Repräsentativität abgezielt hat, die sowohl der Lebensgeschichte als auch der satirischen Typenrevue in der novela picaresca zukommt. Bei der Lektüre des Werkes wird jedoch rasch deutlich, daß Quevedo genau diesen Anspruch der Schelmenbeichte auf Repräsentativität für einen Ausdruck der Vermessenheit hielt.

Pablos stellt sich dem Leser seiner Schelmenbeichte als Sohn eines versoffenen Barbiers, Zuhälters und Diebs sowie einer liederlichen, hexenhaften Hure vor – scheinbar um sich von den eigenen Eltern moralisch abzusetzen und zu erklären, warum er sein Zuhause frühzeitig verlassen hat. Quevedo richtet es jedoch so ein, daß diese groteske Abstammung den Ich-Erzähler von Anfang an in ein Zwielicht rückt. Ein Onkel von Pablos gehört als Scharfrichter ebenfalls zu der dubiosen Schelmensippe, von der sich Quevedos Pikaro trotz zahlreicher Anstrengungen nie wirklich zu lösen vermag. Von ihm erfährt Pablos, Jahre nachdem er seine Heimatstadt verlassen hat, daß sein Vater zahlreicher Verbrechen überführt und vom Onkel hingerichtet worden ist, während seine Mutter im Gefängnis ihrer öffentlichen Verbrennung entgegensieht. Die Erzählung des Onkels stellt offensichtlich eine radikalisierte Variante der Familiengeschichte Lazarillos dar, dessen Vater ebenfalls ein Dieb war und dessen Mutter einen zweifelhaftem Ruf hatte. Pablos begibt sich auf die Nachricht vom unrühmlichen Ende seiner Eltern hin so schnell wie möglich nach Madrid, wo er wiederum seine Abstammung verleugnet, um sich mit einem Heiratsschwindel eine gehobene gesellschaftliche Stellung zu verschaffen. Noch bevor er jedoch unter dem anspielungsreichen Namen Ramiro de Guzmán einer angesehenen Dame das Eheversprechen entlocken kann, taucht unerwartet Don Diego auf, der seine wahre Identität kennt. Pablos läßt den Leser zwar im Zweifel, ob Don Diego tatsächlich hinter seiner beschämenden Entlarvung als Hochstapler und Vertrauensschwindler steckt, aber dem Text sind verschiedene Hinweise in diese Richtung zu entnehmen.

Wichtig ist, daß die Umstände von Pablos' tiefem Fall an seine ehemalige Wahl zum Hahnenkönig erinnern. Damals hatte man den Buscón öffentlich zum Gespött gemacht, auf eine Schindmähre gesetzt und in einem karnevalesken Aufzug durch die Straßen geführt, bis er unter einem Bombardement von faulem Gemüse in den Kot fiel. Nun stürzt Pablos erneut von dem hohen Roß, auf das er sich geschwungen hat, in den Schmutz, und man darf annehmen, daß Quevedo auf diese Art und Weise mit seinem grotesken Anti-Helden auch die Gattung des Schelmenromans durch den Dreck ziehen wollte. Zahlreiche, meist ironisch gefärbte Anknüpfungen an den *Lazarillo de Tormes* und den *Guzmán de Alfarache* belegen diese Interpretation. So adressiert Pablos seine Schelmenbeichte wie Lázaro an eine als ›v. m.‹ (Euer Ehren) apostrophierte Instanz. Während jedoch im *Lazarillo de Tormes* der dubiose ›caso‹ den Pretext der fingierten Autobiographie ausmacht, bildet im *Buscón* die Gattung der novela picaresca selbst Vorwand und Zielpunkt von Quevedos parodistischen Attacken.

Als Beispiel der Landstreicher und Spiegel der Gauner, vor allem aber als Zerrbild ihrer verkehrten Welt, unterzieht Quevedo also das Erzählkonzept des Schelmenromans, demzufolge ein Angehöriger des niederen Volks zum Erzähler seiner eigenen Geschichte ermächtigt und zugleich als unzuverlässig verdächtigt wird, einer ironischen Kontrafaktur (Vgl. Reed, 1981, S. 66). Die Reversibilität der Auffassungsperspektiven bleibt dabei insofern erhalten, als auch Pablos elliptischer Diskurs seinerseits gegen den Strich gelesen werden kann. Da sich Quevedo bei seiner Dekonstruktion der novela picaresca der für diese Gattung typischen Genreform-Maske bedient, läßt sich aus dem *Buscón* im Umkehrschluß auch die pikareske Sicht der Dinge rekonstruieren. Trotz seiner ideologischen Opposition gegenüber der Weltanschauung des Pikaroromans erweist sich Quevedos Werk, so gesehen, als kongeniale Ausführung einer der in der Gattung angelegten erzählerischen Möglichkeiten. Dadurch ist der Prozeß, den der Verfasser des *Buscón* gegen seinen Spitzbuben als Stellvertreter all der anderen Gauner und Vertrauensschwindler anstrengt, unfreiwillig zu einer folgenreichen Episode innerhalb der Gattungsgeschichte geworden. Als Paul Scarron den Roman 1633 zum *Aventurier Buscón* umarbeitete, knüpfte er an die Aufsteigermentalität des *Lazarillo* an und bereitete so die Verbürgerlichung des Pikaro am Ende des 17. Jahrhunderts vor. Ungewollt belegt daher gerade der *Buscón* den dialogischen und ergänzungsbedürftigen Charakter der apologetischen Schelmenbeichte. Als perspektivische Inversion seiner Vorgänger gedacht, wird Quevedos Roman durch den *Aventurier Buscon* selbst einer Revision unterzogen, die ihrerseits weitere Transformationsprozesse in Gang setzt.

Daran zeigt sich, wie die Reversibilität der Auffassungsperspektiven nicht nur komplementäre Lesarten, sondern auch komplementäre Schreibweisen provoziert, wie ein Text andere evoziiert. Im *Buscón* läßt sich das anhand der Figur des Toribio belegen, der auch deshalb an den Hidalgo des *Lazarillo* erinnert, weil er wie jener das Mitgefühl des Titelhelden erweckt. Pablos Selbstmitleid nimmt Lázaros Klagen über die Nackenschläge des Schicksals in übertriebener Form auf und reiht sich damit nahtlos in die parodistische Tendenz des *Buscón* ein, seine Vorbilder hyperbolisch zu imitieren. Da die direkten und indirekten Bezugnahmen Quevedos auf den *Guzmán de Alfarache* lediglich den ersten Teil des Originals und seine 1602 veröffentlichte apokryphe Fortsetzung betreffen, nimmt man an, daß der *Buscón* nach 1602 und vor 1604, dem Erscheinungsjahr von Alemáns zweitem Teil, verfaßt wurde, obwohl das Werk erst 1626 im Druck erschien. Bis zu diesem Zeitpunkt kursierten allerdings mehrere handschriftliche Fassungen der Geschichte.

Die Anspielungen auf den *Lazarillo* und den *Guzmán* erfüllen neben ihrer intertextuellen, parodistischen Funktion eine intratextuelle Aufgabe: sie ergeben vor dem Hintergrund der Textkenntnis, die im *Buscón* stillschweigend vorausgesetzt wird, eine zusammenhängende Motivkette, die dem Text gemeinsam mit dem karnevalesken Topos der Wahl zum Hahnenkönig und der durchgängigen Tiermetaphorik seine thematisch-polemische Kohärenz verleiht. Diese Kohärenz wird durch den konzeptionistischen Stil des *Buscón* verstärkt, der die vielen grotesken und burlesken Einzelszenen miteinander verbindet. Erzählperspektive und Sprachgestus stehen dabei gemeinsam im Dienst der Verfremdung, die wiederum auf die ›desengaño‹-Problematik bezogen werden kann. Als Zerrbild der zeitgenössischen Wirklichkeit erscheint der Chronotopos des abenteuerlichen Alltagsromans im *Buscón* als eine »animal-like world« (Russi, 1987, S. 449), die in ständigem Umbruch begriffen ist. Die Dynamik der Sprache, die aus Figuren tierähnliche Gestalten und aus diesen Gestalten wiederum Spottfiguren macht, reflektiert die allgemeine Schwierigkeit, in einer von Simulation und Dissimulation beherrschten Gesellschaft einen weltanschaulich gefestigen Standpunkt zu beziehen.

Daß die Sprache zugleich Instrument und Gegenstand solch einer Erkenntnis- und Gesellschaftskritik verbindenden Darstellung ist, wird Quevedo allerdings erst in den *Sueños* systematisch reflektieren. In Quevedos Vivisektion des Pikaro spielt dagegen die Dialektik von Stigmatisierung und ›Stigma-Management‹ noch eine wichtigere Rolle als die Sprachkritik. Die Schelmenstreiche des Protagonisten werden nämlich von Anfang an als Kompensationsphänomene dargestellt, mit denen der Buscón seine moralische und gesellschaftliche Inferiorität zu überspielen versucht. Dieser Gestus des Überspielens und Überbietens kann entweder psychologisch oder antipsychologisch ausgelegt werden. Einige Interpreten wie C.J. Whitbourn verstehen Quevedos Roman als »a study of the effect of heredity and environment on a young boy« (Whitbourn, 1974, S.XII), da der von Scham erfüllte Pablos dadurch zu immer gewagteren Spitzbübereien getrieben werde, daß ihn die etablierte Gesellschaft beständig ächte und auf eine marginale Position zurückwerfe. Demgegenüber betonen Rico und Cros, daß Quevedo seinen Maulhelden ohne Mitgefühl darstelle und lediglich mit soviel Innenleben ausgestattet habe, wie es erforderlich sei, um dem Buscón skatalogische Possen spielen zu können. Höhepunkt dieser Possen sei die Verlagerung der Hahnenkönigschaft von der Ebene der Handlung auf die metafiktionale Ebene der Gattungskritik: Quevedos Entlarvung der Genreform-Maske vollziehe sich strukturell nach dem gleichen Muster wie Pablos Degradierung nach seiner Wahl zum Hahnenkönig (Rico, 1984, S. 78; Cros, 1976, S. 77 ff). So gesehen ist es nicht der unzuverlässige Ich-Erzähler, sondern der ihn am Gängelband führende Verfasser selbst, der den ›Sisyphos-Rhythmus‹ des *Guzmán de Alfarache* überbietet und seinen Protagonisten in einen circulus vitiosus der Aspirationen und Frustrationen hineintreibt.

Der Gegensatz zwischen der psychologischen und der antipsychologischen Lesart erweist sich als ein konkretes Ergebnis der bereits mehrfach als abstraktes Gattungsmerkmal angeführten Reversibilität der Auffassungsperspektive, die sich anhand der vorliegenden Interpretationen des *Buscón* empirisch belegen läßt. Quevedos Roman scheint mithin genau an der Schnittstelle zwischen der monologisch orientierten, zentripetalen und der dialogisch orientierten, zentrifugalen Weise der narrativen Welterzeugung zu operieren. Das karnevaleske Institut der Wahl eines Spottvogels, das Quevedo gegen die novela picaresca instrumentalisiert, weist nämlich einen höchst ambivalenten Rückkopplungseffekt auf: anstatt den pikaresken Mythos mit einem genialen literarischen Schelmenstreich ein für alle Mal zu erledigen, führt die Machart des *Buscón* zu einer unaufhebbaren Doppeldeutigkeit. Als ein zweistimmiger Text, in dem Quevedo Pablos so perfide souffliert, daß diesem gleichsam die Worte im Munde herumgedreht werden, ist der *Buscón* zwar noch kein polyphoner Roman in Bachtins Sinne, aber doch ein treffliches Beispiel für die jeder ideologischen Fixierung widerstrebende Karnevalisierung der Literatur zu Beginn der Neuzeit.

Die Unmöglichkeit einer weltanschaulichen Vereindeutigung des *Buscón* wird auch daran deutlich, daß Don Diego, jener scheinbar unzweideutige Vertreter des Adels, der den Spitzbuben in die Schranken weist, selbst eine zweifelhafte Genealogie aufweist (Rötzer, 1986, S. 120). Von Quevedos skeptischer Haltung gegenüber den vorherrschenden Ehr- und Tugendbegriffen zeugen auch die verschiedenen Visionen, die der Verfasser des *Buscón* zwischen 1605 und 1622 verfaßt und 1631 in einer Sammel-Ausgabe herausgegeben hat. Der Zusammenhang zwischen den *Sueños* und dem *Buscón*, zwischen Schelmenroman und Traumgesicht ergibt sich auf Anhieb dadurch, daß die Galerie der pikaresken Typen, die von Pablos beschrieben wird, in den diabolischen Porträts der Höllen- und Jenseitswanderungen fortgeführt wird. Schon die Gauner- und Narrenrevue, die im *Buscón* gemäß des programmatischen Untertitels entfaltet wird, stimmt mit den einschlägigen Lasterkatalogen der Ständesatire ebenso wie mit dem karnevalesken Personal der verkehrten Welt überein. Sie richtet sich einerseits gegen die Angehörigen bestimmter Berufe – Marktweiber, Kaufleute, Soldaten, Schauspieler und Studenten –, andererseits aber auch gegen einzelne Verrückte wie den Staatsnarren, den Fechtnarren oder den Dichternarren. Auch in den *Sueños* fällt Quevedo mit beißendem Spott über Quacksalber und Wucherer, Aufschneider und Liebestoren her, um den Sittenverfall seiner Zeit vor Augen zu führen. Dabei spricht der Teufel selbst das Urteil über die Welt, wenn er alle Menschen zu Narren erklärt, da sie entweder aufgrund ihres Berufs oder von Natur aus in einem umfassenden Verblendungszusammenhang leben. »So heißt ihr Menschen, die ihr alles verkehrt versteht, jenen einen Dummkopf, der nicht habgierig, kein Aufrührer, kein Lästermaul ist; klug nennt ihr Menschen von böser Sinnesart, die Unruhe stiften und Ärgernis erregen; tapfer ist, wer die Ruhe stört, feige, wer gute Sitten hat« usw. (Quevedo, 1980, S. 64). Die Weltverkehrung ist, so gesehen, ein mentales Problem, sie entsteht im Kopf, wenn der Mensch von falschen Maßstäben ausgeht. Daher bedarf die Richtigstellung, die der satirische Scharfrichter beabsichtigt, einer Form, die von Anfang an keinen Zweifel daran läßt, daß sie primär auf den Denk- und nicht auf den Verhaltensstil der Zeitgenossen abzielt, der aus der irreführenden Voreinstellung folgt.

Von hier aus wird die spezifische Funktion des konzeptionistischen Sprachstils verständlich, in dem die *Sueños* abgefaßt sind. Baltasar Gracián – neben Quevedo der Hauptvertreter des ›conceptismo‹ – hat dieses manieristische Spiel mit dem begrifflichen und dem bildlichen Sinn eines Wortes als einen Akt des Verstandes definiert. Dessen Pointe liegt, was die *Sueños* betrifft, darin, daß der Dichter die falsche Konventionalität der irreführenden sprachlichen Klischees mit einer gewagten Metapher aufbricht, die die Dinge in einem unvertrauten Licht erscheinen läßt. Der Leser wird aber nicht nur aus der eingefahrenen Bahn seiner alltäglichen Wahrnehmung gestoßen, er erhält so auch eine neue Idee, ein besseres Konzept als es das Klischée war. Der conceptionistische Sprachwitz ist damit das stilistische Analogon der Ent-Täuschung, die im Pikaroroman mit dem ›desengaño‹-Erlebnis des Ich-Erzählers zusammenfällt.

Der Visionär, zu dem Quevedo in seinen *Sueños* wird, ist nun zwar kein Schelm, aber auch er erzählt in der ersten Person, wie ihm im Traum die Verkehrtheit der Welt offenbart worden ist. So erweist sich der phantastische Chronotopos der Traumreise als satirischer Zerrspiegel der pikarischen Welt. Neben der *Divina Commedia* Dantes dürften Erasmus *Coloquia familiaria*, die in der Nachfolge der lukianischen Dialoge stehen, sowie Justus Lipsius *Satura Menippea Somnium* zu den Inspirationsquellen Quevedos gehört haben. Wie schon der Titel andeutet, weist gerade Lipsius' Werk deutliche Bezüge zur menippeischen Satire auf, die ja ebenfalls danach trachtet, die geistige Verfassung der Welt in ihrer vermeintlichen Eindeutigkeit zugunsten alternativer Lesarten aufzubrechen. Schon im Mittelalter bestand darüber hinaus ein enges Wechselspiel zwischen Visionsliteratur und Totentanz, zwischen der mit einem traumatischen Erweckungserlebnis verbundenen Höllenwanderung und dem diabolischen Szenarium mancher Osterspiele. Die Vielfalt der Ableitungsmöglichkeiten solcher Gesichte, wie sie Quevedos *Sueños* darstellen, unterstreicht die Übercodierung, die Träumen eigen ist. Auch wenn der Terminus der Übercodierung dem Barock noch nicht bekannt war, wußte man doch auch damals schon um ihre Nähe zum poetischen Prinzip der Verdichtung.

Quevedo geht nun bei seiner Verdichtung der literarischen und außerliterarischen Bezüge jeweils so vor, daß der einzelne Traum in eine Rahmenerzählung eingebettet ist, die erklärt, wie der Ich-Erzähler zu seinen Visionen gelangt ist. In *El sueño del Juicio final* aus dem Jahre 1605, dem zuerst verfaßten Gesicht, ist es das letzte Gericht, in dessen Verlauf die typischen Vertreter der menschlichen Schwächen und Untugenden vor dem geistigen Auge des Lesers vorbeidefilieren. In *El alguacil endemoniado* von 1607 ist es der leibhaftige Teufel, der aus einem besessenen Schergen spricht; der Ich-Erzähler weilt seiner Austreibung bei und erfährt so, was er von den Abgründen der menschlichen Natur zu berichten weiß. *El Sueño del infierno* (1608) beschreibt eine Höllenwanderung, die dem Dichter Gelegenheit verschafft, eine Reihe von Verdammten kennenzulernen. In der 1612 entstandenen Erzählung *El mundo por de dentro* wird der Ich-Erzähler von einem Begleiter durch das Innere der Welt geführt, die natürlich eine Inversion der Außenwelt ist. Der Begleiter versinnbildlicht schon durch seine Vorstellung als ›el desengaño‹, der Augenöffner, Quevedos Intentionen. Bemerkenswert an dem erst 1622 geschriebenen *Sueño de la muerte* ist der Umschlag des Grotesken ins Burleske – Ilse Nolting-Hauff zufolge ein Indiz dafür, daß Quevedo die Metaphysik der mittelalterlichen Dämonologie nicht mehr ernst genommen hat und daher spielerisch handhaben konnte (Nolting-Hauff, 1968, S. 124 ff).

Nach der gesammelten Ausgabe der *Sueños* wandte sich Quevedo noch zweimal, nämlich mit dem *Discurso de todos los diablos* und mit der *Hora de todos*, der Gattung der Träume zu. Im *Discurso* unternimmt Luzifer eine Inspektionsreise durch sein Höllenreich, in der *Hora*, die sich stärker an den Götter- als an den Totengesprächen Lukians anlehnt, mündet die Moralsatire in eine kritische Diskussion zeitgenössischer politischer Vorstellungen, wobei ihre Kritik in Form einer Tierfabel vorgetragen wird. Das Gleichnis von den Schafen, die sich lieber der Obhut von Wölfen als dem Schutz ihrer Hirten anvertrauen, erinnert nicht nur an die Metaphorik des *Guzmán*; auch die Parabel, die Cervantes in seinem Hundegespräch erzählt, bildet ein Gegenstück zu dieser Passage in Quevedos Vision. Bei Cervantes fallen die vermeintlich guten Hirten über die eigene Herde her, schieben als scheinheilige Heuchler die Schuld jedoch dem bösen Wolf in die Schuhe. Während Berganza, der diese Parabel bei Cervantes als seine eigene authentische Erfahrung ausgibt, ganz im Sinne des Pikaro argumentiert, läßt Quevedo durchblicken, daß schlechte Erfahrungen mit einem Hirten noch lange kein ausreichender Grund sind, um sich gleich den Wölfen zum Fraß vorzuwerfen. Auch in den *Sueños* geht Quevedo also auf Abstand zu jener Weltanschauung, die im Schelmenroman kolportiert wird.

Der intra- und intertextuelle Zusammenhang seiner Traumgesichte ergibt sich, wie schon im *Buscón*, nicht aus der ideologischen Geschlossenheit der Texte, sondern aus ihrem Status als autonome Sprachkunstwerke. Zur virtuosen, conceptionistischen Handhabung der Allegorie kommen in den Visionen allerdings zwei Elemente, die in Quevedos Schelmenroman noch nicht anzutreffen sind: die ironische Verfremdung der traditionellen Metaphysik und die Intensivierung der Welt- und Zeitkritik als Sprachkritik. Neben den Ständevertretern und den satirischen Personifikationen einzelner Laster treten in den *Sueños* auch Redensarten, sprichwörtliche Wendungen und andere sprachliche Stereotypen auf, wenn es darum geht, den allgemeinen Verblendungszusammenhang aufzuzeigen. Die Sprache wird hier einerseits als Instrument der Verstellung vorgeführt und andererseits zur Richtigstellung eingesetzt.

Das Prinzip der Inversion, das bereits in der Antike an die asyndetische Reihung der visionären Bilder gekoppelt war, zielt bei Quevedo über die Moralkritik hinaus darauf ab, die Umkehr der Betrachtungsweise bewußt zu machen, die die mittelalterliche von der neuzeitlichen Zeichentheorie- und praxis trennt. Mit der Krise des Substanzbegriffs und der philosophischen Aufwertung des Empirischen und Partikularen im Gefolge der naturwissenschaftlichen Erkenntnisfortschritte wird auch die Differenz von Wort und Ding, von Symbol und Referent offenkundig. Der sprachliche Ausdruck ist kein natürliches Abzeichen der Sache mehr, kein unzweideutiger Hinweis auf ihren Wesenskern, sondern eine willkürliche Bezeichnung, die ebenso interpretationsbedürftig ist wie der Bezugsgegenstand, der im Lichte jeweils einer bestimmten Perspektive immer nur einen seiner auslegungsrelevanten Aspekte offenbart. Daher besteht zwischen dem göttlichen Logos der Schöpfung und der babylonischen Verwirrung der menschlichen Sprache eine unüberbrückbare Kluft. Während die zentripetale Leitidee der Wahrheit in der modernen Wissenschaft dadurch aufrechterhalten wird, daß die Forschung von einer fortschreitenden Annäherung an die richtige und vollständige Erkenntnis des Gegenstands ausgeht, macht Quevedo den Substanzverlust für die zentrifugale Streuung der Weltbilder und Verhaltensarten verantwortlich, der sich in seiner Lebenszeit abzuzeichnen begann. Diskurse und Versionen, Lesarten und Schreibweisen treten an die Stelle der Offenbarung und erzeugen eine irreduzible Pluralität der Welt

(Berg, 1990, S. 29f). Der von Quevedo konstatierte Substanzverlust ist eine Problematik, die die Genese des modernen Romans bis in die Gegenwart begleitet und deren poetologische Reflexion im deutschsprachigen Raum mit Grimmelshausen zu beginnen scheint, wie eine neuere Untersuchung nahelegt (Gaede, 1989).

5. Luiz Vélez de Guevara: El Diablo Cojuelo (1641)

Luiz Vélez de Guevara (1579–1644) stammte aus adliger, aber armer Familie. Nachdem er an der Universität von Osuna studiert und eine Weile im Dienst des Erzbischofs von Sevilla gestanden hatte, zog es ihn nach Madrid, wo alsbald einige Dramen von ihm aufgeführt wurden. Obwohl Vélez sich die Gunst einflußreicher Kreise erwerben konnte, blieb der vermeintliche Hofdichter, für den ihn manche hielten, zeitlebens ein armer Poet, der seine persönliche Misere in der Öffentlichkeit nach Hidalgo-Manier zu überspielen suchte. Die Diskrepanz zwischen Ansehen und Auskommen, die er am eigenen Leibe erfuhr, dürfte Vélez Blick für das Mißverhältnis von Sein und Schein, das auch in seiner Umgebung vorherrschend war, wesentlich geschärft haben. Jedenfalls lotet der Roman *El Diablo Cojuelo, Verdades sonadas y novelas de la otra vida traducidas á ésta*, der drei Jahre vor Guevaras Tod 1641 erschien, dieses Mißverhältnis an zahlreichen Beispielen aus. Zum traurigen Schicksal von Buch und Verfasser gehört, daß Alain René Lesages Umarbeitung wesentlich populärer als das Original geworden ist.

Im Mittelpunkt der Geschichte vom *Hinkenden Teufel* steht weniger die Karriere eines pikaresken Ich-Erzählers als ein in grotesken Zügen gezeichnetes Sittengemälde. Dieses Sittengemälde kommt der Rahmenhandlung zufolge dadurch zustande, daß der hinkende Teufel vor den Augen des Studenten Don Cleofás die Dächer von den Häusern des nächtlichen Madrids abdeckt, so daß sich den beiden Beobachterfiguren ein ungehinderter Einblick in die desolaten Lebensverhältnisse ihrer Zeitgenossen bietet. Wie in Quevedos Fall kommt durch diesen erzählerischen Kunstgriff eine verkehrte und sich ständig wandelnde Welt in den Blick, in der Simulation und Dissimulation das alltägliche Leben beherrschen, und die sich in der Flüchtigkeit ihrer Erscheinungen der eindeutigen begrifflichen Erfassung entzieht.

Damit Cleofás aus dem Verblendungszusammenhang der Gesellschaft heraustreten und die Dekadenz seiner Mitmenschen aus sicherem Abstand erfahren kann, muß er zunächst einmal in die außergewöhnliche Beobachterstellung versetzt werden, die der Leser des Romans für die Dauer der Lektüre mit ihm teilt. Wie im Pikaroroman ist auch Cleofás Ent-Täuschung an das ›desengaño‹-Motiv gekoppelt, nur mit dem Unterschied, daß diese Ernüchterung über die Wirklichkeit nicht durch die Einführung der realistischen Frosch-, sondern der phantastischen Vogelperspektive ermöglicht wird. So hebt Vélez im *Diablo Cojuelo* zunächst die empirische Akzentuierung der Schelmengeschichte auf, um dann doch das Bild einer pikarischen Welt zu entwerfen. Vélez bedient sich also einer der Visionsliteratur entnommenen Erzählanlage, um eine dem Pikaroroman verwandte Desillusionierung seiner Leser über die wahren Verhältnisse vorzunehmen.

Wie U. Holtz gezeigt hat, ist ›confusión‹ ein Schlüsselwort im *Diablo Cojuelo.* »Vélez schildert vorrangig Menschen, die nicht mehr in die traditionelle, überholte Ordnung passen, aber noch keinen neuen Halt gefunden haben« (Holtz, 1970, S. 149). Auch Cleofás und der hinkende Teufel sind auf ihre besondere Weise versprengte Gestalten, ihre Geschichte eine Art Protokoll der allgemeinen Auflösung verbindlicher Moralvorstellungen. Die Perspektivik des Romans, aber auch die Mischung realsatirischer und allegorischer Elemente erinnern an die *Metamorphosen* des Apuleius, deren verfremdete und verfremdende Erzählperspektive neben der marginalen Optik des Pikaro wohl auch die Sicht des hinkenden Teufels und seines Begleiters beeinflußt hat. Jedenfalls sind der von der Hölle in die Menschenwelt versetzte Teufel und der in die teuflische Weltanschauung verrückte Cleofás hinsichtlich ihrer Herkunft ebenfalls halbe Außenseiter. Auf den *Goldenen Esel* weist außerdem die Sprunghaftigkeit, mit der ihre Geschichte erzählt wird, zurück. Vélez hat seine Kapitel als ›trancos‹ bezeichnet. Diese Bezeichnung steht in erster Linie für die weiten Sprünge (trancos), die der hinkende Teufel von einem Dach zum nächsten vollführt, wenn er und Cleofás ihren Standpunkt wechseln. Vor dem Hintergrund der Apuleius-Tradition kann diese Sprunghaftigkeit der Erzählung jedoch auch mit der Technik der überstürzten Orts- und Glückswechsel in den *Metamorphosen* in Verbindung gebracht werden, zumal die Fortuna, die schon in Apuleius Roman eine zentrale Rolle spielt, auch im siebten Tranco des *Diablo Cojuelo* im Mittelpunkt einer allegorischen Vision steht. Daß die Flucht über die Dächer schließlich mit der Wiederherstellung der gewohnten Verhältnisse endet, bedeutet wie das Ende der Eselsmetamorphose bei Apuleius, daß die gewöhnliche Perspektivik restauriert und der Chronotopos des abenteuerlichen Alltagsromans aus seiner phantastischen Vermummung entlassen wird.

Die für die Makrostruktur von Vélez und Apuleius Erzählwerken charakteristische Dialektik von Inlusion und Delusion, durch die der Leser zunächst auf die Fiktion eingespielt wird, damit diese dann gegen die Realität der Erfahrungswelt ausgespielt werden kann, findet in der Mikrostruktur beider Werke eine stilistische Entsprechung. In den *Metamorphosen* ist es der Milesische, im *Diablo Cojuelo* der conceptionistische Stil. Ähnlich wie in den *Sueños*, aber anders als in der novela picaresca rückt damit auch bei Vélez eher die mentale als die materielle Krise in den Blickpunkt der Betrachtung. Der Leser soll wie Cleofás im Verlauf der Geschichte ein höheres Bewußtsein erlangen. Dem widerspricht die auktoriale Vermittlung des Geschehens keineswegs. Im Gegenteil: der Bildungsprozeß des Protagonisten, der ja – bezeichnend genug – als Student vorgestellt wird, muß, um nicht in die Reversibilität der Auffassungsperspektiven hineingezogen zu werden, die der Schelmenroman in seiner Eigenschaft als Ich-Erzählung entfaltet, so dargestellt werden, daß die Verkehrtheit der Welt nicht als Ergebnis einer subjektiven Fehlinterpretation, sondern als quasi objektiver Tatbestand erscheint.

6. Miguel de Cervantes: El Coloquio de los perros (1613)

Miguel de Cervantes Saavedra (1547–1616) entstammte dem Landadel und hatte bereits ein bewegtes Leben hinter sich, bevor er zum wohl bedeutendsten Prosa-Schriftsteller seiner Zeit wurde. 1571 nahm er an der berühmten Seeschlacht von Lepanto teil, 1575 geriet er in algerische Gefangenschaft, aus der er nach vier vergeblichen Fluchtversuchen erst 1580 freigekauft werden konnte, da man ihn für einen hohen spanischen Offizier hielt und die Familie nicht die Mittel besaß, um das geforderte Lösegeld aufzubringen. Nach seiner Rückkehr auf die iberische Halbinsel versuchte Cervantes sich zunächst als Dramatiker bis er mit *El ingenoso hidalgo Don Quijote de la Mancha* (1. Teil 1605; 2. Teil 1615) und den *Novelas Ejemplares* (1613) jene Erzählwerke verlegte, die seine literarische Weltgeltung begründen sollten.

Als Cervantes starb, war freilich noch nicht abzusehen, daß die lustige Geschichte des Ritters von der traurigen Gestalt und die Beispielhaften Novellen auch insofern exemplarisch waren, als sie bis heute Paradigmata der symbolischen Welterzeugung geblieben sind. Die Lesarten, denen Cervantes die zeitgenössische Literatur und Wirklichkeit unterzog, um die ihn auszeichnende Schreibweise zu erfinden, stießen Entwicklungen an, ohne die Furetière und Fielding oder Sterne und Diderot ihre Romane nicht in der vorliegenden Form hätten herstellen können. Überall dort, wo die Erzählkunst zur autoreflexiven, metafiktionalen Thematisierung und Problematisierung ihrer eigenen Möglichkeiten neigt, steht sie in der Nachfolge des erfindungsreichen Spaniers.

Schon die Konstellation des komischen Paares, das Don Quijote und Sancho Pansa bilden, zeigt, wie Cervantes mit dem Figuren- und Motivarsenal der Tradition umgeht, um Gestalten zu schaffen, die zugleich auf die empirische Umwelt und den literarischen Kontext bezogen werden können. Diese meist ironisch akzentuierte Doppelkodierung wird insbesondere an jenen Charakteren deutlich, die zugleich als Akteur und als Autor in Erscheinung treten. Zu ihnen gehört der Fähnrich Campuzana aus der Novelle *El Casamiento engañoso*, der vor dem Hospital de la resurrección in Valladolid auf seinen alten Bekannten Peralta trifft, nachdem er sich eingermaßen leidlich von den physischen und psychischen Folgen eines Heiratsschwindels erholt hat, aus dem er als betrogener Betrüger hervorgegangen war. Nachdem Campuzano seine Leidensgeschichte erzählt hat, händigt er Peralta die nachfolgende Novelle *El Coloquio de los perros* mit der Angabe aus, er habe dieses Zwiegespräch der Hunde Cipión und Berganza in der vorausgegangenen Nacht belauscht und aufgezeichnet.

Ausgerechnet der wenig vertrauenswürdige Campuzano wird von Cervantes also als ›narrator in fabula‹ präsentiert, während Peralta im Rahmen der Fiktion die Rolle des Lesers übernimmt. Damit nicht genug, fungiert Cipión im Verlauf des Hundegesprächs vorwiegend als ein Zuhörer, der Berganzas Erzählung von Zeit zu Zeit unterbricht. Der reale

Leser liest demnach die schriftliche Fassung einer mündlichen Unterredung, wobei der Binnenerzähler innerhalb der *Exemplarischen Novellen* ebenso gedoublet wird wie der ›lector in fabula‹. Der Ich-Erzähler Berganza erweist sich nun im Rahmen des Hundegespräches alsbald als ein Heuchler, der die ihm wunderbarer Weise verliehene Gabe der menschlichen Sprache nicht nur dazu benutzt, seine Lebensgeschichte zu erzählen, sondern diese einer scheinheilig-selbstgefälligen Lesart zu unterziehen, wobei die Menschen in ein reichlich schiefes Licht gerückt werden.

Daß Cervantes Novelle die lukianische und die erasmische Version der Dialogsatire mit dem allegorischen Genre der Tierfabel verbindet und Berganzas Erzählung dieselbe Verschränkung von Typenrevue und Lebensbeichte wie der Schelmenroman aufweist, ist leicht zu sehen. Ebenso offensichtlich ist der Zusammenhang, den Cervantes zwischen der novela picaresca und der menippeischen Satire sowie der kynischen Philosophie sah. Seine sprechenden Tiere sind nämlich in des Wortes doppeltem Sinn falsche Hunde – einerseits aufgrund ihres zwielichtigen und zwitterhaften Charakters als Kunstgeschöpfe und andererseits aufgrund ihrer Lästersucht. Daher wird Berganza nach Art des *Goldenen Esels* für einen verzauberten Menschen gehalten und von Cipión ohne Umschweife als Zyniker bezeichnet.

Entscheidend für die metafiktionale Diskussion des Pikaroromans in Cervantes Novelle ist, daß Berganzas pseudoautobiographischer Diskurs mit einem paraenzyklopädischen Erzählstrang einhergeht, und daß die allmähliche Korrumpierung des Hundes durch die menschliche Gesellschaft die typische Entwicklung des Schelms widerspiegelt. Dabei legt Cervantes besonderes Gewicht auf die Entwicklung des Pikaro zum Erzähler seiner eigenen Geschichte, die ja angesichts des Widerspruchs zwischen der Abstammung des Anti-Helden aus ungebildeten Kreisen und seiner rhetorischen Geschicklichkeit zuweilen ähnlich wunderbare Züge wie die fabelhafte Gestalt eines sprechenden Tieres trägt.

Berganza hat auf seiner pikaresken Odyssee durch die verkehrte Welt erfahren müssen, wie selten die Rede der Menschen mit ihren Taten übereinstimmt; er erkennt, daß zwischen Sprache und Wirklichkeit eine Lücke klafft, die Raum für verbale Betrugsmanöver läßt. Als er nun seinerseits in die unerwartete Lage versetzt wird, sprechen zu können, macht er von seinen Erfahrungen einen zynischen Gebrauch. Cipión kommt Berganza jedoch auf die Schliche und erweist sich damit hinsichtlich des Pikaroromans als eine Art Modell-Leser. Der Witz von Cervantes Novelle liegt natürlich darin, daß die Rolle, die Cipión bei Berganzas Entlarvung als Heuchler spielt, im Schelmenroman nicht besetzt ist, weil hier der empirische Interpret die Komplementärlektüre in eigener Regie durchführen muß.

Cervantes Hinweis auf die Ergänzungsbedürftigkeit der Schelmenbeichte ist aber nur ein Teil seiner metafiktionalen Kritik an der novela picaresca. Der andere Teil ergibt sich aus der Beantwortung der Frage, von welchem Standpunkt, von welchem Kenntnisstand aus Cipión Berganzas Schelmenschelte auf ihren Urheber zurückwendet. Campuzanos Ankündigung, er werde dem Gespräch der beiden Hunde eine Fortsetzung mit Cipións Geschichte folgen lassen, wenn Berganzas Lebensbericht Gefallen finde, läßt vermuten, daß Cipións Vita nach dem gleichen Muster wie die seines Kumpans gestrickt ist und ebenfalls von einer pikaresken Karriere handelt. Diese Ankündigung legt den Verdacht nahe, daß es eines nicht mehr unschuldigen Wissens bedarf, um dem Schelm auf die Schliche zu kommen.

Es waren dann allerdings andere Autoren und nicht Cervantes selbst, die tatsächlich eine Fortsetzung der Novelle verfaßt haben. So gibt es eine *Vida de Cipión* von Belmonte Bermúdez und ein *Nuevo coloquio de los perros* von Jacinto Benaventes. E.T.A. Hoffmanns *Nachricht von den neuesten Schicksalen des Hundes Berganza* (1814) gehört ebenfalls in diese Reihe, deren vorläufigen Abschluß Zsusanna Gahses Erzählung *Berganza* aus dem Jahre 1984 bildet. Im Hinblick auf Cervantes eigenes Werk gilt es, die implizite Semiotik festzuhalten, die das *Coloquio* enthält. Man kann diese Novelle nämlich als eine sprachphilosophische Reflexion über die Arbitrarität der Zeichen lesen. Interpretiert man das Hundegespräch als eine Diskussion darüber, wie sich mit sprachlichen Zeichen die Unwahrheit sagen läßt – und die Semiotik ist einer einschlägigen Definiton von Umberto Eco zufolge ja nichts anderes als eine Untersuchung all dessen, womit man lügen kann –, so entlarvt es nicht nur das eine oder andere verbale Betrugsmanöver. Cervantes demonstriert vielmehr anhand von Berganzas Erzählung, »how the process of narration creates the past and is at the same time created out of the past« (El Saffar, 1974, S. 180f). Die Selbst- und Weltdarstellung des Ich-Erzähler erwächst aus seiner Lebenserfahrung und verwandelt diese im Moment der Nacherzählung. Daher hängt die Zuverlässigkeit solchen Erzählens sowohl von der sozialen Kontrolle als auch von der sorgfältigen Auswahl der Erzählverfahren und Metaphern ab, denen sich ein Mensch bedient, um anderen einen Eindruck von sich und seiner Lebenswelt zu vermitteln. Da diese Erzählverfahren und Metaphern nicht aus der Wirklichkeit, sondern aus der Kunst stammen, enthält das Selbst- und Weltverständnis eines Menschen gewisse fiktive Anteile, die auf die Realität abgestimmt sein müssen. Geht man nämlich bei der narrativen Welterzeugung und Selbsterfindung von unangemessenen Metaphern und irreführenden Erzählformen aus, verkehrt sich die Welt, wird man der Wirklichkeit im wörtlichen wie im übertragenen Sinne entrückt.

7. Miguel de Cervantes:
El ingenioso hidalgo Don Quijote de la Mancha (1605/1615)

Genau dieses Mißgeschick passiert Don Quijote, weil er eine ganz und gar unchevalereske Wirklichkeit an Vorstellungen mißt, die nicht aus seiner Lebenserfahrung, sondern aus der Phantasiewelt des Ritterromans abgeleitet sind. Dieses Mißverständnis betrifft, darauf kommt es an, immer zugleich die Realität und den Als-Ob-Charakter der Fiktion. Der fahrende Ritter von der traurigen Gestalt unterzieht die Wirklichkeit hauptsächlich deswegen einer irreführenden Lesart, weil er den epistemologischen Sonderstatus fiktionaler Rede mißversteht; nicht die Verkennung der Welt, die tatsächlich mehr ritterlich gesinnte Bewohner gebrauchen könnte, sondern seine Verkennung der spezifischen Machart von Literatur macht Don Quijote zur lächerlichen Figur.

Während der Picaro eine Zugehörigkeit simuliert, die er als halber Außenseiter nicht besitzt, und jede nur denkbare Rolle spielt, um sich innerhalb der Gesellschaft zu etablieren, ist Don Quijote völlig unfähig, sich auf seine Umwelt einzustellen oder sich aus Gründen der Anpassung zu verstellen. Sein Part in dieser Welt wird nicht durch das Gesellschaftsspiel und seine Regeln, sondern durch das Drehbuch des Ritterromans bestimmt. Sobald Cervantes' Held auch nur den geringsten Anlaß hat, eine Lebenssituation mit einer ihm aus seiner Lektüre bekannten Szene zu identifizieren, setzt er den chevaleresken Text nach Art einer Regieanweisung in die

Wirklichkeit einer Handlung um. Der Akt des Lesens wird so zur unmittelbaren Aktion, und die Reaktionen seiner Mitmenschen werden von Don Quijote wiederum ausschließlich in der Weise interpretiert, wie es im Ritterroman vorgegeben ist: als Widerstand, den es zu überwinden gilt, als Probe der eigenen Beständigkeit. Daß die Welt unbeständig ist und von Lug und Trug beherrscht wird, kann daher aus Don Quijotes Sicht kein Argument gegen seine Mission sein.

Im Verlauf des Romans, der von dieser Mission handelt, gelingt es Don Quijote tatsächlich, Sancho Pansa halbwegs zu bekehren. Indem er den Tölpel zum Schildknappen ernennt und ihm eine Statthalterschaft verspricht, leistet er Überzeugungsarbeit. Umgekehrt führt die Erhebung Sancho Pansas in den Rang eines Waffenträgers dazu, daß dieser Inbegriff eines Nicht-Lesers den Viel-Leser Don Quijote seinerseits beeinflussen kann. Die Dialektik von Herr und Knecht zeigt sich daher in Cervantes Roman an der Sanchoisierung Don Quijotes und an der Quijotisierung Sancho Pansas im Verlauf ihres von Abenteuern unterbrochenen Gesprächs, das den gesamten Roman durchzieht (Madariaga, 1965, S. 190). Dieses Gespräch erinnert in vieler Hinsicht an Lazarillos Unterredung mit dem Hidalgo, erweitert den Kreis der Themen jedoch erheblich, denn in seiner Eigenschaft als Metafiktion ist der Don Quijote zunächst einmal »a colloquy between the romance and the picaresque« (Levin, 1967, S. 40), wobei die Wirklichkeitsferne der idealistischen Dichtung des Schäfer- und Ritterromans gegen den einäugigen Realismus des Schelmenromans ausgespielt wird. So reflektiert Cervantes den Umstand, daß die verschiedenen Spielarten des Romans zueinander in einem komplementären Verhältnis stehen. Indem er die Exklusivität der einzelnen Gattungskonzepte aufhebt und die Chronotopoi des Schelmen-, des Ritter- und des Schäferromans mit der Welt der Novelle zusammenführt, demonstriert er unter anderem, daß keine dieser Textsorten für sich allein die Komplexität der menschlichen Existenz erfassen kann. Außerdem muß berücksichtigt werden, daß jede Weise der narrativen Welterzeugung mit dem Faktor Zeit zu rechnen hat, weil sich die Wirklichkeit laufend verändert. Gerade mit diesem dynamischen Charakter der historischen Wirklichkeit kommt Cervantes anachronistischer Held nämlich überhaupt nicht zurecht, verstößt seine Idee, das Goldene Zeitalter in der Gegenwart wieder auferstehen zu lassen, doch nicht nur gegen die Irreversibilität der Zeitläufte selbst, sondern auch gegen die Erkenntnis, daß der Chronotopos des Ritterromans ein utopischer Ort ist, den es nirgendwo gibt und niemals gegeben hat.

Wie sehr historische Ereignisse den Gang der Dinge verändern können, hat Cervantes an der Wirkungsgeschichte seines eigenen Werkes erfahren und in der Fortsetzung des Romans thematisiert. Noch bevor er selbst dem ersten Teil des *Don Quijote*, der 1605 im Druck erschienen war, 1615 einen zweiten Teil folgen lassen konnte, kam nämlich 1614 eine apokryphe, nicht autorisierte Fortsetzung heraus, die ein gewisser Alonso Fernández de Avellananda verfaßt hatte. Cervantes reagierte auf dieses Plagiat mit einer genialen Umstellung seiner Versuchsanordnung: Hatte der erste Teil des *Don Quijote* als Parodie der Ritterromane bzw. als Satire auf den unangemessenen Umgang mit fiktionalen Texten begonnen und sich zu einem intertextuellen Spiel mit den zeitgenössischen Gattungen und Erzählformen ausgeweitet, so beruht die Handlung des zweiten Teils darauf, daß der Ritter von der traurigen Gestalt und sein lächerlicher Schildknappe beständig auf Personen treffen, die den ersten Teil des Romans gelesen haben. Dadurch wird nicht nur dessen vermeintliche Authentizität beglaubigt, sondern die Möglichkeit einer intratextuellen Bezugnahme auf die eigene Geschichte eröffnet.

Witzigerweise ist die komische Umkehrung des Verhältnisses von Realität und Fiktion, die im ersten Teil auf Don Quijotes Initiative zustandekam, seiner Verfügungsgewalt im zweiten Teil weitestgehend entzogen. Da sich sein Ingenium aber gerade an dem Widerstand entzündet hatte, mit dem die Umwelt auf seinen Wahn reagiert hatte, trocknet die romantische Phantasie des Titelhelden zunehmend aus. So wird aus Don Quijote schließlich wieder der melancholische Alonso Quijano, der er vor seiner emphatischen Identifikation mit den Helden der chevaleresken Dichtung war. Dabei entspricht der Desillusionierung der Titelfigur, die ihn zu einer selbstkritischen Distanz gegenüber der eigenen Narretei befähigt, Cervantes delusorisches Verfahren als Erzähler. Dieses Verfahren besteht darin, daß die narrative Weise der Welterzeugung beständig von Signalen begleitet wird, die auf den illusionären Status der vorgestellten Welt bzw. auf die Differenz von Text und Welt verweisen. Sieht man die Gedankenfigur der Differenz im Zusammenhang mit dem Faktor Zeit, dann wird der tiefere Sinn von Cervantes Kritik an der autobiographischen Form der pikaresken Erzählkunst deutlich.

Oberflächlich betrachtet, richtet sich diese Kritik ja gegen den Wahrheitsanspruch der Schelmenbeichte. Die Unfähigkeit eines Ich-Erzählers, die Nacherzählung seiner Vergangenheit bis in die Gegenwart des Erzählvorgangs voranzutreiben, die dadurch entsteht, daß sich diese Gegenwart beständig in die Zukunft verschiebt und so für den Erzähler uneinholbar wird, führt zu einem fragwürdigen Telos der Übereinstimmung. Dort, wo ein Subjekt zum Objekt seiner eigenen Erkenntnis werden soll, kommt es jedoch darauf an, daß der Erkennende zu sich selbst auf Distanz geht. Ginés de Pasamontes Befangenheit in der eigenen Sicht der Dinge ist das Ergebnis einer Ausschaltung genau dieser Distanz. Der Schelm verschließt sich der paradoxen Einsicht, daß Selbsterkenntnis nicht das Resultat eines Identifizierungs-, sondern nur das Ergebnis eines Differenzierungsprozesses sein kann, der in der Dissoziation von erzähltem Ich und Erzähl-Ich modellartig ausgeprägt ist. Daher ist Cervantes Erzählkunst in ihrer Autoreflexivität das Gegenstück zu jeder Weise der Selbst- und Weltdarstellung, die in den toten Winkel der eigenen Perspektivik läuft und anstelle von Erkenntnis einen blinden Fleck erzeugt.

In diesem Zusammenhang kommt den karnevalesken Inszenierungen, die im *Don Quijote* auf der Ebene der Handlung veranstaltet werden, die Aufgabe zu, die kointentionale Inszenierung des literarischen Diskurses durch Autoren und Leser ironisch zu präfigurieren und anhand des Schiffbruchs, den die Narren erleiden, ex negativo aufzuzeigen, wie eine tragfähige Gemeinschafts-Konstruktion der Wirklichkeit aussehen müßte. Der zweite Teil des Romans lehrt, daß ein falsches Einverständnis zwischen Menschen die gesamte Gesellschaft genauso in die Irre führt, wie das Mißverständnis einen einzelnen Menschen. Das chevalereske Simulakrum, das am Hof des Herzogspaares für Don Quijote und Sancho Pansa inszeniert wird, erweist sich als tragikomische Kontrafaktur ihrer Phantasie. Als Statthalter einer Insel auf dem festen Lande erleidet Sancho Höllenqualen, während sein Herr die Ritterburg als Folterkammer erlebt. In beiden Fällen wird ein einzelner das Opfer einer von anderen inszenierten Fehlrahmung der Wirklichkeit, deren Korrektur die Zurückweisung der Rollen voraussetzt, die den Betroffenen nur scheinbar auf den Leib geschnitten waren. Don Quijote und Sancho Pansa, aber auch der Herzog und die Herzogin müssen erkennen, daß man mit der Reversibilität der Auffassungsperspektiven nicht beliebig spielen kann. Nicht jede mögliche Weise der Welterzeugung darf verwirklicht werden; das Leben ist kein Karnevalsulk, weil Menschen eben nicht nur beliebig manipulierbare Spiel-Figuren, sondern Personen sind, die an Leib und Seele Schaden nehmen, wenn man sie mit Absicht in die Irre führt. So folgt bei Cervantes aus dem ästhetischen Spiel von Genre & Countergenre eine ethische Konsequenz, während die Reversibilität der Auffassungsperspektiven im Schelmenroman die pikareske Unmoral reflektiert.

8. Vicente Espinel: Marcos de Obregón (1618)

Vicente Espinel (1551–1624) war von seiner Ausbildung her Musiker. Auf seine Anregung hin wurde die bis dato viersaitige Gitarre um eine fünfte Saite erweitert. Die *Relaciones de la vida y aventures del escudero Marcos de Obregón*, die Espinel 1618 vorlegte, finden vor allem deshalb in den Gattungsgeschichten des Schelmenromans Erwähnung, weil sie die *Histoire de Gil Blas de Santillana* maßgeblich beeinflußt haben. Voltaire erhob gegen Lesage sogar den Vorwurf des Plagiats, obwohl die Anregungen, die das französische dem spanischen Werk verdankt, en détail einer weitreichenden Umwandlung unterzogen werden. Gleichwohl dürfte der bestenfalls semipikareske Charakter des *Gil Blas* vom Vorläufer herrühren, ist Espinels Schildknappe doch ebenfalls kein Schelm im Sinne des *Guzmán* oder des *Buscón*.

Die Forschung tendiert daher seit längerem dazu, den *Obregón* aus dem engeren Kreis der novela picaresca auszuschließen. Die Welt erscheine in diesem Roman als grundsätzlich gut und vernünftig, befand etwa Peter Dunn, da die Geschichte veranschauliche, wie ein positiv eingestellter Mensch seine Integrität trotz mancher schlechter Erfahrungen mit der Gesellschaft bewahren könne (vgl. Dunn, 1979, S. 94). Schon seiner Herkunft nach gehört Marcos nicht zur pikarischen Welt, sondern zum niederen Adel. Da er an den sittlichen Forderungen seines Standes festhält und in seiner Erzählung den Beweis antritt, »daß Armut kein Vorwand oder Freibrief für Kriminalität« sei (Chwastek, 1987, S. 114), nimmt er dem Leben gegenüber insgesamt eine antipikareske Haltung ein (Alfaro, 1968, S. 50). So erklärt der Schildknappe beispielsweise, er verabscheue Betrug und Lüge. Streiche müßten selten und im Falle eines Falles so angelegt sein, daß selbst der Betroffene daran sein Vergnügen habe (Espinel, 1965, S. 344 f).

Da Espinel den gesellschaftlichen Antagonismus der novela picaresca in seinem Werk außer Kraft setzt, spielt auch die der Komplementärlektüre zugrundeliegende Reversibilität der Auffassungsperspektiven lediglich eine untergeordnete Rolle. So muß der Leser zwar Marcos Schmährede gegen Heuchler, Schmeichler und Klatschbasen nach Art einer Schelmenschelte auf den schwatzhaften Ich-Erzähler zurückwenden, aber im großen und ganzen ist Obregón doch durch seine Aktionen und die wohlwollende Reaktion derjenigen, denen er seine Geschichte im Rahmen der Fiktion vorträgt, absolutiert. Die verschiedenen ›lectores in fabula‹, die bei Espinel auftreten, tragen nicht unwesentlich zu dem unübersichtlichen Eindruck bei, den sein Werk hinterläßt. Die Nachrichten (relaciones) des Schildknappen über sein Leben werden nämlich von zahlreichen Ruhepausen (descanos) unterbrochen, die entgegen dem Anschein, den ihre Bezeichnung erweckt, durchaus zum Fortgang der Handlung beitragen. Hinzu kommt die Einschaltung von Binnenerzählungen; im letzten Romandrittel etwa berichtet ein gewisser Doktor Sagredo von Abenteuern in Übersee, die mit Obregóns Geschichte nur am Rande zu tun haben. Anläßlich solcher und ähnlicher Einschübe werden im Text immer wieder Dialogsituationen etabliert. Marcos selbst erzählt sein Leben zum einen der Frau des Doktor Sagredo, zum anderen einem Einsiedler, wobei er wiederholt von der chronologischen Reihenfolge der Ereignisse abweicht. Dank der vielen Anekdoten und Retardationen, die den Erzählfluß unterbrechen und ausufern lassen, drängt sich beim Leser der Eindruck des Labyrinthischen auf. Dieser Eindruck ist durchaus gewollt und steht in einem signifikanten Zusammenhang mit der antipikaresken Aussage des Romans. Obwohl Marcos' Autobiographie keiner geraden Linie folgt, demonstriert sie doch, daß Obregón niemals wirklich krumme Wege eingeschlagen und sich auch ohne Winkelzüge in einer chaotischen Welt behauptet hat. Es ist genau diese antipikareske Moral, der sich Lesage in seinem *Gil Blas* angeschlossen hat. Wie im *Obregón* wird auch in diesem Roman die Geschichte eines Menschen erzählt, der sich aufgrund seiner unabhängigen Gesinnung selbst in korrupter Gesellschaft nicht wirklich korrumpieren läßt.

9. Juan de Luna: La continuación del Lazarillo (1620)

Scheint Espinels 1618 veröffentlichtes Werk auf eine Rehabilitation des niederen Adels, zu dem der Schildknappe gehört, hinauszulaufen, so untergräbt Juan de Luna in seiner Fortsetzung des *Lazarillo de Tormes*, die 1620 in Paris erschien, den Anspruch des Hidalgo, gesellschaftliches Vorbild zu sein, mit einer Eindeutigkeit, die nichts zu wünschen übrig läßt. Lazarillo trifft nämlich in dieser Fortsetzung seiner Geschichte jenen Edelmann wieder, der sich einst unter fadenscheinigen Vorwänden aus seiner Verantwortung gestohlen hatte, und wird von dem Junker erneut schändlich belogen und ausgeraubt. Horst Baader hat in einer detaillierten Analyse nachgewiesen, daß sich diese Wiederaufnahme der Hidalgo-Problematik nahtlos in die Tendenz zur Vereindeutigung von Lazarillos Geschichte durch de Lunas Fortsetzung einreihe. »Aber so eifrig de Luna bemüht ist, jedes Erlebnis zur Erfahrung werden zu lassen, als Sentenz zu resümieren und zu kritischer Lehre zusammenzufassen, so bewußt hatte der anonyme Dichter vermieden, den Einzelfall zum Exempel zu erheben« (Baader, 1972, S. 22).

Eine Vereindeutigung erfährt bei de Luna auch der dubiose ›caso‹. Bei ihm besteht kein Zweifel mehr, daß Lazarillo von seiner Frau betrogen und zum Gespött der Nachbarschaft gemacht wird. De Luna verdeutlicht aber auch Lazarillos Ohnmacht, denn als der Gehörnte einen der vielen Liebhaber seiner Gattin verklagt, verliert er nicht nur den Prozeß, sondern auch sein Amt und muß erneut auf Wanderschaft gehen. De Luna hat die Zwickmühle des Ich-Erzählers im *Lazarillo de Tormes* also klar erfaßt, aber die Selbstverständlichkeit, die der Schelmenbeichte inzwischen durch die weitgehende Etablierung der novela picaresca zugewachsen war, scheint ihn offenbar der Notwendigkeit enthoben zu haben, seinerseits die Fortsetzung auf eine ähnlich überzeugende Art wie das Original zu motivieren. Merkwürdigerweise geht Baader nicht auf diese Preisgabe der Erzählsituation ein, die doch soviel zu der von ihm zu Recht konstatierten Vereindeutigung der Geschichte durch die Fortsetzung beiträgt.

Am Schluß seiner Wanderschaft lernt Lazarillo einen frommen Einsiedler kennen, der den weltlichen Freuden scheinbar gänzlich entsagt hat und den heruntergekommenen Ich-Erzähler bei sich aufnimmt. Nach dem Tod des Eremiten stellt sich jedoch heraus, daß der Asket klammheimlich Beziehungen zu einer ganzen Reihe leichter Mädchen unterhalten hat, die nun über Lazarillo herfallen. Die nachträgliche Entlarvung des scheinheiligen Einsiedlers als Hurenbock und Heuchler ist nicht nur ein weiterer Beleg für die Vereindeutigung der Geschichte, sie könnte darüber hinaus Grimmelshausen beeinflußt haben, da 1653 eine deutsche Übersetzung von de Lunas Fortsetzung durch Paulus Küefuß erschien. Allerdings wäre dabei zu prüfen, ob die Wiederaufnahme des Einsiedler-Motivs im *Simplicissimus* nicht eher an die deutsche Übersetzung des *Guzmán* durch Aegidius Albertinus anknüpft. Grimmelshausen verwendet das Motiv jedenfalls weder so apodiktisch wie Albertinus noch so subversiv wie de Luna.

Navarro de Andriaensens, der sich mit möglichen Einflüssen der Lazarillo-Fortsetzung auf Grimmelshausen beschäftigt hat, sieht in der Mummelsee-Episode des *Simplicissimus* eine weitere Bezugsmöglichkeit, da Lazarillo bei de Luna auf einer Seereise Schiffbruch erleidet und bis auf den Grund des Meeres herabsinkt (Navarro, 1961). Schon in der ersten anonymen Fortsetzung von 1555 war Lázaro in Seenot geraten und in einen Thunfisch verwandelt worden. Diese Verwandlung zeigt einerseits, daß der Verfasser die »Individualisierung des Originals nicht begriffen« hatte (Rötzer, 1972, S. 29), da er den Realismus der Vorlage ins Phantastische wendete, andererseits belegt die Metamorphose, welch enge Verbindung dieser Bearbeiter zwischen der Schelmengeschichte, der Tierfabel und der menippeischen Satire in der Nachfolge des *Goldenen Esel* sah. De Luna löste die phantastische Metamorphose wiederum realistisch auf: Lazarillo verfängt sich im Netz einiger Fischer, die ihn zwar retten, dann aber als menschliche Amphibie ausstellen. Ihr unerwarteter Fischfang mündet dergestalt in einen karnevalesken Umzug durch die spanischen Lande, in dessen Verlauf Lazarillo auch seiner Frau vorgeführt wird und ihre Untreue entdeckt. Wie bei Apuleius muß der Ich-Erzähler bei de Luna also erst eine Verfremdung seiner Gestalt und seiner Perspektive durchmachen, um aus der zwitterhaften Position des Tieres mit menschlichem Verstand zu erkennen, wie es um ihn und seine Ehe tatsächlich bestellt ist, nur daß es sich in der Fortsetzung des *Lazarillo* dabei um keine Verzauberung, sondern um eine karnevaleske Vermummung handelt.

IV. Der Pikaroroman

1. Deutschland im Zeitalter der Glaubensspaltung

Die deutsche Geschichte des 16. und 17. Jahrhunderts steht im Zeichen der Glaubensspaltung. Obwohl der 1555 geschlossene Augsburger Religionsfriede gewalttätige Auseinandersetzungen zwischen den katholischen und den protestantischen Reichsständen bis 1618 zunächst verhindern konnte, nahm ihre ideologische Polarisierung in dieser Zeit beständig zu. Vor allem die aggressive Gegenreformation führte zu einer wechselseitigen Radikalisierung der Konfessionen und der mit ihnen jeweils verbündeten Territorialgewalten. Der erbitterte Streit um das Seelenheil führte dazu, daß die Toleranz der Humanisten und ihre diesseitsbezogene Lebensphilosophie in Ansätzen stecken blieben. Im Barock jedenfalls dominiert die Betrachtung der Welt ›sub specie aeternitatis‹, die mit einer Abwertung des irdischen Daseins gegenüber dem ewigen Leben einhergeht. Die religiös fundierte Vergänglichkeitsstimmung wurde durch den Dreißigjährigen Krieg noch intensiviert. Dabei waren es gar nicht einmal in erster Linie die blutigen Schlachten, sondern die Seuchen und Hungersnöte im Gefolge der Feldzüge, die den meisten Menschen den Tod brachten. Große Heere oder kleine, versprengte Haufen verwüsteten das Land und zerstörten die Städte; Mord und Vergewaltigung, Raub und seelische Grausamkeit waren an der Tagesordnung. Deutschland wurde zwischen 1618 und 1648 erst zum Kampfplatz und dann, über den Westfälischen Frieden hinaus, zur Einflußsphäre ausländischer Mächte. Zudem hörten die Kampfhandlungen längst nicht überall mit dem Abschluß der Verhandlungen in Münster und Osnabrück auf.

Nur allmählich wurde der juristische Rahmen der Friedensordnung mit politischen Maßnahmen zum Wiederaufbau der zerstörten Gebiete ausgefüllt. Die einzigen noch oder schon wieder handlungsfähigen Organe des Reiches, die Landesfürsten, verfolgten dabei mindestens ebenso sehr ihre eigenen Interessen wie das Gemeinwohl. Allerdings gab es de facto keine Alternative zu der von ihnen betriebenen Politik. Die

Legitimation der absolutistischen Regierungsform – theoretisch durch den englischen Philosophen Thomas Hobbes, praktisch durch die Erfolge des französischen Königs Ludwigs XIV. – bestand in der nur einer übergeordneten Gewalt möglichen Befriedung des religiösen Bürgerkriegs bzw. in der inneren Sicherung und Ausgestaltung des Friedens. Dazu waren in Deutschland allein die Landesherren in der Lage. Die Vielzahl der deutschen Territorien mit ihren auf das sogenannte Normaljahr 1626 festgelegten Konfessionsgrenzen verhinderte jedoch die Ausbildung eines nationalen Flächenstaates. Der preußisch-österreichische Dualismus, der im 18. Jahrhundert zum Kennzeichen der deutschen Verhältnisse wurde, steht daher am vorläufigen Ende einer Entwicklung, die mit der Reformation und ihrer politischen Instrumentalisierung begonnen hatte.

Die zum Teil demütigenden Erfahrungen mit der militärischen, politischen und kulturellen Überlegenheit fremder Nationen konnten nicht ohne Auswirkungen auf die Mentalität der Deutschen bleiben. Sie erklären bis zu einem gewissen Grad die vor allem gegen Frankreich gerichtete Kritik der Unsitte, sich à la mode zu kleiden und zu benehmen. Diese Kritik nimmt in der zeitgenössischen deutschen Literatur, etwa bei Moscherosch, breiten Raum ein. Seine zuweilen penetrante Deutschtümelei ist leicht als Kompensationsphänomen zu durchschauen. ›Teutsch‹ bedeutet bei Moscherosch nämlich soviel wie ›gesittet‹; das Wort artikuliert einen moralischen Vorbehalt gegenüber der französischen Kultur, der Moscherosch gleichwohl viel verdankt. So beruhte seine Kenntnis der *Sueños*, denen die *Gesichte Philanders von Sittewalt* nachempfunden sind, auf einer französischen Übersetzung des spanischen Werkes durch Sieur de La Geneste aus dem Jahre 1632. Generell gilt, daß weder Moscherosch noch Grimmelshausen, der seinen *Abenteuerlichen Simplicissimus* ausdrücklich als ›teutschen‹ Helden deklariert, ihre Werke allein auf der Basis der deutschen Erzählmodelle hätten schaffen können.

2. Narrenrevue und Ständesatire

Zu diesen Modellen gehört die bereits mehrfach erwähnte Ständesatire, eine schon im Hochmittelalter beliebte, mit der Moralpredigt und dem Totentanz verwandte Gattung. Von

Heinrich von Melks um 1170 entstandenen Gedichten *Erinne-rung an den Tod* und *Priesterleben* über die rund fünfzig Jahre später verfaßten Tanzlieder Neidhart von Reuenthals bis zu *Des Teufels Netz* in seiner erweiterten Fassung von 1415 tendiert die Kritik der Laster, die einzelnen Ständen oder Zünften zugeschrieben wurden, zu einer enzyklopädischen Erfassung der verkehrten Welt. Sündenregister und Tugendkatalog, Narrenumzug und Gesellschaftspanorama – in *Des Teufels Netz* werden all diese Konzeptionen in einen allegorischen Erzählrahmen eingefaßt: der Leibhaftige fängt die leicht verführbaren Menschen mit Hilfe von Schergen ein, die Personifikationen der sieben Todsünden (Hoffart, Neid, Geiz, Gefräßigkeit, Zorn, Mord und Unkeuschheit) sind (Rosenfeld 1951).

Eine ganz ähnliche Konstruktion liegt *Luzifers Königreich und Seelengejaidt oder Narrenhatz* von Aegidius Albertinus aus dem Jahre 1616 zugrunde. Hier bildet das System der Todsünden zusammen mit der christlichen Teufelslehre das Rückgrat einer umfassenden Auflistung von Ursachen für die sündhafte Verkehrung der Welt, aus denen im Umkehrschluß folgt, welcher Weg aus dem Sündenpfuhl führt. Auch Sebastian Brant war es um eine Aufklärung der Menschen über ihre eigenen Schwächen gegangen. Der Narr ist bei ihm ein sittlich ungefestigter oder geistesschwacher Mensch, der nicht erkennt, was wirklich gut für ihn ist. Weil der ›stultus‹ im Gegensatz zum ›sapiens‹ das trügerische Wohlbefinden auf Erden mit dem wahren Seelenheil verwechselt, jagt er falschen Glücksgütern hinterher. Brants 1494 erstmals erschienene Satire ist daher auf eine moralische Belehrung der Gesellschaft und eine Richtigstellung der Verhältnisse bedacht: indem er zeigt, wie sich die Welt durch das Narrentum verkehrt, fordert Brant seine Leser zu Einsicht und Umkehr auf. Das geschieht in Merkversen, die – Lexikonartikeln vergleichbar – jeweils eine bestimmte Verfehlung beim Namen nennen und anhand abschreckender Beispiele erläutern. Die über den gesamten Text verstreute Sittenlehre macht das *Narrenschiff* zu einer umgekehrten Arche Noah, versammeln sich auf seinem Deck doch diejenigen, die dem Untergang geweiht sind. Wer hingegen seine eigene Verblendung erkennt und den Weltlauf durchschaut, befindet sich bereits auf dem Weg der Besserung, der in den sicheren Hafen der göttlichen Gnade führt.

Bei Thomas Murner geht die *Narrenbeschwörung* (1512) in die Verdammung der *Schelmenzunft* (ebenfalls 1512) über. Barbara Könneker spricht im Hinblick auf diese beiden Texte, die weniger systematisch, dafür aber volkstümlicher und anschaulicher als Brants Verse sind, »von einer durchgängig und konsequent durchgeführten Diabolisierung des Narrenbegriffs« (Könneker, 1966, S. 74 f). So gesehen setzt Aegidius Albertinus die Tradition kongenial fort. Erst in Johann Beers *Narrenspital* von 1681 werden die Narren nicht mehr dämonisiert, sondern hospitalisiert. Hier besichtigt eine fröhliche Gesellschaft die von der Welt ferngehaltenen Verrückten; dabei ist die Ergötzung der Leser mindestens ebenso wichtig wie der moralische Nutzen der Erzählung.

Unterhaltung und Belehrung – in dieser Formel faßte die barocke Regelpoetik Sinn und Zweck der Dichtung zusammen. Sie berief sich dabei auf Horaz klassische Formulierung ›prodesse et delectare‹ in der *Ars Poetica*. Sieht man die Entwicklung der deutschen Literatur des 17. Jahrhunderts vor diesem Hintergrund, so läßt sich die spezifische Akzentverschiebung von Aegidius Albertinus zu Johann Beer generalisieren. Christian Weise beispielsweise erklärt zu Beginn seiner *Ertz-Narren*, dieses Buch sei kein »neuer Simplicissimus oder sonst ein ledernder Salbader«, um auf den pragmatischen Wert des Textes hinzuweisen. Als Kontrastfigur des Ertz-Narren fungiert bei ihm nicht mehr der fromme, weltabgewandte Einsiedler, sondern der politische, weltgewandte Mensch, der seine gesellschaftlichen Aufgaben verantwortlich wahrnimmt. Dabei stellte der *Simplicissimus* innerhalb von Grimmelshausens Werken bereits die zweite Stufe einer Entwicklung dar, die der erwähnten Akzentverschiebung nahekommt: während *Der Satyrische Pilgram* eigentlich nur nützlich, aber nicht unterhaltend war, sollten Simplicius Abenteuer »überauß lustig / und mäniglich nutzlich zu lesen« sein, wie es auf dem Titelblatt heißt. Daher löst Grimmelshausen im *Simplicissimus* das rhetorische Prinzip der Antithese, das den *Satyrischen Pilgram* noch weitgehend bestimmt hatte, zugunsten poetischer Bilder auf, die sich in- und übereinanderschieben.

Diese Dynamisierung des Erzähl- und Erkenntnisvorgangs kommt wesentlich durch die simplizianische Weise der Welterzeugung zustande, in der die Genreform-Maske des unzuverlässigen Ich-Erzählers von einem janusköpfigen Schalksnarren aufgesetzt wird, dessen Selbst- und Weltverständnis sich beständig wandelt. Anders als im *Volksbuch von Till Eulenspiegel* aus dem Jahre 1512 wirkt sich daher die Metamorphose des Helden vom Akteur zum Autor seiner Geschichte auf die Moral der Geschichte aus. Hatte bereits der

Satyrische Pilgram ansatzweise die Aspektabhängigkeit sittlicher Anschauungen zum Ausdruck gebracht und unterschwellig darauf hingewiesen, daß die sinnliche Wahrnehmung nicht immer der Voreinstellung des satirischen Scharfrichters entspricht, so widerspricht die Erfahrung des Simplicius Simplicissimus zuweilen ganz offensichtlich den Lehren, die ihm der alte Einsiedler mit auf den Lebensweg gegeben hatte. Auf diese Weise führt die Personalisierung des Erzählens, die den *Abenteuerlichen Simplicissimus* vom *Satyrischen Pilgram* unterscheidet, auch zu einer Problematisierung der Weltbetrachtung und -beurteilung. Wichtig ist, daß die inneren Konflikte des Protagonisten nicht nur empirisch aus dem realhistorischen Antagonismus des Dreißigjährigen Krieges abgeleitet sind, sondern auch mit den dualistischen Deutungsschemata der Erbauungs- und Traktatliteratur konfrontiert werden. Der simplicianische Held reflektiert seine Erfahrungen, d.h. die objektiven Auseinandersetzungen, die in seiner Gegenwart stattfinden, werden in ihrer subjektiven Wirkung dargestellt.

3. Aegidius Albertinus: Der Landstörtzer Gusman von Alfarche oder Picaro genannt (1615)

Es ist genau diese im Schelmenroman geleistete Subjektivierung der Weltdarstellung, die Aegidius Albertinus, der erste deutsche Übersetzer eines Pikaroromans, nicht begriffen hat oder nicht begreifen wollte. Als orthodoxer Vertreter der Gegenreformation verwandelte er den *Guzmán de Alfarache* in eine Art Thesenroman, der die Weltbetrachtung auf die Perspektive der katholischen Morallehre festlegt. So kommt die Geschichte des Schelms als ein dogmatisches Exempel nach Deutschland, in dem nicht mehr der ambivalente Mythos von Sisyphos, sondern das durch die kirchliche Tradition in seiner Bedeutung festgelegte Bibelgleichnis vom verlorenen Sohn den Gang der Handlung bestimmt.

Aegidius Albertinus, 1560 in Deventer geboren, wurde vermutlich 1579 im Zuge der Katholikenverfolgung aus seiner Heimat vertrieben. Sein Engagement für die Gegenreformation mag hierin eine persönliche Ursache haben, fügt sich aber nahtlos in die Politik der bayrischen Herzöge ein, die Albertinus 1593 zum Hofkanzlisten ernannten und seine schriftstellerischen Bemühungen nachhaltig förderten. Als autoritätsgläubiger Katholik stützte sich Albertinus bei diesen Bemühungen auf anerkannte Autoren und Werke aus den romanischen Ländern, die er ins Deutsche übersetzte und popularisierte. Was ihm bei diesen Übertragungen und Bearbeitungen vorschwebte, läßt sich vielleicht am besten mit einem seiner Buchtitel sagen: seine Schriften sollten *Der Seelen Compaß* der Leser sein, wobei die Nadel stets in die Richtung der Gegenreformation wies.

Daß Albertinus, der 1620 in München starb, zu einem wichtigen Vermittler der mittelalterlichen und spanischen Literatur, ja zum »Vater des deutschen Schelmenromans« (Reinhardstöttner, 1888) geworden ist, war eine eher unbeabsichtigte Wirkung seines Schaffens. Jedenfalls läßt dieses Etikett nicht unbedingt auf eine aufgeschlossene Haltung gegenüber dem gesellschaftskritischen Anliegen der novela picaresca schließen. Bei seiner Bearbeitung des *Guzmán* stützte sich Albertinus auf Mateo Alemáns ersten Teil und die von Juan Marti 1602 unter dem Pseudonym Mateo Luján verbreitete, nicht autorisierte Fortsetzung. Neben dieser spezifischen Quellenlage ist der *Landstörtzer Gusman* im Zusammenhang mit *Deß Irrenden Ritters Raiß*, einem Parallelwerk, zu sehen, das seinerseits auf eine französische Vorlage zurückgeht. Jean de Carthenys *Le Voyage de chevalier errant* aus dem Jahre 1557 erzählt in der Fassung des bayrischen Hofbibliothekars und Ratssekretärs vom Aufenthalt eines Edelmanns im Palast der Wollust. Dieser Palast ist ebenso wie der Irrgarten, von dem Albertinus in der Vorrede zum *Gusman* spricht, ein Sinnbild der sündigen Welt. Sowohl die Reise des Ritters als auch die pikareske Odyssee konkretisieren die abstrakte Wegewahl, die in *Luzifers Königreich* exponiert wird: »Underschidliche Orth und Weeg seind vorhande, auff denen Lucifer die Seelen jaget und sahet: wir allesamt befinden uns auff einem bivio oder zwyfachen Weeg, der eine geht zur Statt Babel, welche ein Ort ist deß Verderbens, die andere zum himmlischen Jerusalem, welches ein Ort des Fridens ist« (Albertinus, 1948, S. 23 f).

Nach Babylon führt denn auch der Weg, den der Landstörtzer im ersten Teil von Albertinus Werk einschlägt. Schon der Titel macht jedoch darauf aufmerksam, daß sich der deutsche Gusman noch rechtzeitig zur Umkehr entschließt. Damit ist ein Erzählprogramm vorgegeben, daß sich von Alemáns Konzept in einem entscheidenden Punkt unterscheidet: die Konversion des Ich-Erzählers ist bei Albertinus eine zweifelsfreie Angelegenheit. Ihr folgt nicht etwa ein Rückfall in pikareske Gewohnheiten, sondern die Wallfahrt nach Jerusalem, die in der Nachfolge des Erzpilgram Christus steht. Der zweite Teil des *Gusman* besteht daher ausschließlich in den Unterweisungen, die der Landstörtzer von einem Einsiedler erhält, nachdem er seinen Strafdienst auf den Galeeren beendet hat. Dieser Einsiedler – offensichtlich ein alter ego des Verfassers – erklärt dem reumütigen Picaro, daß eine Bekehrung ohne Buße unstatthaft sei. Er schlägt dem armen Sünder vor, seine Verfehlungen mit einer Pilgerfahrt zu sühnen. Diese Pilgerfahrt ist ihrer Intention nach eine Inversion der pikaresken Wanderschaft, die ihrerseits in figuraltypologischer Manier auf das Gleichnis vom verlorenen Sohn bezogen wird. Wichtig ist, daß im zweiten Teil von Albertinus Roman nicht der Picaro, sondern der Eremit spricht. Erst ganz am Schluß ergreift erneut der Ich-Erzähler des ersten Teils das Wort, um einen dritten Teil anzukündigen, in dem erzählt werden soll, wie es ihm auf seiner Pilgerfahrt ergangen ist. Albertinus hat diesen dritten Teil nie geschrieben; vermutlich deshalb, weil dem, was der Einsiedler stellvertretend für den Verfasser gesagt hatte, aus seiner Sicht nichts mehr hinzuzufügen war.

Aufschlußreich für die Art und Weise der Umwandlung, die Albertinus Vorlagen erfahren, ist die Umdeutung der Wachturm-Metapher: »Die Welt ist voller Ignorantz vnnd Narren. Wann einer auff einem hohen Thurm stünde / vnd die occupationes, werck vnd bemühungen aller Menschen sehen solte / der würde sich dermassen drüber verwundern / daß er selbst zu einem Narren würde« (Albertinus, Reprint 1975, S. 313). Wie schon bei Brant und Murner ergibt sich auch Albertinus Sittenlehre aus der Narrenschau. In diesem Sinne führt der Tugendwächter die Sünden der Menschen auch in *Luzifers Königreich* auf »die Ignorantia sui oder wann der Mensch sich selbst nit kennet« zurück, denn: »Der allererst effect der Ignorantia ist, daß sie den Menschen hoffertig, närrisch und irrig machet« (Albertinus, 1948, S. 26 f).

Da diese Formulierungen im *Simplicissimus* wortwörtlich wiederkehren, und die Lehren von Grimmelshausens Einsiedler wie die des Eremiten im *Gusman* um das ›nosce te ipsum‹, die Maxime der Selbsterkenntnis, zentriert sind, haben viele Interpreten gemeint, daß die Geschichte des seltsamen Vaganten eine weitere Variation der Parabel vom verlorenen Sohn sei. Man muß aber zunächst einmal sehen, daß Grimmelshausens Roman seinerseits mit einer Inversion der im deutschen *Gusman* vorgegebenen Reihenfolge beginnt. In Albertinus Buch beschließt die Unterweisung des Eremiten die pikareske Karriere; im *Simplicissimus* geht die Morallektion der Schelmengeschichte voraus. Grimmelshausen macht also genau die Probe auf das fromme Exempel, die Albertinus bezeichnenderweise ausspart: was richtet die Welt mit einem christlich aufgeklärten Menschen an? Gusman sagt über sich und sein Leben vor der Verurteilung: »ich wuste nicht / was Gottsforcht war« (Albertinus, Reprint 1975, S. 49). Simplicius aber will die Hanauer Gesellschaft im Sinne des Einsiedlers zur Gottesfurcht bekehren, und muß sich dann durch sie und eigene Erfahrung eines besseren belehren lassen. Es zeigt sich nämlich, daß der Mensch seiner Kreatürlichkeit nicht ohne weiteres entfliehen kann. Simplicius entdeckt, daß er und die anderen Menschen einen Körper und leibliche Bedürfnisse haben, daß die Askese, die er beim Eremiten gewohnt war, nur durchzuhalten war, weil er gar nicht jene Bedürfnisse kannte, die allein gesellschaftlich zu befriedigen sind. Weder die mit einer Pilgerfahrt vergleichbare Weltreise, die Simplicius später unternimmt, noch der Schiffbruch, den er dabei erleidet, können als kritiklose Illustration der im *Gusman* ausgeführten Ideologie begriffen werden; der seltsame Vagant kommt im Gegensatz zum verlorenen Sohn nie in Jerusalem an.

Vor dem Hintergrund der Unterscheidung monologischer und dialogischer Erzählweisen kann man sagen, daß Albertinus in den orthodoxen Diskursen seines Eremiten die zentripetalen Kräfte der apodiktischen Moralpredigt gegen Alemáns ambivalente Schelmengeschichte mobilisiert, während Grimmelshausens Konfrontation von Moral und Erfahrung zu einer Redialogisierung des Pikaroromans führt. Dabei läßt sich die spezifische Weise der narrativen Welterzeugung im *Gusman* aus dem ideologischen Impuls der Gegenreformation ableiten. Albertinus wettert nämlich im »Discurs von der Einigkeit und Uneinigkeit« (Caput XL) gegen die zentrifugale Wirkung der Reformation. »Wo frid vnnd einigkeit ist / da ist Gott vnnd sein segen / wo aber Uneinigkeit / Zanck vnn Hader ist da regieret der Teufel«, heißt es einleitend, während am Ende die rhetorische Frage steht: »Die uneinigkeit / das mißvertrawen vnnd die verbitterung etlicher fürnembsten Ständ / woher entspringt sie anderst / als eben auß der underschidlichkeit der Religiones?« Unter dieser Voraussetzung konnte Albertinus die im Zeichen der Zerstreuung stehende

Erzählweise Alemáns nicht übernehmen. Diese Zerstreuung war ja Ausdruck der inneren und äußeren Zerrissenheit, die auch noch das Leben und den Darstellungsstil des vermeintlich bekehrten Ich-Erzählers auszeichnete. Albertinus mußte daher die Gefahr einer beständigen Subversion der ›moralisatio‹ durch die ›narratio‹, die bei Alemán stattfindet, abwenden. Er tat dies, indem er die Doppelzüngigkeit des unzuverlässigen Ich-Erzählers und die retrospektive Struktur der Vorlage zugunsten einer eindeutigen Verteilung des Textes auf die personale Stimme des Landstörtzers im ersten und die auktoriale Stimme des Einsiedlers im zweiten Teil aufhob.

An die Stelle einer auslegungsrelevanten Dissoziation von erzähltem und erzählendem Ich tritt so in Albertinus geraffter Nacherzählung der Schelmengeschichte ein sinnbildliches Argumentationsschema. Das Bild des Menschen, das Albertinus im ersten Teil des Romans aufbaut, wird im zweiten Teil, dem Kommentar der Geschichte, so gedeutet, daß sich die Moral des christlichen Pilgrams als Quintessenz des Erzählten ergibt. Dabei entschärfte Albertinus den gesellschaftlichen Antagonismus, der die Rahmenbedingung von Guzmáns pikaresker Karriere bildet, und machte aus dem komplexen Protagonisten eine eindimensionale Exempel-Figur. Erst die weitgehende Ausschaltung der Lebenswelt gestattete es ihm jedoch, die Geschichte des Schelms den dualistischen Schemata von Sünde und Gnade, Hoffart und Demut, Weltverfallenheit und Weltentsagung problemlos ein- und unterzuordnen. Während Alemáns Pointe gerade darin lag, daß dieser moraltheologische Überbau mit der gesellschaftlichen Praxis konfrontiert wurde, blendet Albertinus alles aus, was ihm nicht frommt. Seine instrumentelle Aktualisierung des Pikaromans geht daher mit einer erheblichen Reduktion des Sinnpotentials der Vorlage einher: vor allem die Reversibilität der Auffassungsperspektiven, dank der Guzmáns apologetische Beichte den Leser zur Komplementärlektüre herausfordert, geht bei Albertinus unter.

4. Die deutschen Lazarillo-Versionen

Während der *Lazarillo de Tormes* in Frankreich bereits 1560, in England 1569 und in Holland 1579 als Übersetzung vorlag, wurde eine deutsche Ausgabe erst 1617 gedruckt. Eine andere handschriftliche Fassung entstand zwar schon 1614, fand aber keinen Verleger. Während diese Handschrift eine zuverlässige Übertragung des Originals bot, beruhte die Druckausgabe auf dem *Lazarillo castigado*, der von der Zensur verstümmelten Version, die 1573 in Spanien erschienen war. Daher verkürzte der in Augsburg veröffentlichte deutsche Text den Sinn der Geschichte erheblich: »Der gesellschaftliche Zwang, mit dem sich der spanische Lazarillo auseinandersetzen mußte, wird nicht einmal erwähnt. Der Konflikt reduziert sich auf Lázaros moralisches Verhalten. Nicht die Gesellschaft soll ermahnt werden, sondern der Pícaro selbst. Dies kommt einer exakten Umkehr der ursprünglichen Erzählabsicht gleich« (Rötzer, 1972a, S. 45).

Die Übertragung von de Lunas *Continuación* durch Paulus Küefuß (*Der Ander Theil Lazarilli von Tormes bürtig aus Hispanien*. Nürnberg 1653), die auch Grimmelshausen kannte, knüpfte also für die deutschen Leser an eine Geschichte an, die dem üblichen Tenor der moralischen Belehrungs- und Bekehrungsgeschichten folgte. Gehalt und Inhalt der Lazarillo-Vita schienen daher mit dem deutschen *Gusman* übereinzustimmen. Daß Hieronymus Dürers *Lauf der Welt und Spiel des Glücks/ Zum Spiegel Menschlichen Lebens vorgestellet in der Wunderwürdigen Lebens-beschreibung des Tychander* Abschnitte enthielt, die im wesentlichen eine Paraphrase der Jugenderlebnisse Lazarillos waren, änderte an der Tendenz dieser Umdeutung und Sinnverkürzung wenig; zum einen, weil Dürers Werk erst 1668 erschien und ohne große Wirkung blieb, zum anderen, weil die dort geschilderten Wechselfälle des Lebens als vergleichsweise unpolitische Bestätigung der Fortuna-Welt akzentuiert waren:

Tychander macht die gleichen Erfahrungen wie Lazarillo mit dem Bettler, dem Priester und dem Edelmann, nur daß die Reihenfolge der Erlebnisse vertauscht ist. Im Anschluß an diese pikaresken Abenteuer wird Tychander in ein Eifersuchtsdrama verwickelt, das als Schäferromanze beginnt und als Tragödie endet. Nachdem es ihn zu den Mohren und Türken verschlagen hat, gelangt der Ich-Erzähler nach Art des höfisch-heroischen Romans zu höchsten Ehren als Feldherr, verliebt sich in eine Prinzessin und rebelliert gegen einen Fürsten, der seinem vermeintlichen Liebesglück im Wege steht. Als Tychander auf dem Gipfel seiner Macht steht, läßt ihn sein Hochmut zu einem Tyrannen werden. Schließlich wird er als Herrscher abgesetzt und nach einer öffentlichen

Schelte davongejagt. Da sich am Ende auch noch die Eigennützigkeit der Liebe seiner Herzensdame herausstellt, entsagt der Held der unbeständigen Welt. Damit schließt sich der Kreis, hatte Tychander sein Leben doch schon auf der ersten Seite als Beispiel für das irdische Walten der Glücksgöttin vorgestellt. Genau besehen ist es jedoch nicht das blinde Schicksal, sondern die Kurzsichtigkeit der Menschen, die sie zum Schmied ihres eigenen Unglücks macht.

Man kommt daher, faßt man die Tendenz der deutschen Lazarillo-Versionen und des Gusman zusammen, nicht umhin, die erste Phase der deutschen Rezeption und Reproduktion der novela picaresca als problematisch einzustufen. Da der *Buscón* in Deutschland zunächst gar keine Verbreitung fand, entging den deutschen Lesern darüber hinaus die gattungsimmanente Modulation der pikaresken Erzählperspektive. Auch die Dialektik von Genre & Countergenre blieb auf dem Weg von Spanien nach Deutschland auf der Strecke. Als 1648 die ersten 22 Kapitel von Cervantes Meisterwerk unter dem Titel *Don Kichote de la Mantzscha, das ist: Junker Harnisch auß Fleckenland* in Frankfurt auf Deutsch erschienen, erweckten sie nämlich den Eindruck, daß Cervantes Roman ein Schwankbuch sei. Das erklärt, warum die Ko-Opposition zwischen der pikaresken und der cervantesken Weise der Welterzeugung in Deutschland übersehen wurde.

5. Niclaus Ulenhart:
Historia von Isaac Winckelfelder und Jobst von der Schneidt
(1617)

Zusammen mit der deutschen Fassung des *Lazarillo castigado* erschien eine Übersetzung von Cervantes Novelle *Rinconete y Cortadillo*, die in Spanien 1613 veröffentlicht worden war. Cervantes hatte diese Novelle vermutlich bereits 1603 begonnen, als er noch in Sevilla lebte. Diese Hafenstadt war innerhalb weniger Jahre auf eine Bevölkerung von über 100 000 Einwohnern angewachsen, eine für damalige Verhältnisse außergewöhnlich hohe Zahl. Zu denjenigen, die in Sevilla zu Reichtum gelangt waren, gesellten sich Kleinkriminelle und Pikaros, die in der Anonymität der Großstadt ihrer fragwürdigen Beschäftigung nachgehen konnten. Zwischen den in zunftartigen Banden organisierten Dieben, Huren und

Zuhältern auf der einen und den Schergen und Häschern auf der anderen Seite kam es häufig zu Absprachen, da sich die Ordnungskräfte bei entsprechender Entschädigung mehr von der Duldung als von der Vertreibung der Gaunerbanden versprachen. Auf diese Weise entstanden in Sevilla rechtsfreie Räume wie der ›Corral de los Olmos‹ oder der ›Corral de los Naranjos‹, in denen die Spitzbuben ihre Beutezüge ungestört aushecken konnten (Defourneaux, 1986, S. 103).

In einen solchen rechtsfreien, allein den willkürlichen Regelungen eines Bandenführers unterworfenen Raum werden in Cervantes Novelle die Nachwuchsschelme Rinconete und Cortadillo eingeführt, die sich auf der Landstraße getroffen und zusammengetan haben, um in Sevilla ein pikareskes Dasein zu führen. Die in der Er-Perspektive erzählte Geschichte weist zwei Abschnitte auf. Der erste Abschnitt spielt in einer Schenke, wo Rinconete und Cortadillo sich kennenlernen, einander ihre Geschichten erzählen und einen Mauleseltreiber mit Taschenspielerkünsten um sein Geld bringen; der zweite ist der Darstellung von Monipodios Bande gewidmet, in die der Leser gemeinsam mit Rinconete und Cortadillo eingeführt wird. In ihrer Eigenschaft als Binnenerzähler befleißigen sich die beiden Titelfiguren einer euphemistischen Gaunersprache, wie sie schon Lázaro eigen war. So hatte Lázaro, um nur ein Beispiel zu nennen, die strafrechtliche Verfolgung seines Vaters so dargestellt, als ob dieser um der Gerechtigkeit willen zum Märtyrer geworden sei. In ähnlicher Weise umschreibt Rinconete seine öffentliche Auspeitschung als einen Versuch, ihm die lästigen Fliegen vom Rücken zu verscheuchen. Der deutsche Übersetzer der Novelle hat sich bemüht den Gaunerjargon (jerga de germanía) angemessen wiederzugeben. Dabei fällt auf, daß er sich der einschlägigen, aus dem *Lazarillo* bekannten Formulierung bedient, wenn er einen seiner beiden Binnenerzähler sagen läßt: »Seelig seynd diejenigen, so um der Gerechtigkeit willen leiden« (Ulenhart, 1983, S. 47). Ob allerdings Niclaus Ulenhart, der ansonsten unbekannte Übersetzer der Cervantes-Novelle, auch der Übersetzer des *Lazarillo castigado* war, ist bis heute nicht geklärt.

Was die Übersetzung der Cervantes-Novelle außer der kongenialen Sprache zu einem literarischen Ereignis macht, ist, daß die um pittoreske Einzelheiten erweiterte Handlung von Sevilla nach Prag verlagert und mit allem nur denkbaren Lokalkolorit eingefärbt wird. Aus Rinconete und Cortadillo werden Isaac Winckelfelder und Jobst von der Schneidt, aus

Monipodios Bande wird Zuckerbastels Zunft. Das Verzeichnis der Messerschnitte, Prügel und Kränkungen, die Cervantes Spießgesellen auf Bestellung ausführen, wird im deutschen Text als detaillierte Kurzenzyklopädie pikaresker Dienstleistungen samt Preisliste ausgeführt. Zu der gekonnten Milieuschilderung tritt die unfreiwillige Verballhornung von Fremdwörtern durch den halbgescheiten Zuckerbastel, die den Sprachwitz des Übersetzers verrät. Bemerkenswert ist, daß Ulenhart Cervantes parataktischen Satzbau in hypotaktische Konstruktionen überführt, die den stenographischen Charakter der Vorlage aufheben, gleichsam so, als habe er Cervantes Andeutungen als Aufforderungen verstanden, die novellistische Skizze en détail auszumalen (Schulze-van Loon, 1955, S. 117; Hoffmeister, 1983, S. 25).

Freilich war Ulenhart nicht in der Lage, die intertextuelle Pointe der Exemplarischen Novelle zu reproduzieren, da es in der deutschen Literatur nicht die entsprechende Ko-Texte gab. Bei Cervantes werden Rinconete und Cortadillo dergestalt in Monipodios verkehrte Welt eingeführt, daß der Leser gewissermaßen an ihrer Seite auf der Schwelle zur organisierten Kriminalität steht. Der Beschluß, den die beiden Initiaten schließlich fassen, nicht allzulange in Monipodios schlechter Gesellschaft zu verharren, besitzt daher Appellfunktion: der Leser soll sich von der verkehrten Welt distanzieren. Dazu gibt ihm das vergleichsweise abrupte Ende der Erzählung Gelegenheit. Auch Ulenhart läßt offen, ob die beiden Nachwuchsschelme die Kraft finden werden, sich über Zuckerbastels Zunftgebote hinwegzusetzen. Daß eine solche Schlußgestaltung jedoch nur einem in das Geschehen nicht involvierten, moralisch unzweideutigen Er-Erzähler möglich ist, kann nur verstehen, wer die typisch pikaresken Aufforderungen des Ich-Erzählers zur Identifikation mit der eigenen Perspektive kennt. Indem der deutsche *Lazaril* zu einer Exempelfigur zurückgestuft und im *Gusman* die Moral der Geschichte von einem über alle Zweifel erhabenen Erzähler verkündet worden war, mußte den deutschen Lesern der Clou entgehen, der Cervantes Novelle zu einer exemplarischen gemacht hatte: die Ersetzung der Genreform-Maske des ›unreliable narrator‹ durch die auktoriale Optik.

6. Andrea Perez: Die Iustina Dietzin Picara (1620/1627)

Weder bei Albertinus noch bei Ulenhart findet sich also die Reversibilität der Auffassungsperspektiven, die den Leser der novela picaresca zur Komplementärlektüre anhält. Bei Albertinus beruht dies auf ideologischen Vorbehalten, bei Ulenhart auf der Erzählstruktur. Erst mit der *Iustina Dietzin Picara* kam auch in Deutschland die Dialektik von Schelmenbeichte und Schelmenschelte zum Tragen. Allerdings ist diese Dialektik hier bereits im Text soweit vorgebildet und ausgeprägt, daß der Leser nur noch die Konsequenz aus der antizipierten Umkehr der Betrachtungsweise ziehen muß.

Schon im Original, in López de Úbedas *Libro de entretenimiento de la Pícara Justina* aus dem Jahre 1605, wird die unzuverlässige Selbst- und Weltdarstellung der Ich-Erzählerin jeweils am Kapitelende von moralischen Kommentaren unterbrochen, die nicht von Justina, sondern vom Autor selbst stammen. Aufgrund dieser ›Aprovechamientos‹ genannten Kommentare ist das Buch wiederholt dem Dominikanermönch Andrés Pérez zugeschrieben worden, der eine Reihe hagiographischer Werke verfaßt hatte. Wie das Original enthält auch die deutsche Fassung zur »Lehr und Erinnerung« des Lesers an die Verdorbenheit und Verlogenheit der Ich-Erzählerin Einschübe eines Er-Erzählers, die den Leser kaum noch im Zweifel darüber lassen, wie er die Geschichte zu verstehen hat.

Führt bereits der Wechsel von Ich-Erzählung und Kommentar zu einer gewissen Dialogisierung des Romans, so entspricht dieser Tendenz auf der Ebene der Handlung die Verwicklung der Picara in eine Reihe von Duellen, in denen sie Scheltbriefe mit männlichen Rivalen austauscht. Dabei gibt sie sich einmal als Gusmana von Alfarache aus; ein andermal richtet sie Schmähworte an den berühmten Landstörtzer Gusmann von Alfarace (sic!). Die Duelle zwischen Schelm und Schelmin laufen zumeist auf eine wechselseitige Verspottung der Gegner als betrogene Betrüger hinaus. Dem ironischen Einsatz der Dialektik von Schelmenbeichte und Schelmenschelte entspricht die unfreiwillige Selbstentlarvung Iustinas, wenn sie ihren Briefpartnern trotzige Widerworte gibt. Sowohl das Trotz-Motiv als auch das Erzählkonzept von Rede, Gegenrede und Widerrede, das den *Simplicissimus Teutsch* mit dem *Trutz=Simplex* und dem *Springinsfeld* verbindet, wird also in der *Iustina Dietzin Picara* präfiguriert. Und wie bei der

Courasche geht der Wortwechsel auch im Falle ihrer Kollegin zu Lasten der Frau, die sich in ihrer Schelmenbeichte schamlos entblößt.

Die Dialogisierung der narrativen Welterzeugung durch die Einschaltung diverser Binnenerzähler sowie durch den Erzählerkommentar ist in der *Iustina Dietzin Picara* wichtiger als der pseudoautobiographische Erzählstrang, den der Leser in diesem Roman immer wieder aus dem Auge verliert, weil sein paraenzyklopädischer Erzählstrang zu einer regelrechten Materialschlacht ausufert. Das liegt zum Teil an Barrezzo Barezzi, dem italienischen Übersetzer, der Justinas Geschichte in seiner *Vita della Picara Guistina Diez* (1615) um zahlreiche Anekdoten und Novellen erweitert hatte, die der deutsche Übersetzer übernahm. Das berühmte Bonmot Josephs von Eichendorffs, demzufolge Barockromane »toll gewordene Realenzyklopädien« seien (Eichendorff, 1958, S. 102), trifft auf die *Iustina Dietzin Picara* gewiß zu. Einzelne Kapitel muten wie Lexikonartikel an – »Von der Schamhafftigkeit/ derselben Eygenschafften/ Würckungen vnnd Affecten« (2. Teil, XVIII. Capitel) –, und dank des ausführlichen Registers findet man leicht alle Stellen, die mit dem erwähnten Exkurs über die Schamhaftigkeit zusammenhängen – Stellen, die jeweils belegen, wie wenig Iustina von dieser Tugend besitzt.

Der dialogischen Bezugnahme der Justina auf den *Guzmán* entsprach bereits bei Úbeda eine parodistische Intention. So wie Alemáns Werk vor dem Hintergrund der christlichen Konfessionen seine pikareske Kontur gewinnt, lebt die Geschichte der Pícara von ihrem Kontrast zu den hagiographischen Werken, auf die die Ich-Erzählerin wiederholt anspielt. So verweist der Name der Schelmin zugleich auf eine Heilige und auf die Allegorie der Gerechtigkeit, zu der die Selbstsüchtigkeit der Titelheldin in offensichtlichem Gegensatz steht. Ihre Odyssee ist allerdings nicht nur eine Travestie der in den Heiligenlegenden geschilderten Pilgerfahrt, sondern auch eine burleske Version der pikaresken Lebensreise, also ein Beispiel für die von Wicks registrierte Tendenz der novela picaresca zur gattungsimmanenten Parodie. Die karnevalesken Elemente sind zwar nicht so ausgeprägt wie im *Buscón*, sie haben aber eine ähnliche Funktion, da die Pikara in einem grotesken Mummenschanz entführt und in einem Spott-Tribunal verhört wird.

Die mit der Entwicklung des deutschen Pikaroromans befaßte Forschung hat sich natürlich am stärksten für die thematischen und strukturellen Anregungen interessiert, die Grimmelshausen der in zwei Teilen 1620 und 1627 veröffentlichten *Iustina Dietzin Picara* verdankt. Dabei hat man Übereinstimmungen mit dem zweiten Teil des *Wunderbarlichen Vogelnest*, vor allem aber mit der *Courasche* entdecken können. »Beide Landstörtzerinnen reiten auf Eseln daher, beide sind unfruchtbar und haben die Syphilis, deren Folgen sie mit Kosmetika übertünchen – Sinnbild des Widerspruchs von Sein und Schein – beide nützen um des Profits willen das erotische Interesse der Männer aus, und beide sind Männern in tätlichen Auseinandersetzungen überlegen« (Stadler, 1972, S. 159).

López de Úbeda hatte eine Fortsetzung geplant, in der seine Maulheldin mit dem Guzmán verheiratet werden sollte. Diese Fortsetzung ist ebensowenig erschienen wie der dritte und vierte Teil, den der deutsche Übersetzer ankündigt. Doch der Leser kann sich ohnehin denken, daß die Ehe der beiden pikaresken Gestalten in Zank und Streit bestanden hätte. Noch vor dem zweiten Teil der *Iustina* erschien 1626 allerdings ein dritter Teil des *Landstörtzer Gusman*, der jedoch nicht von Aegidius Albertinus, sondern von Martin Frewdenhold verfaßt worden war. Nur vordergründig bezieht sich der Autor auf Gusmans Entschluß, nach Jerusalem zu pilgern, um fabulierfreudig vermischte Nachrichten aus aller Herren Länder aneinanderzureihen. Erwähnenswert ist diese Fortsetzung vor allem, weil Grimmelshausen seinen Ich-Erzähler nach dem gleichen Muster auf eine Weltreise schickt. Einflußreicher als Frewdenhold war jedoch Johann Michael Moscherosch.

7. Johann Michael Moscherosch: Wunderliche und wahrhafftige Gesichte Philanders von Sittewalt (1640ff)

1640 erschienen zunächst sieben von insgesamt vierzehn Träumen: *Schergen-Teufel*, *Welt-Wesen*, *Venus-Narren*, *Toten-Heer*, *Letztes Gericht*, *Höllen-Kinder* und *Hof-Schule*. Obwohl diese Gesichte im Titelkupfer als ›Visiones De Don Quevedo‹ angekündigt werden, stimmen sie nur zum Teil mit den *Sueños* überein. Das liegt zum einen an der französischen Vorlage Moscheroschs; zum anderen aber auch daran, daß mit Philander von Sittewalt ein Ich-Erzähler und mit dem Expertus Robertus eine Leitfigur eingeführt werden, die mehr persönliches Gewicht als Quevedos Visionär und sein zeitweiliger

Begleiter, ›el desengaño‹, besitzen. 1643 erschien ein zweiter Teil mit vier weiteren Gesichten: *Ala mode Kherauß*, *Hans hinüber Gans herüber*, *Thurnier* und *Weiberlob*, denen ein Jahr später das *Pflaster wider das Podagram* und das *Soldatenleben* folgten, bevor 1650 die sog. *Reformation* das umfangreiche Opus beschloß.

Für die Genese des deutschen Pikaroromans ist entscheidend, daß die *Gesichte Philanders von Sittewalt* die enzyklopädische Tradition der Narrenrevue und Ständesatire, der Moralpredigt und des Totentanzes mit der pseudoautobiographischen Tradition der Visionsliteratur zusammenführen, die aus Ich-Erzählungen besteht, was dazu führt, daß die Hölle auf Erden aus der Sicht einer Figur vermittelt wird, die zwar kein Pikaro, aber auch kein über alle Zweifel und Anfechtungen erhabener Erzähler mehr ist. Philander macht aufgrund seiner Visionen einen gewissen Bewußtseinswandel durch, d. h. er erkennt im Traum seine eigenen Schwächen und Verfehlungen. Auch der Politische Roman kann als eine säkularisierte Variante der Visionsliteratur bezeichnet werden, da das Traumpaar von naivem Visionär und Experten in Christian Weises Figurenkonstellationen wiederkehrt. Allerdings vermitteln die *Gesichte Philanders*, obwohl Moscherosch mit den politischen Theorien seiner Zeit bestens vertraut war, keine praktische Welt-Klugheit; sie sind vielmehr ein moralsatirischer Zerrspiegel aller ›Welt Wesen und Menschen Händel‹, wie es auf dem Titelblatt der Erstausgabe heißt.

Der Schergen-Teufel im ersten Gesicht spricht die für alle Träume grundlegende Einsicht aus, »daß je ein Mensch des andern Teuffel selbst ist/ mehr als die Teuffel selbsten/ homo homini lupus, homo homini Diabolus« (Moscherosch, Reprint 1974, S. 33). Diese Einsicht wird von Philander und anderen Figuren immer wieder bekräftigt, denn: »Deß Menschen Leben ist ein ewiger Streit und Krieg wider sich selbsten« (Moscherosch, Reprint 1974, S. 296). Mit diesem Zitat ist angedeutet, daß Moscheroschs Kritik weniger auf den Antagonismus der Gesellschaft als auf die menschliche Natur abzielt; die zwischenmenschlichen Auseinandersetzungen ergeben sich für ihn aus der moralischen Verirrung des einzelnen, nicht umgekehrt. Es ist der Mensch, in dem der Teufel steckt, nicht die Welt, die so verkehrt eingerichtet ist, daß sie die Menschen zu Fehlverhalten nötigt. Das ist eine im Grunde genommen antipikareske Einstellung, ergibt sich aber folgerichtig aus der religiösen Überzeugung, daß nicht die göttliche

Schöpfung selbst, sondern der Sündenfall der Geschöpfe die Ursache allen Übels ist.

Im Verlauf seines Läuterungsprozeß steht Philander einerseits der Expertus Robertus als Ratgeber zur Seite, andererseits aber auch ein Prozeß bevor, in dem er von sagenhaften ›teutschen‹ Helden für seinen welschen Namen und sein undeutsches Wesen zur Verantwortung gezogen wird. Bei diesem *A la mode Kherauß*, dem ersten Gesicht der zweiten Lieferung, wird deutlich, daß ›teutsch‹ für Moscherosch so viel wie ›ehrlich‹, ›welsch‹ jedoch so viel wie ›unehrlich‹ meint. Die von Moscherosch selbst verfaßten Visionen strotzen von solchen und ähnlichen Idiosynkrasien. An die Stelle des auf Kürze bedachten conceptionistischen Wortwitzes, der Quevedos *Sueños* ausgezeichnet und vor einer humorlosen Verstrickung in die Materie bewahrt hatte, tritt in den *Gesichten Philanders von Sittewalt* eine rhetorische Weitschweifigkeit und Umständlichkeit, die den Leser nicht selten fragen lassen, ob der Aufwand an Worten noch in einem angemessenen Verhältnis zu den kritisierten Lastern steht.

Das Mißverhältnis von Anlaß und Empörung dürfte auf Moscheroschs unausgeglichene, gleichermaßen zum cholerischen Wutanfall wie zur ängstlichen Verzagtheit neigende Persönlichkeit zurückzuführen sein. Jedenfalls zeichnen die Biographen von dem Verfasser der *Gesichte* ein solches Bild. Johann Michael Moscherosch wurde am 7. März 1601 in Willstätt geboren. ›Sittewalt‹ ist ein Anagramm von Willstätt, das in der Nähe von Straßburg liegt, wo Moscherosch seine Schul- und Studienzeit verbrachte, bevor er sich auf die damals übliche Bildungsreise begab, die ihn in die Schweiz und nach Frankreich führte. Philander reist also auf Moscheroschs eigenen Spuren. Walter Ernst Schäfer, der sich wohl am ausführlichsten mit Moscheroschs Leben und Werk beschäftigt hat, gibt in seiner Biographie an, daß dieser auch Sorels *Francion* gekannt und sich später an einer Übersetzung des *Buscón* versucht habe, die allerdings nicht zum Abschluß gelangt sei. Nach seiner Bildungsreise war Moscherosch zunächst als Hauslehrer tätig, zog sich aber bald den Unmut seiner Zöglinge und ihrer Eltern zu, weil er die Schüler verprügelte und bestahl (Schäfer, 1982, S. 78 f). Später übte Moscherosch am Straßburger ›Policey-Gericht‹ die Zensur aus, ein Amt, das mit seiner schriftstellerischen Tätigkeit als satirischer Strafrichter durchaus vereinbar war. Faber du Faur entwirft in seiner kleinen psychoanalytischen Skizze das Bild eines ge-

ängstigten Menschen, dessen Moralpredigten und Tugend-
lehren zugleich Projektion und Kompensation der eigenen
Schwäche gewesen seien; die Rollenverteilung zwischen dem
unsicheren Philander und dem souveränen Expertus Robertus
spiegele Moscheroschs eigene, gespaltene Persönlichkeit wider (Faber du Faur, 1957, S. 233 f).

So plausibel diese Interpretation auch sein mag, Moscheroschs innere Zerrissenheit reflektierte gewiß auch das äußere
Chaos, das er vor allem in seinem *Soldaten-Leben* eindrücklich
beschrieben hat. Moscherosch prangert in diesem 1644 veröffentlichten Text (der leider nicht im Reprint seiner *Gesichte*
enthalten ist), die Unterdrückung der unschuldigen Zivilbe-
völkerung und die schlechte Bezahlung der Söldner an, die
durch die Undankbarkeit der Fürsten zum Stehlen und Plün-
dern genötigt werden. Wie sehr der Krieg die Weltordnung
verkehrt, zeigt das perverse Gebet der Soldaten: »Der ist des
Teuffels, der barmherzig ist, nicht tödtet, nicht alles nimpt,
nicht alles redet, nicht fluchet/ sauffet/ huret.« Grimmelshausen hat das *Soldaten-Leben* zweifellos gekannt und bei
seiner Lektüre wichtige Anregungen für den *Simplicissimus*
erhalten: die Mimesis der Soldaten-Sprache, für die Moscherosch sogar ein eigenes Glossar zusammengestellt hat, und die
spezifische, satirisch-visionäre Art und Weise der Kriegsberichterstattung, die eben nicht mehr aus der glorreichen Perspektive der Heerführer und Sieger, sondern aus der heillosen
Sicht derjenigen erfolgt, die das alltägliche Elend am eigenen
Leibe erfahren. Anders als im *Weiberlob* oder im *Ala mode
Kherauß* besteht im *Soldaten-Leben* ein angemessenes Verhältnis zwischen ›narratio‹ und ›moralisatio‹: dem infernalischen
Szenarium des Krieges entspricht die diabolischen Form des
satirischen Strafgerichts. Der exorzistische Charakter der zwischen Moral- und Faßnachts-Predigt changierenden Satire
wird auch in der Herleitung des Begriffs deutlich, die Moscherosch in der ›Vorrede zum Andern Theil‹ seiner *Gesichte*
vornimmt:

»so wisse/ das wort Satyrisch komme her vom Lateinischen Satyricus, Satyra, welches [...] eigentlich ist/ Ein Lied/ Eine solche rede; da
man zu genügen alles das frey herauß sagt/ und zu verstehen gibt/
was einem umbs herz ist [...] Satyra hat seinen ursprung von den
Satyris. Satyri waren ein Geschlecht der Heyden Wald-Götter: deß
oberen halben Leibs als Mänschen/ ausserhalb daß sie Hörner und
lange spitze Ohren hatten/ unden zu alß haarichte Geißböcke gestaltet [...] Wer sie geißmänner nennen will/ dem steht es frey; aber

es sind Leibhaffte Teuffel. Solche Satyren oder Heydnischer Wald-
Götter Art war: daß sie jedem Mänschen/ was ihm ubel anstunde/
alle Laster und Untugenden/ ungeschewt under gesicht sagten [...]
Die Heyden vor und zu der Römer zeiten haben solche Satyros/ wie
gesagt/ für Götter gehalten und geehret [...] Solche Orgya Bacchi/
solch Zusammenkunfften und Waldfahrten wurden den Satyren zu
gehorsammen Ehren gehalten; auf welchen sie [...] tag und nacht in
grossem geschrey und fatzerey zubrachten/ schwarmfest und faßnacht hielten/ Einander durch zogen; dahero die Faßnacht alß Fass-
nacht oder Fatznacht ihren ursprung und Namen bekommen« (Moscherosch, Reprint 1974, Ander Theil S. 1 ff).

Moscherosch leitet die Genreform-Maske der *Sueños* aus diesem Zusammenhang von Satyre und Faßnacht ab: Quevedo
habe das, was er selbst nicht ungestraft aussprechen durfte,
dem Teufel in den Mund gelegt. Außerdem verweist er darauf,
daß ein satyrisches Ungeheuer auf dem Titelkupfer seiner
eigenen *Gesichte* zu sehen sei. Die Abbildung eines ganz ähnlichen Ungeheuers ziert auch das Titelblatt des *Simplicissimus*.
Grimmelshausen kannte aber auch die *Ars Poetica* des Horaz,
die mit einer grotesken Veranschaulichung der dichterischen
Freiheit bzw. ihrer Übertreibung anhand eines poetischen
Monstrums beginnt:

»Wollte zum Kopf eines Menschen ein Maler den Hals eines Pferdes
fügen und Gliedmaßen, von überall her zusammengelesen, mit bun-
tem Gefieder bekleiden, so daß als Fisch von häßlicher Schwärze
endet das oben so reizende Weib: könntet ihr da wohl, sobald man
euch zur Besichtigung zuließ, euch das Lachen verbeißen. Freunde?
Glaubt mir [...], solchem Gemälde wäre ein Buch ganz ähnlich, in
dem man Gebilde, so nichtig wie Träume von Kranken, erdichtet, so
daß nicht Fuß und nicht Kopf derselben Gestalt zugehören« (Horaz,
1984, S. 5).

Zwar wendet sich Horaz in seiner *Ars Poetica* gerade gegen
eine solche Überlastung der Einbildungskraft durch die Komposition allzu heterogener Elemente, aber Moscheroschs
Phantasmagorien und Grimmelshausens Juxtaposition von
empirisch fundierten und grotesken Ereignissen lassen sich
wie die Titelkupfer ihrer Werke ohne weiteres auf dieses Zitat
beziehen.

V. Grimmelshausens Simplicianische Schriften

Als Johann Jacob Christoph von Grimmelshausen am 17. März 1621 in Gelnhausen geboren wurde, war noch nicht abzusehen, daß der Böhmisch-Pfälzische Krieg, der 1618 mit einer protestantischen Revolte gegen die Herrschaft der katholischen Habsburger begonnen hatte, lediglich der Anfang eines dreißigjährigen Mordens und Plünderns sein sollte. Grimmelshausen, der nach dem frühen Tod seines Vaters vom Großvater erzogen worden war, wurde erst 1634 in die Kriegshandlungen verwickelt, als kaiserliche Truppen Gelnhausen überfielen und brandschatzten; die Bewohner flüchteten in die von schwedischen und hessischen Truppen besetzte Festung Hanau. 1639 wird Grimmelshausen im Regiment des Obersten von Schauenburg als Musketier geführt. Während seiner Zeit als Regimentsschreiber und Kanzleisekretär des Freiherrn von Elter erwirbt er die administrativen Fähigkeiten, die es ihm nach seiner Rückkehr ins zivile Leben ab 1649 gestatten, zuerst als Verwalter für die Reichsfreiherren von Schauenburg und dann in ähnlicher Stellung für den Straßburger Arzt Johann Küffer zu arbeiten. 1667 wird Grimmelshausen Schultheiß in Renchen; er stirbt dort am 17. September 1676, ein Jahr, nachdem mit dem zweiten Teil des *Wunderbarlichen Vogelnests* das zehnte und letzte Buch seines Simplicianischen Schriftenzyklus erschienen war. Erst in der Vorrede zu diesem Buch hat Grimmelshausen die fünf Bücher des *Abentheuerlichen Simplicissimus Teutsch* von 1668, denen 1669 die *Continuatio des abentheuerlichen Simplicissimi oder Der Schluß desselben* als sechstes Buch gefolgt war, zusammen mit dem *Trutz=Simplex* und dem *Springinsfeld*, die beide 1670 herauskamen, sowie dem *Wunderbarlichen Vogelnest* (1. Teil 1672; 2. Teil 1675) zu einem Zyklus erklärt. Formales Merkmal dieser zehn Bücher ist, daß sie als satirische Ich-Erzählungen verfaßt sind, die unterhalten und belehren wollen (Vgl. Petersen, 1974, S. 487). Hinzu kommen eine Reihe von inhaltlichen Gemeinsamkeiten, die den Eindruck erwecken, die Handlung aller Zyklusteile spiele in einem raumzeitlichen Kontinuum.

1. Der Satyrischer Pilgram (1666/67)

Da Grimmelshausen lediglich zwei seiner Werke, nämlich die höfisch-historischen Romane *Dietwald und Amelinde* sowie *Proximus und Limpida*, unter seinem eigenen Namen erscheinen ließ, war der Verfasser der Simplicianischen Schriften bis ins 19. Jahrhundert hinein unbekannt. Erst 1837 gelang es, die Pseudonyme, hinter denen sich Grimmelshausens Name verbarg, anagrammatisch aufzulösen. Auf dem Titelblatt des *Satyrischen Pilgrams* etwa wird Samuel Greifnson vom Hirschfeld als Verfasser angegeben. Die Vorrede zu diesem noch vor den Simplicianischen Schriften in zwei Teilen 1666 und 1667 veröffentlichten Buch beginnt mit der Selbstvorstellung eines neuen närrischen ›Scribenten‹, dem eine ›Gegenschrifft des Authors‹ und schließlich auch noch eine ›Anrede des Lesers‹ folgt. Dieser Dreischritt dient als Hinführung zum eigentlichen Text, der ebenfalls triadisch aufgebaut ist:

»Im Ersten Satz wird erzehlet eines Wesens Lob/ Güthe/ Nutz/ Ehr/ Nothwendigeit/ Tugend und was des guten Dinges mehr ist; Im andern Stück oder Gegensatz erzehle ich eben desselbigen Wesens Schädlichkeit/ Laster/ Mißbrauch und alles schlimm übel so ihme anhängt und mir zu Gedächtnis kommen; Im dritten Stück oder Nachklang sage ich meine Unmäßliche Meinung auch dazu/ In allen dreyen aber thue ich alles mit dem Intent/ daß sich der Christliche Leser des guten gebrauchen: und des bösen eußern möge« (An den Leser).

Die Aufteilung der literarischen Rede auf drei Stimmen reflektiert also die dialogische Machart der Erörterung von insgesamt zwanzig problematischen Gegenständen. Das verlangt auch vom Leser eine geistige Beweglichkeit, die weit über das hinaus geht, was ihm in der monologisch verfaßten Traktat- und Erbauungsliteratur zugemutet worden war. Dabei müssen die im Text vorgenommenen Abwägungen nicht nur aufeinander, sondern auch auf die paradoxe Einheit des Werkes bezogen werden, die in seinem Titel zum Ausdruck kommt. Der *Satyrische Pilgram* enthält weder einfach Moralpredigten noch geht er in der Satire auf; er stellt vielmehr die Vorstufe zu jener simplicianischen Schreibweise dar, die komplementäre Lesarten herausfordert. Ein Beispiel mag dies verdeutlichen: Im Fünften Satz des ersten Teils beklagt der Skribent, daß man ohne Geld bloß ein halber Mensch sei, während Reichtum neben dem irdischen Wohlbefinden auch die Erlösung der Seelen vom Fegefeuer befördere. Noch bevor der Autor den

Gegensatz vorstellt, muß der Leser diese Aussage des vergleichsweise naiven Skribenten im Bewußtsein der satirischen Textintention in ironische Anführungszeichen setzen. Umgekehrt steht die Lektüre des nachfolgenden Gegensatzes, in dem Geld als ein Werkzeug des Teufels hingestellt wird, das beim Tode Sinn und Wert verliert, unter dem Eindruck des voranstehenden Satzes. Im Nachklang schließlich folgert der Satyrische Pilgram, daß man bei der Beurteilung des Geldes zwischen Besitz und Gebrauch unterscheiden müsse: »Das Geld ist an ihme selber nicht böß/ aber dessen Mißbrauch ist schädlich; Reich seyn ist an Ihm selbst kein Sünde/ aber die Reichtumb übel anlegen/ ist verdamlich.«

Diese vergleichsweise funktionalistische Sicht kommt dadurch zustande, daß ein Gegenstand aus wechselnden Perspektiven in den Blick genommen und aspektbezogen bewertet wird. Die These, daß diese relationale Betrachtungsweise ein Indiz für Grimmelshausens modernes Bewußtsein sei, ist in der Forschung allerdings umstritten. »Die im *Satyrischen Pilgram* gewählte Darstellungsart kann gerade nicht als Ausdruck der Modernität des Autors gedeutet werden; sie belegt vielmehr das Gegenteil davon: Der Autor fühlt sich noch ganz der biblisch-asketischen Tradition verpflichtet, der er gerecht zu werden versucht – allerdings auf eine problematische, und – folgenreiche Weise« (Stadler, 1980, S. 98). Die Gegenthese lautet: »Mit der Aufkündigung der Antinomie des kognitiv Wahren und Falschen bzw. des moralisch Guten und Bösen nehmen Grimmelshausen und seine Leitfigur, der ›Pilger‹, grundsätzlich Abschied von der einsinnigen, didaktischen Funktion der Satire als ›Strafrede‹« (Kühlmann, 1991, S. 393).

Man ist versucht, diese konträren Auffassungen nach Art des *Satyrischen Pilgrams* mit einem salomonischen Nachklang zu versehen, kommt der Vertreter der ersten Meinung dem Vertreter der Gegenthese doch bereits insofern entgegen, als er selbst von einer problematischen Fortsetzung der Tradition durch Grimmelshausen spricht. In der Tat ist der *Satyrische Pilgram* ein Schwellentext: er zeigt, daß die Welt zu komplex geworden ist, um weiterhin auf binäre Schemata reduziert zu werden. Die empirische Vielfalt der Dinge kann nicht mehr bruchlos auf einen gemeinsamen Nenner gebracht werden, der a priori feststeht; das induktive Verfahren der Urteilsfindung gerät in Konflikt mit der ausschließlich moraltheologischen Deduktion aller Werturteile. Dieser Konflikt wird weder im *Satyrischen Pilgram* noch in den Simplicianischen Schriften ein für alle Mal gelöst; eher verhält es sich so, daß seine Virulenz Grimmelshausen zu immer neuen Versuchen nötigt, Glauben und Lebenserfahrung, Gottesfurcht und Neugier, Weltlust und -frust erzählerisch zu kontrastieren. Daher behält Grimmelshausen auch im *Simplicissimus*, im *Trutz=Simplex* und im *Springinsfeld* die mehrdeutige Stimmenführung bei. Indem er diese Stimmen – anders als noch im *Satyrischen Pilgram* – mit Hilfe von wechselnden Ich-Erzählern personalisiert, verstärkt er den subjektiven Charakter der Weltdarstellung; aus der schon nicht mehr starren Antithetik des *Pilgrams* wird im *Simplicissimus* ein persönlicher Konflikt mit einer dynamischen Entwicklung, der auch den Leser in den Bann zieht.

Bereits der *Satyrische Pilgram* ist also kein objektiver Weltspiegel mehr, er ähnelt eher einem Brennglas, das mehr oder weniger willkürlich ausgewählte Aspekte der Welt einfängt und reflektiert, ohne die perspektivische Streuung der verschiedenen Ansichten über einen bestimmten Gegenstand gänzlich aufzuheben. Der Pilgram liest das, was auf seinem Weg durch die problematische Wirklichkeit liegt, in dem Bewußtsein auf, daß seine Sammlung insofern satyrisch ist, als sie im Vergleich zur göttlichen Zusammenschau aller Dinge lediglich eine ungestalt-groteske, närrisch-verrückte Nebeneinanderstellung einzelner Beobachtungen darstellt. Im *Abentheuerlichen Simplicissimus* zieht Grimmelshausen daraus die poetologische Konsequenz: er setzt nicht nur die einzelnen Abschnitte der Erörterung, sondern den gesamten Text der Erzählung in Anführungszeichen: an die Stelle des Verfassers, der sich einmal als naiver Skribent und einmal als Skeptiker gibt, tritt eine Erzählerfigur, die den Leser sowohl an ihren Lebenserfahrungen als auch an den Schwierigkeiten der Erfahrungsverarbeitung teilnehmen läßt. Nicht nur die Welt, auch ihre unzuverlässige Wahrnehmung oder Darstellung steht nunmehr zur Debatte; so wird der perspektivische Charakter der Mimesis selbst auslegungsrelevant. Indem Grimmelshausen erzählt, wie aus dem naiven Simplicius ein Simplicissimus, ein durchtriebener Selbstdarsteller und Leutbetrüger wird, der seine eigene Geschichte erzählt, fordert er eine skeptische Lektüre des Textes ein.

2. Der Abentheuerliche Simplicissimus Teutsch (1668) & Continuatio des abentheuerlichen Simplicissimi (1669)

Der *Simplicissimus* ist die Lebensbeschreibung eines seltsamen Vaganten. Sie beginnt im Spessart, wo der zunächst namenlose Ich-Erzähler in bäuerlichen Verhältnissen aufwächst. Als sein Wohnort überfallen wird, flieht der tölpelhafte Schafhirt in den Wald. Dort trifft er auf einen alten Einsiedler, der ihn wegen seiner Einfalt Simplicius nennt und versucht, aus dem ungebildeten Tropf einen Christenmenschen zu machen. Als der Einsiedler stirbt, wird Simplicius in Hanau, wohin ihn der Hunger treibt, mit einem karnevalesken Zeremoniell wieder in die menschliche Gesellschaft eingegliedert und in die Rolle eines Hofnarren gedrängt. Da er die Wirklichkeit naseweis an der weltfremden Sicht des Einsiedlers mißt, gibt man ihm den Spitznamen Simplicissimus. Der Hofnarr wird jedoch von feindlichen Soldaten entführt und gelangt nach einigen Abenteuern in die Obhut eines Hofmeisters, der seine unvollkommene Erziehung fortsetzt. Mit Ulrich Hertzbruder, dem Sohn des Hofmeisters, freundet sich Simplicius an; den gerissenen Olivier macht er sich zum Feind. Olivier ist ein radikalisierter Pikaro, ein skrupelloser Machiavellist, der auch vor Kapitalverbrechen nicht zurückschreckt und als Kontrastfigur zu dem redlichen Ulrich dient. Simplicius steht zwischen diesen beiden Gestalten; er ist verführbar, aber nicht wirklich verdorben. Als der Hofmeister stirbt, werden er und Ulrich auseinandergerissen. Zusammen mit Springinsfeld, einem wilden Kumpan, beginnt Simplicius nun, sich auf pikareske Weise durchs Leben zu schlagen. Aus dem ehemals einfältigen Schafhirten wird der berühmt-berüchtigte Jäger von Soest, der sich selbst eine Art Hofnarren, nämlich den verrückten Jupiter hält. Simplicius findet einen Schatz, verliert den Schatz wieder, reist nach Paris, wo er erotische Abenteuer besteht, und kehrt marode nach Deutschland zurück. Erst das grausame Ende Oliviers und die Wiederbegegnung mit dem sterbenskranken Ulrich bringen ihn allmählich zur Besinnung. Zwar bleibt er, wie die Affäre mit der Courasche zeigt, nach wie vor ein gefährdeter Charakter, aber nachdem er in den Mummelsee eingefahren ist und erfahren hat, daß der Einsiedler sein Vater war, beschließt er dessen Beispiel zu folgen und der Welt »Adjeu« zu sagen.

Die *Continuatio* erzählt, warum das Eremitendasein nur von kurzer Dauer ist. Nachdem Simplicius das fabelhafte

Unwesen Baldanders entdeckt und sich mit dem Scheermesser unterhalten hat, wird aus dem Wald- ein Wallbruder, der durch die halbe Welt zieht, dem Leser allerhand Storgen (= Lügen) und Räuberpistolen auf die Nase bindet, und schließlich auf einer Insel landet, von der aus er sein Leben rückblickend beschreibt. Im Anhang zum Roman, in der sogenannten *Relation*, wird erklärt, wie die Lebensbeschreibung des seltsamen Vaganten zur Veröffentlichung gelangt ist. Joan Cornelissen, ein holländischer Schiffskapitän, hat sie von seinem Besuch auf der Kreutz-Insul mitgebracht. Cornelissen schildert den Eindruck, den Simplicius auf ihn gemacht hat, d. h. er konfrontiert den Leser mit einer Beschreibung, die den bisherigen Ich-Erzähler aus einer distanzierten Sicht in den Blick nimmt. Simplicius rückt dadurch in eine exotische Ferne, die der Wirklichkeitsnähe seiner Lebensbeschreibung auffällig widerstreitet. Diese Wirklichkeitsnähe hat Grimmelshausens Roman zu dem wohl bedeutendsten Erzählwerk der deutschsprachigen Barockliteratur gemacht und seinen Wert als zeitgeschichtliches Dokument begründet. Möglich wurde die scheinbar authentische Darstellung realhistorischer Vorgänge, weil sich Grimmelshausen im *Simplicissimus* der Genreform-Maske des Pikaroromans bedient, die bei ihm – anders als im deutschen *Gusman* – satyrische Züge trägt.

Daher wird der Satyr, der bereits den Titelkupfer des *Pilgram* zierte, für das Titelblatt des neuen Romans übernommen. Daß der *Simplicissimus* in der Nachfolge des vorangegangenen Werkes steht, wird am Schluß des *Satyrischen Pilgram* ausdrücklich gesagt, heißt es im allerletzten Nachklang zum Thema Krieg doch: »Ich gestehe gern/ daß ich den hundersten Theil nicht erzehlet/ was Krieg vor ein erschreckliches und grausames Monstrum seye/ dann solches erfordert mehr als ein gantz Buch Papier/ so aber in diesem kurtzen Werklein nicht wohl einzubringen wäre/ Mein Simplicissimus wird dem günstigen Leser mit einer andern und zwar lustigern Manier viel Particularitäten von ihm erzehlen ...«

Die lustigere Manier ergibt sich aus der pikaresken Erzählanlage des neuen Romans, die in ihrer Offenheit gegenüber allem möglichen empirischen Material allein geeignet war, die Partikularitäten der Kriegswirklichkeit angemessen zu erfassen. Simplicissimus ist von Anfang an dem Kriegstreiben unterworfen, er ist im wortwörtlichen Sinn des Wortes ein Subjekt (sub-jectum), ein der Gewalt der Ereignisse unterworfener Erzähler, dessen marginale Optik den Verzicht auf objektive Welt- und Selbstdarstellung einschließt. Die erzähltechnische Lösung des Komplexitätsproblems durch die Übernahme der schelmischen Genreform-Maske schloß gleichzeitig die Einnahme eines dem dargestellten Geschehen moralisch überlegenen Standpunktes durch den Ich-Erzähler aus. Schon Moscherosch hatte ja den erhobenen Zeigefinger des Predigers durch das demütig gesenkte Haupt eines Menschen ersetzt, der für seine satirischen Visionen nichts kann und die eigene moralische Unzulänglichkeit im Gespräch mit dem Expertus Robertus zugeben muß. Gerade aufgrund seiner menschlichen Schwächen war Philander ein glaubwürdiges Medium. Der Satyr auf dem Titelkupfer des *Simplicissimus*, zu dessen Füßen mehrere Gesichts-Larven liegen, hat zwar die Hand erhoben, spreizt aber mit einem sibyllinischen Grinsen die Finger in auseinanderstrebende Richtungen. Man kann darin ein Signum für die moralische Wegewahl zwischen dem Guten und Bösen, aber auch eine obszöne Geste der Verhöhnung sehen, war dieses Handzeichen den Zeitgenossen Grimmelshausens doch als ›Eselsohren‹ oder ›Hörner aufsetzen‹ bekannt. Die Haltung der Finger ist also doppeldeutig; sie stimmt mit der Zweideutigkeit des Satyrs überein, dessen grotesker Leib die Zwiespältigkeit der menschlichen Natur veranschaulicht: einerseits soll der Mensch Gottes Ebenbild sein; andererseits ist er animalischen Trieben unterworfen (Schäfer, 1972, S. 224). Darüber hinaus kann man im Titelkupfer eine Vorausdeutung auf den karnevalesken Mummenschanz der Hanauer Narreninitiation sehen, in deren Verlauf Grimmelshausens Erzähler ein Kalbsfell über die Ohren gezogen bekommt und selbst zu einer Art Satyr mutiert. Halb Mensch, halb Tier ist er fortan immer zugleich Simplicius und Simplicissimus. In den folgenden Zyklusteilen wird aus dem Schalksnarr dann ein ›Gauckel-Prediger‹. Das ist gewissermaßen die geläuterte Form des Leutbetrügers, der Simplicius Simplicissimus vor seiner Bekehrung war.

Insgesamt kann man den simplicianischen Lebenslauf auf das Modell der Metamorphose beziehen, denn er wird nach Krisenmomenten gegliedert, die signifikante Brüche in der Persönlichkeit des Helden darstellen. Erst in der durch die retrospektive Sicht des Ich-Erzählers bestimmten Vorstellung des Lesers ergibt sich aus der Zusammenschau dieser Krisenmomente das Bild einer keineswegs zufälligen Entwicklung. Dabei werden die Krisenmomente der biographischen Metamorphose in aller Regel durch einen Kostümwechsel des

Helden veranschaulicht. Zunächst erscheint Simplicius in der Tracht eines Bauern und Schafhirten, dann kleidet er sich nach dem Vorbild des Einsiedlers; in Hanau steckt man ihn ins Narrenkostüm. Nachdem Simplicius vorübergehend in Frauengewänder geschlüpft ist, trägt er den grünen Rock des Jägers von Soest. Paris erlebt er vor allem im Adamskostüm. Als Marodebruder sieht er heruntergekommen aus; als Badegast putzt er sich heraus. Schließlich erhält er einen Pilger-Habit, bevor in der *Continuatio* die Verwandlung des immer gleichen Kleides an die Stelle des Kleiderwechsels tritt (Heselhaus, 1963, S. 52; Müller, 1970, S. 35). Jede Kostümierung hat einen symbolischen Sinn, bei dem man zwischen Selbst- und Fremdreferenz unterscheiden kann. Als Beispiel mag das Narrenkostüm dienen, das zugleich auf die Schlüsselszene der Initiation, die Einführung des Helden in eine verkehrte Welt verweist:

Für die Hanauer Gesellschaft symbolisiert Simplicius einen Narren (Fremdreferenz); folgerichtig bezeichnet man ihn als Simplicissimus. Der Hofnarr selbst weiß jedoch sehr wohl zwischen Maske und Person zu differenzieren: nach außen hin spielt er die ihm abverlangte Rolle, unterläuft diese Fremdbestimmung jedoch durch die Distanz, die er innerlich zu ihr wahrt. Nur zum Teil wird er daher in das närrische Treiben hineingezogen und sich selbst entfremdet; hinter der schützenden Maskerade bleibt er ein unbestechlicher Beobachter (Selbstreferenz) der ihrerseits närrischen Gesellschaft.

Die karnevaleske Initiation des Helden in die verkehrte Welt hat, abgesehen von ihrer handlungsimmanenten Bedeutung, eine kognitive Funktion. Sie dient dazu, den Leser in eine systemische Betrachtungsweise einzuführen und auf die Reversibilität der Auffassungsperspektiven hinzuweisen: Zunächst einmal zeigt die Narrenverwandlung, welche Gewalt die Gesellschaft über den einzelnen besitzt; die subversive Macht, die der Hofnarr seiner Rolle abgewinnt, zeigt umgekehrt, wie bewußt er mit seiner Umwelt interagiert. Initiation und Rollenspiel sind damit als dialektische Handlungseinheiten ausgewiesen – als (Re-)Aktionen, die ihrerseits Reaktionen provozieren. Simplicius abweichendes Verhalten fordert die Gesellschaft heraus; seine Possen und Streiche wiederum sind nur vor dem Hintergrund des närrischen Gesellschaftsspiels zu verstehen. Erst dieser systemische Charakter der Handlungsführung ermöglicht es Grimmelshausen, seinen Schalksnarr nach dem Vorbild des Eulenspiegel agieren zu lassen, der die allseits verkehrten Verhältnisse mittels Worten auf den Kopf, also richtigstellt. Das Rollenverhalten des Helden, der zugleich Mit- und Gegenspieler der Gesellschaft ist, kann und soll vom Leser aber auch auf das Erzählverhalten des Protagonisten bezogen werden. Offenbar hat er es mit einem erfahrenen, durchtriebenen Verwandlungskünstler zu tun, der gelernt hat, seinem Publikum etwas vorzugaukeln. Im Grunde genommen gibt es überhaupt keine Garantie dafür, daß nicht die gesamte Ich-Erzählung des Simplicius Simplicissimus eine Faßnacht-Predigt ist.

Jedenfalls ist bei einem Erzähler, der sich mehrfach damit rühmt, ein Aufschneider zu sein, Vorsicht geboten. Bei einer sorgfältigen Lektüre gibt nicht nur die Janusköpfigkeit des vermeintlich einfältigen Simplicius Simplicissimus zu denken. Auch die Machart des Textes weist eine Reihe von bemerkenswerten Unstimmigkeiten und Stilbrüchen auf, die weder auf bloßem Zufall noch auf künstlerischem Mißgeschick beruhen können. Zu diesen Unstimmigkeiten gehört, daß das letzte Kapitel des fünften Buches, mit dem der *Abenteuerliche Simplicissimus Teutsch* zunächst endet, bis auf den allerletzten Absatz ein seitenlanges Zitat aus Antonio de Guevaras *Contemptus Vitae Aulicae*, einer Kritik des Hoflebens, ist, die Aegidius Albertinus 1588 ins Deutsche übersetzt hatte. Genau genommen verkündet also nicht der simplicianische Ich-Erzähler, sondern eine fremde Stimme das »Adjeu Welt«. Bis zu diesem Zeitpunkt hat es Grimmelshausen überzeugend verstanden, die Lebenserfahrungen seines Titelhelden selbst dort, wo er auf literarische Quellen zurückgriff, als authentisch auszugeben und in den realhistorischen Zusammenhang des Dreißigjährigen Krieges einzubetten. Jetzt, am Ende der Erzählung, verstößt er mit einem Zitat, das eine dezidiert ahistorische Sicht der Dinge verrät, offenkundig gegen diese ›rhetoric of dissimulation‹. »Das rhetorisch Aufgesetzte des Stils verleiht dem Romanschluß etwas Uneigentliches, ja man gewinnt den Eindruck, als veranstalte Grimmelshausen mit Hilfe einer erborgten Partitur ein Pseudofinale« (Busch, 1988, S. 55). Nun könnte die geliehene Rede einfach eine Verlegenheitslösung sein, die sich damit erklären ließe, daß Grimmelshausen noch nicht wagt, Schlußfolgerungen aus der fiktiven Geschichte seines Helden und aus der faktischen Historie zu ziehen, die nicht durch die Tradition gedeckt sind. Von der 1669 nachgeschobenen *Continuatio* aus betrachtet, gewinnt das Pseudofinale jedoch eine andere Bedeutung: die Fortsetzung des Romans zeigt nämlich, daß Simplicius Einsiedelei auf dem Mooskopf eine bloße Attitüde war. Die Uneigentlichkeit der Weltabsage – ihr Zitatcharakter – ist also durchaus auslegungsrelevant: der Eremit ist eine weitere Rolle, die der Ich-Erzähler in seinem Leben übernimmt; er hat sich auf das »Adjeu-Welt« wie ein Schauspieler kapriziert, der eine neue Rolle einübt.

Nimmt man die zehn Bücher des simplicianischen Zyklus und die anderen Schriften, in denen Simplicissimus erneut auftaucht, zusammen, so zeigt sich, daß Grimmelshausens Held nicht nur eine, sondern viele Sinneswandlungen durchmacht (Vgl. Heckman, 1969, S. 880), und daß auch die große *Continuatio* das Schema von Sündenfall und Umkehr, Konversion und Initiation aufnimmt. »Dem Rückzug in die Weltflucht folgt jeweils der neue Aufbruch, der wieder in die Welt hineinführt« (Spriewald, 1978, S. 75). Damit werden die Interpretationen, denen zufolge die Eremitage die übrigen Episoden des Romangeschehens einrahme, hinfällig. Die einsiedlerischen Phasen sind in den Zick-Zack-Kurs der zwischen Weltsucht und Weltflucht hin- und herlaufenden Lebenskurve des Simplicissimus eingegliedert. So steht der Diesseitsbezogenheit der Erzählperspektive und der Beschreibung der weltimmanenten Erfahrungen des Ich-Erzählers in den ersten fünf Büchern zwar die transzendente Sicht des Inselbewohners entgegen, der von jenseits des Meeres auf die verkehrte Welt und die menschliche Gesellschaft blickt, aber Grimmelshausen hat nicht nur die Reversibilität dieser beiden Betrachtungsweisen, sondern auch die relative Künstlichkeit ihrer Polarisierung deutlich gemacht, indem er das utopische Insel-Exil in der *Relation* als fiktionale Hilfskonstruktion der narrativen Welterzeugung markiert. Wurde zunächst die Welt von einem gleichsam archimedischen Punkt aus rekonstruiert, so wird diese Erzählanlage nun einer Dekonstruktion unterzogen. »Nicht länger soll [der Leser] die Geschichte des Simplicius als authentischen Erlebnisbericht betrachten« (Gersch, 1973, S. 34); vielmehr soll er sie einer Allegorese unterziehen.

Die in der Forschung umstrittene Frage lautet, ob es dabei um eine spirituelle Auslegung des Textes oder um deren Relativierung geht. H. Gersch und andere verweisen auf das Gleichnis von den Pflaumen, das in der *Relation* erzählt wird. Der Leser solle nicht nur das süße Fleisch der Frucht bzw. die unterhaltsame Verpackung der simplicianischen Geschichte genießen, sondern bis zum bitteren Kern (des Textes) vordringen und Simplicius Weltabsage ernst nehmen. J. Heckman und andere meinen dagegen, daß die Auflösung der autobiographischen Fiktion durch die *Relation* Simplicius Tätigkeit als Selbst- und Weltdarsteller problematisiere: »that the collapse is set within the structure of the novel« (Heckman, 1969, S. 888), verleihe dem Text eine autoreflexive Dimension. Indem der bloß metaphorische bzw. fiktionale Status des Insel-Exils explizit gemacht werde, werde auch das moralische Urteil über die Welt, das die Einsiedelei impliziere, relativiert. »By placing another center alongside the religious center of the book Grimmelshausen has implicitly reduced the importance of that center« (Heckman, 1969, S. 888f). An die Stelle einer zentripetalen Konzentration auf den allegorischen Kern der Geschichte tritt, so gesehen, zwar keine zentrifugale Sinndispersion, aber doch eine Juxtaposition komplementärer Lesarten. »Immer referiert das allegorische Zeichen auf ein anderes Zeichen, oft auf ein ›falsches‹ oder ›trügerisches‹, wodurch ihm die es stabilisierende semantische Legitimation entzogen wird – es ist ›bald so und bald anders‹« (Schmitt, 1993, S. 75), wie das fabelhafte Ungeheuer gleichen Namens, das Simplicius Simplicissimus trifft.

In der Tat unterläuft Baldanders die retrospektive Erzählanlage des Romans, wenn er dem Ich-Erzähler (und dem Leser) in verschlüsselter Form zu bedenken gibt: »Magst dir selbst einbilden wie es einem jeden ding ergangen, hernach einen discurs daraus formirn; und davon glauben was der warheit ähnlich ist, so hastu was dein närrischer Vorwitz begehret.« Damit ist die gesamte Weltdeutung und Selbstfindung des Ich-Erzählers in Frage gestellt. Daß die heilsgeschichtliche Perspektive, die das Insel-Exil angeblich aufzeigt, ausgerechnet von einer allegorischen Gestalt als bloßes Diskurs-Ereignis entlarvt wird, unterstreicht, daß Grimmelshausen den ›sensus duplex‹ der Allegorie zumindest im *Simplicissimus* dem ›stylus satyricus‹ untergeordnet hat: die Reversibilität der Auffassungsperspektiven, die Simplicius Rollenspiel und Erzählverhalten seit der Hanauer Narreninitiation bestimmt hatte, bleibt auch in der *Continuatio* erhalten. Das Bild, das der Ich-Erzähler als Hagiograph in eigener Sache von sich erzeugt, weist ihn nur scheinbar als Heiligen aus. Jedenfalls ist der Akt der Erzeugung mindestens ebenso wichtig und interpretationsbedürftig wie das Legendäre der simplicianischen Erscheinung, auf das sich diejenigen stützen, die in Simplicius keinen Simplicissimus, sondern einen Heiligen Simplician sehen wollen, der dem Leser am Schluß seiner komplizierten Geschichte eine zwar verschlüsselte, aber letztendlich simple Moral verkündet.

Demgegenüber gilt es festzuhalten, daß Grimmelshausen seinen Ich-Erzähler, wie im Schelmenroman üblich, zugleich zur Selbst- und Weltdarstellung ermächtigt und der Unzuverlässigkeit verdächtigt hat. Einerseits ist er bemüht, die Entwicklung seines Helden vom Akteur zum Autor der eigenen Geschichte glaubwürdig zu machen, indem er Simplicius mit literarischen Kompetenzen ausstattet; andererseits weckt das durchtriebene Rollenspiel des Simplicissimus Zweifel an der Glaubwürdigkeit des Autobiographen: »the reader is dealing with a trained story-teller and performer« (Riggan, 1975, S. 182), »whose conscious lies, whose literary games and whose self-deception make him a most unreliable witness« (Aylett, 1989, S. 162). Wenn aber der Erzähler nicht anders als der Schelm simuliert und dissimuliert, dann wird auch die Bekehrung, die doch Teil der erzählten Geschichte ist, zu einer dubiosen Angelegenheit. »Beneath the breast of the convert there still beats the heart of the pícaro« (Riggan, 1981, S. 61).

Der Dualismus von Weltsucht und Weltflucht wird bei Grimmelshausen aber nicht nur durch Simplicius' Verhalten, sondern auch durch den Stil der Erzählung in Frage gestellt: die Freude am sinnlichen Detail und die empirische Orientierung des Erzählers widerstreben dem asketischen Ideal ebenso wie dem aufgesetzt wirkenden Guevara-Zitat. Hinzu kommen die Fiktionssignale, die vor allem die Darstellung des Insel-Exils in der *Continuato* begleiten. Zunächst einmal wird die Dissoziation in erzähltes und erzählendes Ich, die der retrospektiven Erzählanlage eigen ist, durch eine raumzeitliche Kluft verstärkt. Diese Kluft ist nicht nur ein Hinweis auf die soziale Abgeschiedenheit des Ich-Erzählers; sie unterstreicht vielmehr die Zäsur, die den Erfahrungserwerb des erzählten Ich von der nachträglichen Erfahrungsverarbeitung durch das erzählende Ich trennt.

Dieser mehr formalen Relativierung entspricht eine inhaltliche Kritik an dem Einsiedler-Dasein, das der Held führt. Schon auf dem Mooskopf hatte Simplicius sich selbst gefragt, ob sein Eremitentum nicht eine nutzlose Angelegenheit sei: »ists nicht besser du dienest deinen Neben=Menschen und sie dir hingegen hinwiederumb/ als daß du hier ohn alle Leutseeligkeit in der Einsambe sitzest wie ein Nacht=Eul? bist du nicht ein todtes Glied deß Menschlichen Geschlechts, wann du hier verharrest?« (Grimmelshausen, 1967, S. 409). Die gleiche Kritik kann man am Insel-Exil üben. Die *Relation* jedenfalls macht deutlich, »daß Gottesdienst ohne soziale Funktion, ohne Dienst am ›Nebenmenschen‹ nur einen sehr privaten Sinn hat« (Triefenbach, 1979, S. 226). Ist schon die Übergabe seiner Aufzeichnungen an Jean Cornelissen zum Zwecke der Veröffentlichung ein gesellschaftsbezogener Akt, so zeigt die Rückkehr des Einsiedlers in die Menschenwelt, die im *Springinsfeld* vorausgesetzt und in der zweiten der drei kleineren Continuationen beschrieben wird, daß Simplicius Simplicissimus eine widersprüchliche Figur bleibt, die, solange sie lebt, dem Komplementaritätsprinzip Tribut zollen muß. Der heterodoxe, einer eindimensionalen Interpretation wiederstreitende Charakter von Grimmelshausens Roman läßt sich also aus der inneren Widersprüchlichkeit der Eremitage ableiten. Sie hat aber auch literarhistorische Gründe, die auf die Textgenese verweisen.

Manfred Koschlig hat, ausgehend von der ersten Erwähnung des *Francion* im *Satyrischen Pilgram*, die Einwirkungen dieses 1662 erstmals ins Deutsche übersetzten Romans auf den *Simplicissimus* benannt. Danach stammen sowohl die Figur des Olivier und des Jupiter als auch die Anregungen für den Pariser Aufenthalt des Simplicius von Sorel. Mehr noch: die Lektüre des *Francion* erkläre den Übergang vom diskursiven Stil des *Satyrischen Pilgram* zur simplicianischen Weise der narrativen Welterzeugung (Koschlig, 1957). Sorel selbst hatte von der novela picaresca zwar den Ich-Erzähler, aber nicht seine marginale und einseitige Weltsicht übernommen. Francion ist ein weltgewandter Libertin, der seine frivolen Abenteuer einem gleichgesinnten Edelmann erzählt. Diese Abenteuer haben ihn durch alle Gesellschaftskreise geführt und zu wechselnden, auf das jeweilige Milieu abgestimmten, fröhlich-burlesken Rollenspielen veranlaßt. Damit hatte Sorel nicht nur die existentielle Not des Pikaro und seine soziale Randstellung, sondern auch die einseitige Fokussierung der Schattenseiten des menschlichen Lebens überwunden. Obwohl Grimmelshausens Titelheld in vielfacher Hinsicht ein halber Außenseiter ist und im Gegensatz zu Francion in eine mit der moralischen Zwickmühle des Pikaro vergleichbare Lage gerät, hat sich doch einiges von der Weltfülle und Lebensfreude des französischen Romans auf den *Simplicissimus* übertragen. Man kann Grimmelshausens Werk geradezu als eine Kreuzung aus der deutschen Spielart des Pikarorromans und Sorels Verwandlung der novela picaresca sehen: das Thema der Bekehrung, der ethische Konflikt des Ich-Erzählers und Simplicius pikareske Karriere können nicht aus dem *Francion* übernommen sein; wohl aber die Aufwertung der ästhetischen Weltbetrachtung gegenüber einer ausschließlich religiösen Sicht der Dinge. Weder im deutschen Pikaroroman noch bei Sorel war jedoch die spezifische Reversibilität der Auffassungsperspektiven ausgebildet, die den *Simplicissimus* ebenso wie die novela picaresca auszeichnet. Sie ist von Grimmelshausen auf der Basis des ambivalenten Narrenbegriffs entwickelt worden, der sich bei ihm so mit der Genreform-Maske des unzuverlässigen Ich-Erzählers verbindet, daß die simplicianische Art der narrativen Welterzeugung als kongeniale Wiederentdeckung oder Neuerfindung der pikaresken Erzählweise gelten kann.

Da Grimmelshausen neben der Narrenrevue auch die karnevaleske Tradition der Satire kannte, da er neben den *Gesichten Philanders von Sittewalt* auch den *Goldenen Esel* gelesen hatte, dessen Metamorphosen das literarische Modell einer nach Krisenmomenten interpunktierten Biographie sind, darf man die heterodoxe Machart seines Romans auch auf das Vorbild der menippeischen Satire zurückführen. Die menippeische Satire ist ja nicht nur eine dialogische Textsorte, die von der Travestie philosophischer Ideen, der Parodie literarischer Formen und der Kritik gesellschaftlicher Mißstände, sondern auch von der Uneinheitlichkeit ihrer Gegenstände sowie der Vermischung unterschiedlicher Stile und Sprachen lebt. All dies findet sich auch im *Simplicissimus.* Bereits zu Beginn wendet Grimmelshausen die hochgestochene Barockrhetorik ausgerechnet bei der Beschreibung des bäuerlichen Lebens, also auf ein niedriges Milieu an. Die Diskrepanz zwischen dem Gegenstand und der Art und Weise seiner Beschreibung ironisiert die gemeinen Leute, die sich für vornehme Herren halten und nach Adelsmanier kleiden, und verbindet diese Kritik der Hoffart mit der Kritik der Affektationen am Hanauer Hof, die später folgt. Die skatologischen Possen und die karnevalesken Riten, die immer auch Hinweise auf die Sexualität und Kreatürlichkeit des Menschen sind, diskreditieren aber nicht nur die Hanauer Edelleute, sondern auch die asketischen Ideale des Einsiedlers. Weder die reale noch die idealistische Verfassung der Welt entgehen im

Simplicissimus der Travestie, die häufig auch eine Parodie literarischer Formen ist. Als Simplicius von seiner adeligen Herkunft erfährt, spielt diese Entdeckung, die im höfisch-heroischen Roman von zentraler Bedeutung ist, faktisch keine Rolle mehr. Zudem trägt die Legende von der hohen Abkunft ausgerechnet sein halbtrunkener Stiefvater im restringierten Kode seiner hessischen Mundart vor (Verweyen, 1990, S. 210). Neben Mundart und Rotwelsch, neben Fluch- und Schimpfwörtern, umgangssprachlichen Redensarten und anderen Belegen für eine derbe Ausdrucksweise finden sich im *Simplicissimus* philosophisch anspruchsvolle Merkverse oder Versatzstücke aus dem Alamode-Jargon. Grimmelshausens Kosmos lebt von der Vielgestaltigkeit und Gegensätzlichkeit der sprachlichen Formen (Busch, 1988, S. 56), er ist wie das Diskursuniversum der Menippeische Satire eine intertextuell verfaßte Arena, in der unterschiedliche Stimmen und Weltversionen aufeinanderprallen.

Die Forschung hat sich lange schwer getan, diese Vielfalt in ihrer irreduziblen Pluralität anzuerkennen. Immer wieder wurden Versuche unternommen, die Komplexität des Romans auf eine schlüssige Interpretation zu reduzieren. Und immer wieder war es eine Variante der Allegorese, die diese Reduktion leisten sollte. ›Allegoria‹ meint ursprünglich eine doppeldeutige Rede, bei der die Worte (noch) etwas anderes meinen, als sie dem Wortlaut nach sagen. Ihren Hintersinn zu erschließen, ist Aufgabe der Allegorese. Im Rahmen der allegorischen Bibelexegese wurde die Lehre vom vierfachen Schriftsinn entwickelt: ›Littera gesta docet, quid credas allegoria, moralis quid agas, quo tendas anagogia‹. (Der Buchstabe lehrt die Taten; was du glauben sollst, die Allegorie; der moralische Sinn, was du tun sollst; wohin du streben sollst, die Anagogie.) Wird diese Auslegungslehre auf profane Texte angewendet, stellt sich die Frage, ob auch sie alle Dimensionen des vierfachen Schriftsinns aufweisen. Dante, dessen *Divina Commedia* als Höhepunkt der allegorischen Dichtung gilt, hat das bestritten. Seiner Meinung nach kann ein von Menschen verfaßtes Werk nicht den heilsgeschichtlichen Sinn beanspruchen, der allein der göttlichen Offenbarung vorbehalten bleibt. Die Reformatoren verwarfen den vierfachen Schriftsinn generell. Gottes Wort weise eine einfache Bedeutung (unus simplex sensus) auf, meinte Luther, der neben dem Evangelium keine weitere schriftliche Glaubensquelle anerkannte. Demgegenüber bestanden die Vertreter der Gegenreformation darauf, daß auch die Schriften der Kirchenväter für den Glauben maßgeblich seien, und daß zumindest theologische Werke einen vierfachen Schriftsinn besitzen können. Der Einsiedler im zweiten Teil von Albertinus *Gusman* ist ein orthodoxer Vertreter der katholischen Tradition: indem er die Geschichte des Schelms moralisch deutet und dem reuigen Sünder empfiehlt, nach Jerusalem zu pilgern, gewinnt er der Historie des Landstörtzer nicht nur einen religiösen Sinn sondern auch eine heilsgeschichtliche Perspektive ab. Während Albertinus gleich selbst die Allegorese unmißverständlich ausführt, läßt Grimmelshausen seine Leser im Zweifel darüber, welchen Hintersinn die Lebensbeschreibung seines seltsamen Vaganten besitzt. Was Simplicius tut, und was ihm angetan wird, entzieht sich dem binären Schema von Gut und Böse, weil es systemisch interpretiert werden muß. Der Leser trifft im Text auf keine sakrosankte Instanz, der er vorbehaltlos glauben kann; die utopische Perspektive des Inselexils hat keine stringente heilsgeschichtliche Funktion; die *Relation* schränkt ihren Vorbildcharakter ein.

Eine besondere Form der Allegorese ist die astrologische Deutung des Simplicissimus-Romans, die von Günther Weydt, Klaus Haberkamm u.a. entwickelt worden ist. Sie geht auf die Planetensymbolik der Antike zurück, in der die Sterne mit bestimmten Göttern identifiziert wurden. Da die Götter die Geschicke der Erdenbewohner lenken, verband sich der Mythos mit der magischen Idee, daß die Gestirne das menschliche Schicksal beeinflussen. Die Bewegung der Erde führt dann dazu, daß der Mensch unter wechselnden Einflüssen steht. Diese Einflüsse zu berechnen, ist Aufgabe der Astrologie. Weydt hat bei seiner Interpretation des *Simplicissimus* neben der planetarischen Konstellation auch noch die Temperamentenlehre ins Kalkül gezogen. Das Ergebnis seiner Untersuchungen lautet: »Der Held Simplicius steht von Anfang bis Ende unter dem Einfluß der Schicksalsmächte, der Planeten; vom langsamsten und schwersten geht es über die glücksbringenden oder scheinbar glückbringenden bis zu den schnellsten und leichtesten, welche die höchste Vergänglichkeit repräsentieren« (Weydt, 1969, S. 280). Unklar ist, ob Grimmelshausen einfach nur nach einer bestimmten formalen Ordnung, nach einem Kompositionsschema, gesucht hat, oder ob er mit der planetarischen Konstellation einer magischen Weltauffassung Ausdruck verleihen wollte. Weydt hat zwar stets betont, daß seine planetarische Interpretation »keinen Ausschließlichkeitsanspruch erhebt« (Weydt, 1979, S. 79 f), aber offen gelassen, ob und wie sie mit anderen Deutungen zu vereinbaren ist. Auch Haberkamm, der die astrologische Deutung auf andere Teile des simplicianischen Zyklus ausgedehnt hat, betont, »daß das epische Geschehen aus sich selbst völlig verständlich ist. Um so dringlicher erhebt sich die Frage, weswegen der Autor zu der anspruchsvollen ›Metapher‹ einer astralen Stellung greift« (Haberkamm, 1972, S. 13). Haberkamms Deutung neigt allerdings dazu, diese Metapher übermäßig zu strapazieren. Die Fairness gebietet, ihn selbst zu zitieren: »Prinzip der astrologischen Vorstellungswelt ist das ›pars pro toto‹, wonach jeder Teil das Ganze, dem er angehört, nicht nur vertritt, sondern wonach er, im kausalen Sinne, dieses Ganze tatsächlich ist. Der Teil ist das Ganze, das Ganze der Teil [...] Wie innerhalb einer astrologisch konzipierten Erzählung Saturn [...] Gefängnis bedeutet, so bedeutet das Gefängnis Saturn, denn Saturn ist das Gefängnis, das Gefängnis Saturn« (Haberkamm, 1976, S. 358). Grimmelshausens Zeichenpraxis geht aber nicht in der Sterndeutung auf. Man muß daher fragen, ob die astrale Metapher nicht einfach ein funktionaler Teil der ›rhetoric of dissimulation‹ ist. Sie dient der Objektivierung der subjektiven Erlebnisse des Helden, d. h., sie verleiht seiner Vita einen exemplarischen Charakter: wenn die Sterne Simplicius beeinflußt haben, haben sie auch alle anderen beeinflußt, die unter der gleichen Konstellation gelebt haben. Die astrale Metapher unterstreicht also die Repräsentativität der erzählten Geschichte; sie hat eine rhetorische, keine magische Bedeutung.

Überhaupt sollte die Vielzahl der Deutungssysteme, die in der Sekundärliteratur bemüht werden, zu denken geben: weder die planetarische (Weydt, Haberkamm) noch die figuraltypologische (Konopatzki), weder die zahlenmystische (Streller) noch die moraltheologische Auslegung des Romans als einer vorbildlichen Bekehrungsgeschichte (Gutzwiller) können seine Bedeutungsfülle erschöpfen. Vor allem ist keines dieser Deutungssysteme in der Lage, den epistemologischen Krisencharakter des Werkes zu erfassen. Im *Simplicissimus* kommt es zu einer Konfrontation zweier Episteme: Auf der einen Seite stehen die mittelalterlichen, quasiobjektiven Formen der allegorischen Weltauslegung, die metaphysisch deduziert und insofern aperspektivisch konzipiert sind, als es keine Rolle spielt, wer sich unter welchen Umständen der orthodoxen Deutungsschemata bedient; auf der anderen Seite ste-

hen die heterodoxen Formen der neuzeitlichen Weltauslegung, die im 17. Jahrhundert zwar noch keinen subjektivisti-
schen Charakter besitzt, aber doch schon so sehr an der
Empirie ausgerichtet ist, daß sie von der Vielfalt der Partikularitäten nicht mehr einfach absehen kann. Dabei ist jede Auslegung an die hermeneutische Situation des Interpreten gebunden. Vor dem Hintergrund der Unterscheidung zwischen
den zentripetalen und den zentrifugalen Kräften der literarischen Welterzeugung, zeichnet sich so eine paradoxe Stellung
des *Simplicissimus* ab. Gewiß überläßt der Erzähler sich und
den Leser nicht der totalen Sinndispersion. Seiner Satyre fehlt
jedoch die Selbstgewißheit eines moralischen Scharfrichters,
seine poetischen Bilder gehen nicht in der Allegorese auf, die
irreduzible Pluralität des empirischen Materials widerstreitet
einer eindimensionalen Interpretation – insgesamt überwiegt
eine skeptische Haltung sowohl im Hinblick auf die Realität
als auch im Hinblick auf jeden idealistischen Überbau (Vgl.
Gaede 1976, 1989).
Es scheint allerdings, als ob die mehrdeutige Stimmführung
in den weiteren Simplicianischen Schriften immer stärker auktorialen Einflüsterungen unterliegt. Im *Springinsfeld* beispielsweise tritt der ehemalige Storger (= Lügner) und Leutbetrüger
Simplicissimus als zum ›Gauckel-Prediger‹ geläuterter Kom-
mentator der pikaresken Vita des Titelhelden auf. Zwar bewahrt seine ›Gauckeley‹ etwas von der Unzuverlässigkeit des
Ich-Erzählers, aber als Prediger verfügt er doch über eine
gewisse Autorität. Man muß daher von vornherein mit der
Möglichkeit einer sukzessiven Modulation der Genreform-
Maske in den zehn Teilen des simplicianischen Zyklus rechnen. Obwohl in allen Büchern Ich-Erzähler als primäre oder
sekundäre Instanzen der Textvermittlung in Erscheinung treten, bedürfen nicht alle eines Korrektivs, wie es die Komplementärlektüre darstellt, da Grimmelshausen immer mehr von
der implikativen Allegorie zur expliziten Allegorese seiner
Texte überging (Heßelmann, 1988).

3. Trutz=Simplex: Lebensbeschreibung der Courasche (1670)

Der Leser des *Trutz=Simplex* erfährt bereits auf der Titelseite,
daß die *Ausführliche und wunderseltzame Lebensbeschreibung
der Ertzbetrügerin und Landstörtzerin von der Courasche eigner*

Person dem weit und breit bekannten Simplicissimo zum Verdruß und Widerwillen veröffentlicht werde. Damit ist als Ausgangslage des Textes eine dialogische und antagonistische Situation etabliert, die der Vorbericht der fingierten Autobiographie im ersten Kapitel erläutert und auf die Rivalität der Geschlechter bezieht.

Courasche wendet sich immer an ein männliches Publikum. Zunächst reagiert sie auf das allgemeine Gerede einiger Herren; später richtet sie ihre Widerworte direkt an Simplicissimus, dessen Version ihrer gemeinsamen Affäre sie einer perspektivischen Inversion unterzieht; schließlich will sie nur noch mit dem Leser verhandeln, obwohl Simplicius ausdrücklich aufgefordert bleibt, ihr weiter zuzuhören und in die Parade zu fahren, sobald sie lügt (Ende des XXIII.Kapitel). Schon zuvor hat die Ich-Erzählerin durchblicken lassen, daß sie es mit der Wahrheit nicht allzu genau nimmt. Die wiederholten Selbstbezichtigungen, vor allem aber der Umstand, daß der Leser durch die Erzählanlage des Textes dazu gebracht wird, den Widerpart des Simplicissimus zu spielen, der im *Trutz=Simplex* als ›lector in fabula‹ fungiert, veranlassen den Interpreten zu einer Komplementärlektüre: indem er die Geschichte der Ertzbetrügerin gegen den Strich liest und erkennt, daß sie selbst immer wieder betrogen worden ist, wendet er die Reversibilität der Auffassungsperspektiven auf die unzuverlässige Ich-Erzählerin an. Die von ihrer Rachsucht zur schamlosen Selbstentblößung getriebene Landstörtzerin, die mit der Absicht angetreten ist, Simplicissimus einen Schelm zu schelten, gibt ihren liederlich geführten Lebenslauf zu eigner Schand an den Tag. Genau dies erklärt denn auch der Verfasser, wenn er am Ende des Buches die Genreform-Maske absetzt, um Klartext zu reden.

Sollte sich der Leser anschließend dem ebenfalls 1670 veröffentlichten *Springinsfeld* zuwenden, wird er diese Interpretation bestätigt finden. Springinsfeld, der einst unter der Fuchtel der Courasche gestanden hatte, verteufelt seine ehemalige Komplizin und Rivalin als Hure und Hexe. Außerdem widerlegt Simplicissimus die Legende, daß ihm die verprellte Liebhaberin ein Kind untergeschoben habe. Der dialogische Vermittlungsmodus von Rede, Gegenrede und Widerrede verbindet also die ersten acht Bücher der simplicianischen Schriften; die Komplementarität von Darstellung und Gegendarstellung fungiert als intertextuelles Scharnier. Während der *Simplicissimus* mit seiner digressiven Machart und der starken

Akzentuierung der intrapersonalen Konflikte an den *Guzmán de Alfarache* erinnert, ähnelt der *Trutz=Simplex* mit seiner konsequent elliptischen Erzählanlage sowie der Betonung der interpersonalen Auseinandersetzungen dem *Lazarillo de Tormes*. In der ›Zugab‹ des Autors kann man darüber hinaus ein Echo auf die auktorialen Kommentare in der *Iustina Dietzin Picara* sehen, in der die Dialektik von Schelmenbeichte und Schelmenschelte ja ebenfalls ein konstitutives Moment der Figurenrede war.

Es entbehrt nicht der Komik, daß sich die Umkehrbarkeit der Betrachtungsweisen, die in den simplizianischen Schriften vorgeführt wird, auf die Sekundärliteratur zur *Courasche* übertragen hat. Auf der einen Seite finden sich Interpretationen, die mit der im *Springinsfeld* exponierten Sicht der Landstörtzerin als hexenhafter Personifikation der verkehrten Welt weitgehend übereinstimmen; auf der anderen Seite stehen Versuche, die Courasche gegen ihre einseitige Diabolisierung in Schutz zu nehmen. Die hyperbolischen Züge der Courasche, die bezeichnenderweise Hosen trägt, und das Schwank-Motiv der betrogenen Betrügerin, das vor allem bei ihren Eheanbahnungen eine wichtige Rolle spielt, verführen dazu, den *Trutz=Simplex* misogyn zu interpretieren. Die Ich-Erzählerin erscheint dann wie eine Inkarnation der mittelalterlichen Allegorie von der Frau Welt, die von vorne betrachtet verführerisch wirkt, hinterrücks aber von Geschwüren als Ausdruck ihrer Lasterhaftigkeit zerfressen ist. Einige Interpreten, die im *Simplicissimus* einen Bekehrungsroman sehen und glauben, daß der seltsame Vagant in der Nachfolge Christi steht, halten den *Trutz=Simplex* folgerichtig für eine figuraltypologische Darstellung des Anti-Christ (Feldges, 1969, S. 156), des falschen Gottes oder des leibhaftigen Teufels (Arnold, 1969, S. 537; Solbach, 1986, S. 78). In ihrer Eigenschaft als inverse bzw. pervertierte Hagiographie enthalte die Lebensbeschreibung der gewissenlosen Courache die Personifikation der Kriegsfurie, die in der diabolischen Amazone sagenhafte Gestalt annehme. So gesehen unternahm Grimmelshausen im 7. Buch seiner simplicianischen Schriften den Versuch einer implikativen Allegorie (Heßelmann, 1988, S. 279), in der die Vereinigung aller schlechten Eigenschaften der Frau auf eine exemplarische Figur dazu dient, eine Allegorese nach dem vierfachen Schriftsinn zu evozieren. Demnach steht die Ertzbetrügerin und Landstörtzerin – das ist der historische, wortwörtliche Sinn der Courasche – sinnbildlich für Eva, die Urmutter der Sünde; als Verkörperung der janusköpfigen Frau Welt vermittelt sie ex negativo eine moralische Lektion, d.h., sie fordert den Leser zur Weltabkehr auf. Aus diesem Umkehrschluß folgt schließlich auch die heilsgeschichtliche Bedeutung, nicht dem Anti-Christ, sondern Christus zu folgen (Feldges 1969).

In einem bemerkenswerten Aufsatz aus den sechziger Jahren hat John Jacobson eine Verteidigung der Courasche gegen ihre ausschließlich männlichen Interpreten unternommen. Ihm war aufgefallen, »that Courasche, who suffers keenly and repeatedly at the hands of men in Grimmelshausens work, has also been singularly ill-used by literary critics« (Jacobson, 1968, S. 42). Im Gegensatz zu seinen Kollegen, die der Courasche mit vorwiegend mittelalterlichen Deutungs-Methoden zu Leibe gerückt waren, verstand Jacobson Grimmelshausens Roman als »a surprisingly modern study in the psychology of male-female relationsships« (Jacobson, 1968, S. 43). Andere Interpreten haben seine Ansicht bestätigt, daß die Nachstellungen der Männer, unter denen die Courasche zu leiden hat, für das Verständis dieser Figur von enormer Wichtigkeit sind (vgl. Arnold, 1980, S. 91). Am weitesten geht Linda E. Feldman mit ihrer dekonstruktivistischen Lektüre der *Courasche* aus feministischer Sicht. Sie weist darauf hin, daß die mittelalterliche Allegorie der Welt mit ihrer schönen Vorder- und ihrer häßlichen Rückseite ursprünglich geschlechtsneutral war; neben der weiblichen Darstellung der Welt als Frau gab es eine männliche Darstellung des ›mundus perversus‹. Demgegenüber sei der groteske Leib, der im Karneval mit dem Volkskörper identifiziert wurde, eine Allegorie der Natur, der Mutter Erde, aus der die Zivilisation eine Männerwelt gemacht habe. Der von den Männern begehrte Körper der Courasche könne als eine individualisierte Form dieses grotesken Leibes verstanden werden: »as a repository of narcissism, pleasure and anarchy, the grotesque body of Courasche becomes the focus of masculine desire« (Feldman, 1991, S. 73). Die subjektiven Bedürfnisse der Männer machen demnach aus der Courasche ein Objekt der Begierde; die Vergewaltigungen der Picara gelten der Natur selbst. »In her dual role as allegory and as picara, Courasche hybridizes established genre demarcations, which in terms of a genre hierarchy can themselves be valorized as ›high‹ and ›low‹« (Feldman, 1991, S. 80), denn die Courasche überwindet im Krieg die sozialen Grenzen, die einer Frau normalerweise gesetzt sind; als Ich-Erzählerin rebelliert sie gegen die Sprachhoheit der Männer, die von Grimmelshausen dann im *Springinsfeld* restauriert wird.

Zu dieser Interpretation paßt, daß die Courasche ihren Namen von einem Mann empfangen hat, und daß sie den Namen Springinsfeld prägt. Dabei stellt ›Courasche‹ eine zweideutige Bezeichnung dar. Zunächst empfindet die Ich-Erzählerin die Titulatur, die einerseits auf ihre Tapferkeit, andererseits aber auch auf ihre sexuelle Hemmungslosigkeit anspielt, als Auszeichnung. Mehr und mehr verwandelt sich der Name jedoch in ein Stigma, das die Gegner der Courasche in ihren Schmähreden als Scheltwort verwenden. Grimmelshausen entwickelt also die Reversibilität der Auffassungsperspektiven aus dem Namen seiner Ich-Erzählerin, der den dialektischen bzw. antagonistischen Charakter ihrer Umwelt-Beziehungen widerspiegelt. »Courasche therefore reflects the ambiguity of the Spanish tradition in a way that Simplicissimus does not« (Whitbourn, 1974, S.xii). Daher muß man sowohl die allegorische Auslegung als auch die These von einer Subversion des männlichen Textes durch die weibliche Ich-Erzählerin relativieren. Da der *Trutz=Simplex* als Rollenprosa verfaßt ist, stellt die Legende von der infernalischen Frau Welt einen Mythos dar, den die Courasche selbst erzeugt, um Simplicissimus zu trotzen. Ob man darin einen Hinweis auf die Scheinheiligkeit des Simplicius oder eine Diskreditierung der Courasche sieht – jede Deutung bleibt an die Umkehrbarkeit der im Text angelegten Auslegungsmöglichkeiten gebunden. Der Leser kann nicht einfach die Genreform-Maske abnehmen, er kann aber auch nicht unberücksichtigt lassen, daß es Grimmelshausen ist, der hinter dieser Maske steckt.

4. Der seltzame Springinsfeld (1670)

In einem Wirtshaus trifft der Schreiber Trommenheim, dem die Courasche ihre Lebensbeschreibung diktiert hat, auf den seine Umwelt an Statur und Intelligenz überragenden Simplicissimus und auf den abgehalfterten Springinsfeld, dem im Krieg ein Bein amputiert worden ist und der nun als ›Stelzvorshaus‹ die traurige Regel »Junge Soldaten, alte Bettler« bestätigt. Im Verlauf des Gesprächs fordert Simplicissimus

Springinsfeld auf, seine Geschichte zu erzählen. Es ist die Geschichte eines verwegenen Haudegen, der in der Courasche seinen Meister gefunden hat. Springinsfeld selbst kann nicht sagen, »ob ich ihr Mann oder ihr Knecht gewesen sey; ich schätze ich war beydes und noch ihr Narr darzu/ und eben deswegen wollte ich lieber die Geschichten/ so sich zwischen mir und ihr verloffen/ verschwigen als offenbahr wissen« (Grimmelshausen, 1969, S. 73). Daraus wird natürlich nichts. Neben Springinsfelds Vita enthält das achte Buch des simplicianischen Schriftenzyklus eine Reihe von poetologischen Aussagen, die in jenem Gespräch zwischen Simplicissimus, Springinsfeld und Trommenheim getroffen werden, das als Rahmenhandlung der Schelmengeschichte dient. Anlaß des Gesprächs ist die ›Gauckel-Tasche‹, die Wundertüte des Simplicissimus.

Das mhd. Wort ›goukeln‹ meint soviel wie Taschenspielerkunststücke und Blendwerke vorführen. Das Zauberbuch, das Simplicissimus in der ›Gauckel-Tasche‹ mit sich führt, hat eine doppelte Funktion. Zum einen dient es seiner eulenspiegelhaften Weissagerkunst. Der Gaukler läßt die Umstehenden in das Buch blasen und zeigt ihnen dann nach Art des Satyrs auf dem Titelkupfer zum *Simplicissimus,* welche geheimen Wünsche und Laster sie haben. Als Zerr- und Spiegelbild der verkehrten Welt erfüllt das Buch also eine moralsatirische Aufgabe. Dieser auf die Umwelt bezogenen Funktion (Fremdreferenz) steht eine zweite auf Grimmelshausens Kunst bezogene Funktion (Selbstreferenz) zur Seite. Simplicissimus behauptet, kein Storger oder Trickbetrüger, sondern ein Künstler zu sein. Das Zauberbuch macht ihn zum ›Gauckel-Prediger‹. Als sinnbildliche, autoreflexive Veranschaulichung der simplicianischen Kunst kann man diese Textpartie wiederum auf den Kontext der zeitgenössischen Romankritik beziehen:

August Buchner hatte in seiner *Anleitung zur deutschen Poeterey* die Schriftsteller, die lediglich lustig-unterhaltend, aber nicht nützlich-belehrend schrieben, zu bloßen Gauklern erklärt (Menhennet, 1975, S. 809). Gotthard Heidegger hatte diese Kritik in seiner *Mythoscopia Romantica* verschärft. Für ihn waren Romane grundsätzlich ›Heidnische Gaugel=Possen‹ (Meid, 1984, S. 43). Mit der ironischen Applikation des Poeten auf einen Gaukler wird aber nicht nur die problematische Dignität der Romanproduktion im 17. Jahrhundert, sondern auch die relative Willkürlichkeit der Romanrezeption anvisiert. Da jeder in Simplicius' Buch etwas anderes entdeckt, veranschaulicht es die Devise: »Viel Köpf, viel Sinn.«

Die Gaukeltasche ist nicht der einzige Zaubergegenstand, der im *Springinsfeld* eine wichtige Rolle spielt. Hinzu kommt das Wunderbarliche Vogelnest, das der ›Stelzvorshaus‹ in einer Astgabel entdeckt. Dieses Vogelnest macht jeden, der es in Händen hält, für seine Umwelt unsichtbar. Als Ding-Symbol und Leitmotiv verbindet es den *Springinsfeld* mit den letzten beiden Büchern der Simplizianischen Schriften. Springinsfeld verliert das Vogelnest an eine junge Leierin, die seine Macht alsbald mißbraucht. Sie wird durch die Magie des Gegenstands zu Ehebruch, Diebstahl und Mord verführt. Bei ihrer Hinrichtung geht das Vogelnest in den Besitz eines Hellebardiers über, der dann als Ich-Erzähler des nachfolgenden neunten Buches fungiert.

5. Das Wunderbarliche Vogelnest (1672/1675)

Bereits in dem 1509 veröffentlichten *Fortunatus*-Roman, den Grimmelshausen zu Beginn des ersten Teils seines *Wunderbarlichen Vogelnests* erwähnt, gab es einen ähnlichen Zaubergegenstand: das Wunschhütlein, von dem Fortunatus einen glücklichen, seine Söhne jedoch einen unglücklichen Gebrauch machten. Seine Wunderwirkung bestand darin, daß es denjenigen, der sich das Hütlein aufs Haupt setzte, im Nu an jeden beliebigen Ort verrückte. Neben dem Wunschhütlein fand Fortunatus auch noch ein Glückssäckel, das ihn nie in Geldmangel gerieten ließ. Man kann Simplicissimus ›Gaukkel-Tasche‹ und das Vogelnest als Ab- und Umwandlungen dieser beiden märchenhaften Utensilien sehen. Zwar entfernt das Vogelnest seinen Besitzer nicht vom Ort des Geschehens, entzieht ihn aber ebenso wie das Wunschhütlein den Blicken und dem Zugriff der Anwesenden. Die ›Gauckel-Tasche‹ sichert Simplicissimus zwar nur ein bescheidenes Auskommen, hebt aber auch ihn, wie Fortunatus, aus der Menge der gewöhnlichen Menschen heraus.

Im Gegensatz zur Vorbesitzerin wendet der neue Ich-Erzähler die Zauberkraft des Vogelnests skrupulös an. Zuweilen nutzt er seine Unsichtbarkeit sogar, um eine ausgleichende Gerechtigkeit zwischen den Menschen herbeizuführen oder als Stimme des Gewissens auf sie einzureden. Gleichwohl bemerkt er selbst, daß er sich damit eine Rolle anmaßt, die ihm nicht zusteht. »Wer bist du? sagte ich zu mir/ der du in diesem Sünden=Schlamm steckest biß über die Ohren/ und wilst andern den Weg zum Himmel weisen; hast du doch noch nicht einmal an deine eigene Bekehrung gedacht? und bist so kühn andere zu lehren/ was du selbst zu deiner Seelen Heyl niemals von Hertzen zu tun unterstanden?« (Grimmelshausen, 1970, S. 125). Das schreckliche Ende der Leierin vor Augen, entschließt sich der Ich-Erzähler, auf seine Macht zu verzichten und das magische Requisit zu zerstören, was ihm jedoch nur zum Teil gelingt. Seine Einzelteile liest der Kaufmann auf, den die Leierin einst bestohlen hatte, und der nun, im zehnten und letzten Band der Simplicianischen Schriften, zum Ich-Erzähler wird. Der Vorbesitzer ging geläutert aus dem Erlebnis seiner eigenen Verführbarkeit und der seiner Mitmenschen hervor. Eine ähnliche Wandlung macht auch der Kaufmann durch, der allerdings erst durch eigenen Schaden klug und dann von einem Priester belehrt wird. Dieser Priester verstreut schließlich die Überbleibsel des Wunderbarlichen Vogelnestes für immer im Rhein.

Das Vogelnest ist also ein moralisch ambivalenter Gegenstand mit Erkenntnisfunktion: er gestattet dem Ich-Erzähler und mit ihm dem Leser die Scheinhaftigkeit der Welt zu durchschauen, indem es sie in die Rolle teilsnahmsloser, unsichtbarer Beobachter versetzt; gleichzeitig stellt das Vogelnest seine Besitzer jedoch vor eine Gewissensentscheidung. Diese kritische Alternative wird durch den Fundort des Vogelnests, die Astgabel, versinnbildlicht. Das Y-Signum diente bereits bei Sebastian Brant, Aegidius Albertinus und Moscherosch als Veranschaulichung einer Wahl zwischen zwei Lebenswegen: der eine führt ins Verderben, der andere verweist den Menschen auf die Nachfolge Christi. Damit der Mensch sich für diesen zweiten Weg entscheiden kann, muß er jedoch um die Schlechtigkeit der Welt wissen. Daraus ergibt sich die paradoxe Situation, daß der Mensch ohne eine gewisse Verstrikkung in die verkehrte Welt nicht erkennen kann, welcher Weg der Pfad der Tugend ist. Der Baum der Erkenntnis ist zugleich der Baum der verlorenen Unschuld. Das Vogelnest gestattet es, dieses Paradox künstlich aufzulösen. Es gewährt Autor und Leser beinahe nach Art des *Diablo Cojuelo* Einblicke in die verkehrte Welt, ohne sie moralisch zu kompromittieren. Mit diesem Trick wird der Text selbst zu einer ›Gauckel-

Predigt‹: das unterhaltsame Blendwerk der phantastischen Geschichte dient der moralischen Belehrung.

Innerhalb der simplizianischen Schriften kommt es durch das magische Requisit zu einer bedeutsamen Transformation der Genreform-Maske und des rezeptionsstrategischen Kalküls: die beiden Vogelnestträger unterziehen die Welt gewissermaßen von sich aus einer Kritik, die ihr eigenes Verhalten einschließt. Während die Lebensbeschreibung der Courasche die Dialektik von Schelmenbeichte und Schelmenschelte noch so entfaltet hatte, daß es Aufgabe des Lesers blieb, der unzuverlässigen Ich-Erzählerin auf die Schliche zu kommen, hatte es im *Springinsfeld* bereits Simplicissimus übernommen, die pikaresken Abenteuer des ›Stelzvorhaus‹ moralisch zu kommentieren. Im ersten Teil des *Vogelnests* wird der Leser nicht mehr mit einem wirklich unzuverlässigen Ich-Erzähler konfrontiert; die gleichsam auktoriale Stimmführung wird aber nur dadurch möglich, daß der Erzähler aus der in sich widersprüchlichen Realität durch das magische Requisit herausgehoben und in einen idealisierten Beobachter verwandelt wird. Wie bei Apuleius und Guevara ist es also ein besonderer, phantastischer Kunstgriff, der die eindeutige Entlarvung der allgemeinen Scheinheiligkeit ermöglicht.

Bezieht man die Entwicklung, welche die Erzählperspektive innerhalb der simplizianischen Schriften durchläuft, auf Bachtins Unterscheidung zwischen monologischen und dialogischen Textsorten, so stellt man eine zunehmende Zurückdrängung der zentrifugalen Schreibkräfte fest. Immer deutlicher gibt der Verfasser kund, wie er die Doppeldeutigkeit des Erzählten aufgehoben wissen möchte. Zwar hat es der Leser auch im letzten Buch der Simplizianischen Schriften noch mit einem Ich-Erzähler zu tun, aber dessen Geschichte ist dem zentralen Anliegen, das der Autor in seiner Vorrede expressis verbis erläutert, eindeutig untergeordnet. Bezeichnenderweise nennt Grimmelshausen die simplicianischen Schriften in dieser Vorrede »Traktätlein«, was seine moralpädagogischen Absichten unterstreicht. Aus dem Satyrischen Pilgram, der die Welt als eigengesetzlichen Bedeutungsraum entdeckt hatte, ist ein Gauckel-Prediger geworden, der seine moralischen und religiösen Vorurteile mit den Mitteln der Erzählkunst exekutiert.

Das zeigt auch der 1672 veröffentlichte Traktat *Die Verkehrte Welt*, der nicht zu den simplicianischen Schriften zählt, aber seiner Intention und Struktur nach in enger Beziehung zum *Wunderbarlichen Vogelnest* steht. Die besondere Note, die Grimmelshausen dem Höllenspaziergang abgewinnt, ergibt sich daraus, daß sein Ich-Erzähler, von den Verdammten über den gegenwärtigen Zustand der Menschengesellschaft befragt, das Bild eines irdischen Paradieses entwirft. Die Toten können kaum glauben, daß auf Erden der ewige Friede ausgebrochen ist, und schildern die unheilige Verkehrung, die zu ihren Lebzeiten bestand. Während also der Ich-Erzähler das reale Diesseits in ein Himmelreich verkehrt, rücken die phantastischen Stimmen aus dem Jenseits die triste Wirklichkeit ins Bild. Der Leser wird dergestalt zu einem Vergleich zwischen diesen beiden konträren Versionen und seiner eigenen Erfahrung herausgefordert. Da die Darstellung des Ich-Erzählers leicht als kontrafaktisch zu durchschauen ist, läuft die Komplementärlektüre des Lesers auf eine triste Sicht der unverbesserlich schlechten Welt hinaus.

VI. Simpliziade und Politischer Roman

Der niedere Roman weist in der zweiten Hälfte des 17. Jahrhunderts kein geschlossenes Erscheinungsbild auf. Das liegt zum einen daran, daß eine verbindliche Poetik für diese Gattung fehlt; zum anderen aber auch an der bereits erreichten Vielfalt der deutschen Erzählkunst. Man hat versucht, die verschiedenen Transformationen, die Ständesatire und Narrenrevue, Pikaroroman und Traumgesicht im Politischen Roman, bei Johann Beer und in den sogenannten Simpliziaden erfahren, unter Stichworten wie ›Verbürgerlichung‹ oder ›Säkularisierung‹ zusammenzufassen. Aber keine dieser Vokabeln deckt wirklich alle Erscheinungen ab. Johann Beers Erzählwerke beispielsweise laufen eher auf eine Nobilitierung des Schelms zum Landadeligen als auf eine Domestizierung des Pikaros durch die städtische Gesellschaft der Kaufleute und Handwerker hinaus. Christian Weises Definition dessen, was ein Ertz-Narr sei, bleibt weitestgehend im Rahmen der religiösen Weltsicht eines Sebastian Brant. Umgekehrt wird die Totalität des religiösen Weltbildes schon bei Grimmelshausen in Frage gestellt. Nach wie vor werden Erzählwerke eher unter moralischen und religiösen als unter ästhetischen Gesichtspunkten beurteilt. Allerdings ändert sich das ethische Regulativ: das Arrangement mit den Gegebenheiten der Welt verdrängt die pauschale Ablehnung des irdischen Daseins.

1. Simplizianischer Jan Perus (1672)

Bei diesem 1672 ohne Verfasserangabe veröffentlichten Werk handelt es sich um eine Teilübersetzung des *English Rogue*, mit dessen Druck in London 1665 begonnen worden war. Die offensichtliche Anspielung des deutschen Titels auf Grimmelshausens Meisterwerk sollte vermutlich verkaufsfördernd wirken. Tatsächlich konnte der von Richard Head begonnene und von Francis Kirkman fortgesetzte englische Roman jedoch wenig mit dem erst drei Jahre später in Deutschland verlegten *Simplicissimus* gemeinsam haben. Head hatte sich an spanischen und französischen Werken orientiert, wie schon das Widmungsgedicht der Erstausgabe deutlich macht. Es heißt dort: »Guzman, Lazaro, Buscon, and Francion/ Till thou appear'dst dis shine as high Noon/ Thy book's now extant; those that Judge of Wit/ Say, They and Rablais too fall short of it.« Die Forschung hat sich dieser Ansicht nicht anschließen können. Gerade was den Witz anbelangt, kann *The English Rogue described in the Life of Meriton Latroon* nicht mit Rabelais, Quevedo und Co. mithalten.

Meriton Latroon ist ein ausgemachter Schurke, der gewohnheitsmäßig stiehlt und betrügt (Habel, 1930, S. 25). Kirkman erklärt denn auch in seiner Vorrede zum 3. Teil: »It was the vicious practices of these corrupted times that gave it matter and form, life and being« (Zit. n. Kollmann, 1899, S. 116). Allerdings erfährt die pikarische Welt bei Head und Kirkman eine nachhaltige Wandlung durch die ausgiebige Berücksichtigung des Kaufmannsmilieus. Ihr Werk stellt daher eine wesentliche Etappe auf dem Weg zur Verbürgerlichung des Romans im 17. Jahrhundert dar (Hirsch, 1934, 26). Das liegt sicher auch daran, daß die beiden Verfasser selbst Buchhändler waren.

Richard Head, der aus Irland stammte, von wo er mit seiner Mutter nach London floh, als 1641 sein Vater während der irischen Aufstände umgebracht wurde, hatte als Geschäftsmann keine glückliche Hand. Sein finanzieller Ruin nötigte ihn, selbst zur Feder zu greifen. So enstand *The English Rogue*, den Francis Kirkman verlegte. Weil Latroons Kindheit und Jugend Heads eigener Geschichte nachgebildet waren, neigte das Publikum dazu, den Verfasser mit dem Verbrecher zu identifizieren. Head, der dies als Rufschädigung empfand, weigerte sich, seinen durchaus erfolgreichen Roman fortzusetzen. Daher stammen die weiteren Teile ausschließlich von Kirkman. Der unbekannte deutsche Übersetzer hielt sich sehr genau an seine Vorlage. Allerdings endet der *Simplizianische Jan Perus* bereits mit dem ersten von Kirkman verfaßten Fortsetzungsband. Auch als Teilübersetzung war das Werk jedoch geeignet, die Akzentverschiebung in der Darstellung der pikaresken Welt, die das Original enthielt, nach Deutschland zu vermitteln. Die Konfiguration von Pikaro und Eremit wurde durch die Konfiguration von Delinquent und Kaufmann abgelöst; das städtische Milieu der Handel- und Gewerbetreibenden rückte in den Vordergrund, die moralische oder religiöse Beurteilung der Schelmengeschichte trat in den Hintergrund.

Gleichwohl scheint es berechtigt, Jan Perus' Ich-Erzählung simplicianisch zu nennen. Da die Genreform-Maske des unzuverlässigen Ich-Erzähler im deutschen Pikaroroman nur unzureichend reproduziert worden war, und erst Grimmelshausen unter Rückgriff auf die Ambivalenz des Narrenbegriffs eine Weise der narrativen Welterzeugung entfaltet hatte, bei der die Reversibilität der Auffassungsperspektiven zur Geltung kam, mußte den deutschen Zeitgenossen Meriton Latroons durchtriebene Selbst- und Weltdarstellung simplicianisch anmuten. Auch die Fülle an empirischen Material, die im *Jan Perus* ausgebreitet wird, war so nur bei Grimmelshausen zu finden. Trotz dieser Bezugnahme auf die alltägliche Wirklichkeit bleibt die apologetische Schelmenbeichte auf den Topos der verkehrten Welt und auf einen metaphysischen Verständnisrahmen bezogen. Jedenfalls entschuldigt der Ich-Erzähler seine Taten mit den Worten: »Es ist aber unmüglich zu leben/ daß man keine Übelthat antreffen solte. Das Böse ist als ein Gott in der Welt/ dann gleich wie es fast unwidersetzlich herrschet; also masset sich dasselbe die Allgegenwärtigkeit selbsten zu« (Simplicianischer Jan Perus, Reprint 1986, S. 636).

2. Wolfgang Caspar Printz: Güldner Hund (1676)

Wolfgang Caspar Printz stammte aus Waldthurn in der Oberpfalz. Als er sich 1665 als Kantor in Sorau niederließ, wo er 1717 starb, hatte er bereits ein bewegtes Leben als fahrender Musikant hinter sich. Der *Güldne Hund*, Printz erstes Erzählwerk, umfaßt zwei Teile, von denen nur eine gemeinsame Ausgabe aus dem Jahre 1676 überliefert ist. Der Titel des 1. Teils lautet im vollen Wortlaut:

Güldner Hund/ oder Ausführliche Erzählung/ wie es dem so genannten Cavalier aus Böhmen/ welcher nicht/ (wie etliche mit Unwahrheit vorgegeben/) wegen greulicher Gotteslästerung/ sondern durch Zauberey/ in einen Hund verwandelt worden/ bißhero ergangen/ Und wie er wieder seine vorige menschliche Gestalt überkommen: (So nützlich und lustig zu lesen als deß Apuleji güldner Esel/ oder Samuel GreifenSohns Simplicius Simplicissimus;) Erstlich in Polnischer Sprache beschrieben/ annitzo aber/ denen Böhmischen Lands-Leuten zu Ehren verteutschet von Cosmo Pierio Bohemo. Gedruckt zu Wrzeckowitz im Jahr 1675.

Der aus tschechischen und polnischen Silben zusammengesetzte Name des Druckortes meint soviel wie ›Nirgendwo‹.

121

Das Pseudonym Cosmo Pierio Bohemo wurde 1932 von Richard Alewyn aufgelöst. Die Anspielung auf den *Simplicissimus* hat einen tieferen Sinn. Im Verlauf seiner dem *Goldenen Esel* nachempfundenen Odyssee belustigt der animalisierte Ich-Erzähler seine Herren nämlich nach Art eines Hofnarren mit Kunststückchen und Schelmenstreichen, die bei seinen Zuschauern immer wieder Zweifel wecken, ob in dem Hund nicht ein verzauberter Mensch steckt. Ganz ähnliche Zweifel waren dem Hanauer Gubernator hinsichtlich des in ein Kalbsfell gekleideten Simplicius gekommen.

Daß Printz die der Genreform-Maske des unzuverlässigen Ich-Erzählers innewohnende Dialektik ebenso wie die perspektivische Funktion der satirischen Verwandlung exakt erfaßt hatte, zeigt die ironische Motivation seiner Erzählung als Richtigstellung unwahrer Behauptungen über den Böhmischen Cavalier, die schon im Titel anklingt. Tatsächlich wurde im *Theatrum Europäum* von 1670 am Rande die *Erschreckliche Geschicht von einem gottlosen Edelmann in Polen* mitgeteilt, der angeblich wegen seiner Gotteslästerung in einen Hund verwandelt worden war. Printz fabelhafter Ich-Erzähler wendet sich gegen diese Version und behauptet in seiner Gegendarstellung ein ›Schösser‹ (= Steuereinnehmer) zu sein, der von einer bösartigen, steuerpflichtigen Hexe verzaubert wurde.

Immer wieder muß der güldene Hund seine Herren wechseln, weil man ihn verleumdet, weil man auf ihn die Schuld für Diebstähle abwälzt, die in Wahrheit andere verübt haben. Printz Ich-Erzähler macht also die gleichen Erfahrungen mit den Menschen wie Cervantes kynischer Hund. Lug und Trug verkehren die Welt; das größte Laster aber ist die Lästersucht, von der der güldne Hund selbst ebensowenig frei ist wie Berganza. Daher zieht sich die Kritik der Lästersucht, angefangen mit dem Erzählmotiv der Richtigstellung, nach Art einer Schelmenschelte durch den gesamten Roman: »Unter denen Schelmen wären die Verläumder Schelme über alle Schelmen: Die jenigen aber/ so den Verläumdern günstige Ohren verliehen/ weren nicht viel besser« (Printz, 1979, S. 31f). Zu den Lügnern gehört auch die Frau des Schössers, deren Untreue der Ich-Erzähler, darin dem Lazarillo der *Continuación* vergleichbar, im Verlauf seines Tierlebens entdeckt.

Am Ende des 1. Teils entgeht der güldne Hund ebenso knapp wie Apuleius Esel einer Kastration, bevor er seine menschliche Gestalt zurückerlangt. Da die Geschichte damit eigentlich zu Ende ist, muß der ›Ander Theil‹ des Romans als Nachtrag jener Abenteuer ausgegeben werden, *welche der Autor wegen seines schleunigen Abzugs/ dem ersten Theil nicht beyfügen konnte.* Bemerkenswert an diesem 2. Teil ist, daß die Erzählung deutlicher als im ersten Teil die Züge einer Ständesatire annimmt. Die pikareske Odyssee wird hier, möglicherweise unter dem Einfluß des Politischen Romans, zu einer Bildungsreise, auf der Printz güldner Hund in der Konfrontation mit einzelnen Berufsvertretern Weltklugheit und Menschenkenntnis erwirbt. Im Gegensatz zu manchem Politischen Roman wird diese Sittenlehre jedoch ausgesprochen unterhaltsam und anschaulich vorgetragen.

3. Christian Weises Ertz-Narren (1673) und Johann Riemers Maul-Affen (1679)

Die Entstehung des Politischen Romans, als dessen Begründer Christian Weise (1642–1708) gilt, geht auf den Unterricht am Weißenfelder Hof zurück. Weise war dort, wie sein Nachfolger Johann Riemer (1648–1714), Professor für Politik und Poesie. Seine und Riemers Romane dienten der Illustration und Popularisierung einer Tugend- und Gesellschaftslehre, die von der Möglichkeit einer vernünftigen Weltordnung ausging. Zwar knüpft Weises Erstlingswerk *Die drey Hauptverderber,* das 1671 erschien, in formaler Hinsicht noch deutlich an die *Gesichte Philanders von Sittewalt* an, aber im Gegensatz zu Moscherosch oder zu Grimmelshausens *Verkehrter Welt* folgt aus dem eher lächerlichen als unmoralischen Zustand der Welt kein Verdammungsurteil mehr. Die ursprünglich religiös fundierte Tradition der Narrenrevue und Visionsliteratur, die in der simplicianischen Weise der narrativen Welterzeugung in moralsatirischer Intention fortgesetzt worden war, wird bei Weise ansatzweise, bei Riemer jedoch nachhaltig säkularisiert.

Im Zentrum des Politischen Romans steht eine Bildungsreise, die als bürgerliche Variante der pikaresken Odyssee verstanden werden kann. Der Bildungsreisende und sein Begleiter erinnern an das Traumpaar der Visionsliteratur; die Typen, denen sie unterwegs begegnen, an das Personal von Ständesatire und Narrenrevue. Weises Hauptroman, *Die drey ärgsten Ertz-Narren in der gantzen Welt* von 1673, beginnt mit einer Testamentsklausel, die Florindo, den Erben eines Schlosses, verpflichtet, die drei ärgsten Erznarren in der ganzen Welt zu finden, ihr Porträt malen und in seinem künftigen Wohnsitz aufhängen zu lassen. Gemeinsam mit seinem Hofmeister Gelanor und dem Verwalter Eurylas sowie einem Maler macht er sich auf die Suche, denn wenn einer wissen will, »was in diesem oder jenem Stücke das Größte in der gantzen Welt sey, der muß auch einen Blick in die gantze Welt thun. Und ich halte, der selige Herr habe einen klugen Besitzer seines Hauses dadurch bestätigen wollen, indem solcher Krafft der Bedingung, sich in aller Welt zuvor versuchen, und also in Betrachtung vielfältiger Narren, desto verständiger werden müßte« (Weise, 1878, S. 8). Wichtiger als die Narren-Porträts, um deren Beschaffung es vordergründig geht, ist also die Bildungsreise.

Immer wieder finden Florindo, Gelanor und Eurylas das Sprichwort ›mundus vult decipi – ergo decipiatur‹ bestätigt, ohne daß sie sich entscheiden können, welcher der vielen betrogenen Betrüger denn nun abgemalt zu werden verdient. Dabei klingt wiederholt die Möglichkeit an, daß Florindo selbst ein ausgemachter Narr ist, weil er sich den Toren in seiner Umwelt überlegen fühlt. Gelanor, der sich zu Florindo wie der Expertus Robertus zu Philander verhält, muß seinen Schützling mehrmals an den eigentlichen Zweck ihrer Reise erinnern und darauf hinweisen, daß irren menschlich ist. »Ein jeglicher Mensch ist ein Narr, aber der wird ins gemein davor gehalten, der es merken läßt. Ja sagte der Mahler, der es merken läst, der ist gar ein kleiner; aber der sich vor klug hält, der ist viel grösser, und wer an den beyden seine Freude hat, der ist der allergrößte« (Weise, 1878, S. 217). Führt man sich vor Augen, daß der Maler in Weises Roman eine Figuration des Autors ist, dann zielt diese Kritik auch auf jene Leser ab, die das Buch lediglich unterhaltsam finden. Die Belehrung, auf die es Weise ankommt, wird denn auch unmißverständlich in Form eines kleinen Traktats mitgeteilt:

»Die Thorheit ist nichts anders als ein Mangel an Klugheit. Darumb wer die Klugheit erkennet, kan auß dem Widerspiel leicht abnehmen, was ein Narr sey. Es bestehet aber die Klugheit vornehmlich in Erwehlung des Guten und Vermeidung des Bösen [...] Das höchste Gut ist ohne Zweifel GOTT [...] Nun ist leicht die Rechnung zu machen, wer der größte Narr sey: Nemlich derselbe, der um zeitlichen Kothes willen den Himmel verscherzt« (Weise, 1878, S. 222–226).

Während Weises Darstellung der Narrenwelt relativ anschaulich ist, und die konkrete Motivation der Bildungsreise im Vergleich zur Visionsliteratur ausgesprochen profan wirkt, erscheint die abstrakte Moral von der Geschichte, die kaum über Brants Lehre hinausweist, seltsam unpolitisch. Man muß aber sehen, daß die Tradition der Narrenrevue schon bei Murner eine Diabolisierung erfahren hatte und bei Albertinus mit drastischen Aufrufen zur Abkehr von der verkehrten Welt verbunden worden war. Diese Tendenz hebt Weise auf.

Der (Wieder-)Entdeckung der Welt als eines eigengesetzlichen Spielraums menschlicher Handlungen und gesellschaftlicher Ordnungen wird allerdings erst Riemer literarisch gerecht, der 1679 seinen *Politischen Maul-Affen mit allerhand Scheinkluger Einfalt* vorlegt. Dieser Roman beginnt als Er-Erzählung und stellt dem Leser zunächst die Gymnasiasten Philurt und Tamiro vor, die sich in der Stadt Mecheln in allerlei Liebesaffären und Geldschulden verstricken, also ein beinahe pikareskes Dasein führen, bevor sie nach Löwen reisen, um sich dort an der Universität einzuschreiben. In einem Wirtshaus, das auf ihrem Weg liegt, schnappen die beiden zufällig das Scheltwort ›Maul-Affe‹ auf und beschließen, seiner Bedeutung auf einer Erkundungsreise nachzugehen. Dabei schließt sich ihnen Sylvanissus an, der fortan als Ich-Erzähler fungiert.

Natürlich finden die drei auf ihrer den *Ertz-Narren* nachempfundenen Suche zahlreiche Menschen, auf die das besagte Scheltwort paßt. Mehr als einmal wird deutlich, daß Maul-Affen im wortwörtlichen wie im übertragenen Sinne Maul-Schellen verdienen, die sie zum Gespött ihrer Umwelt machen. Die bei Weise nur unterschwellig anklingende Gefahr, daß Florindo selbst ein Narr ist, wird bei Riemer ausdrücklich hervorgehoben, wenn es über Philurt und Tamiro heißt: »es war ihnen gar nicht leid/ mit allerhand Studenten-List durch die Welt zukommen. Alleine darein ergaben Sie sich absonderlich/ daß Sie beyde auch Politische Maul-Affen seyn müsten« (Riemer, 1979, S. 49). Der Zweck der Bildungsreise bzw. die didaktische Funktion ihrer Erzählung werden von Riemer ebenfalls explizit gemacht. Am Schluß des Romans bilanzieren Philurt, Tamiro und Sylvanissus ihre Erfahrungen:

»Die Erkundigung der Politischen Maulaffen hatte uns den Verstand dermassen erleuchtet/ daß ein ieglicher in seiner Verrichtung durch Prüfung der Leute so glücklich war daß alle Geschäffte umb die

Hälffte der Zeit eher eine glückliche Endschaft erreichten/ alß anderer/ welche zwar gelehrt genug/ aber nicht durch die Welt erfahren genug waren« (Riemer, 1979, S. 158).

Durch die Welt fahren heißt also Erfahrung sammeln. Bedenkt man, daß zwischen ›Sammeln‹ und ›Auflesen‹ ein mehr als zufälliger Zusammenhang besteht, so impliziert diese Textstelle Riemers Wirkungsästhetik: indem der Interpret des Romans auf den Spuren des Ich-Erzählers und seiner Begleiter durch die Welt reist, liest er sich politische Bildung an. Buchlektüre ist, so gesehen, Teil der Welterfahrung; wer sich mit literarischen Gestalten beschäftigt, kommt genauso unter die Leute wie Philurt, Tamiro und Sylvanissus. In der Tat meint ›politisch‹ bei Riemer genau dies: Welterfahrung und Menschenkenntnis. Über eine naive Person heißt es daher in den Maul-Affen einmal: »Das gute Mensch/ welches (Politischer Weise zu reden) noch nicht viel unter die Leute kommen war/ wurd [...] erinnert ihre Blödigkeit fahren zu laßen« (Riemer, 1979, S. 70).

Daß die Maul-Affen vorwiegend Schildbürger sind, wie sie im Buche stehen, zeigt, wie sehr Riemer um die Tradition wußte, in der sein Politischer Roman steht. Von der pikaresken oder simplicianischen Weise der narrativen Welterzeugung trennt sein Buch vor allem, daß die Helden nicht mehr halbe Außenseiter der Gesellschaft sind. Ihre Bildungsreise ist keine Initiation in eine verkehrte Welt, sie dient der Entwicklung einer Vernunft, die ihrerseits Voraussetzung für die gelungene Integration in die wohleingerichtete, bürgerliche Gesellschaft ist. Mit der Zwickmühle des Pikaro entfällt auch die Reversibilität der Auffassungsperspektiven bzw. die Ambivalenz des Narrenbegriffs. Die eindeutige Definition der Weltklugheit verstärkt den zentripetalen Charakter des Textes. Im Gegensatz zum Schelmenroman, in dem es der Leser mit einem unzuverlässigen Ich-Erzähler zu tun hatte, der selbst ein Hochstapler und Angeber, Aufschneider und Maulheld war, werden die unvernünftigen Leute in Riemers Romans, selbst dort, wo sie ein Ich-Erzähler in den Blick nimmt, ausschließlich von außen anvisiert. Der Leser bleibt so stets distanziert; seine Einstellung wird in den *Maul-Affen* und *Ertz-Narren* wie in Grimmelshausens *Wunderbarlichem Vogelnest* von einem pseudoauktorialen Erzähler bestimmt, der sich lediglich als Mitglied der dargestellten Welt, nicht aber als fragwürdiger Selbstdarsteller gibt (Krause, 1979, S. 393 ff).

4. Johann Beer: Simplicianischer Welt-Kucker (1677ff)

Johann Beer kam am 28. Februar 1655 in St. Georgen im Attergau zur Welt. Nach dem Besuch eines humanistischen Gymnasiums in Regensburg (1670–1676) schrieb er sich an der Universität Leipzig ein, um Theologie zu studieren. Inzwischen hatte Beer zu schreiben begonnen. Alle seine Werke entstanden zwischen 1676 und 1683, also bevor Beer 30 Jahre alt wurde. Seine Hauptbeschäftigung aber war die Musik. Sie verschaffte ihm 1680 einen Ruf des Herzogs von Sachsen-Weißenfels an seinen Hof, wo zur gleichen Zeit, nämlich von 1680 bis 1687, Johann Riemer als Nachfolger Christian Weises tätig war. Am 28. Juli 1700 wurde Beer, der mittlerweile in den Rang eines herzoglichen Konzertmeisters und Bibliothekars aufgestiegen war, bei einem Jagdunfall tödlich verletzt. Er starb am 6. August.

Jede literaturwissenschaftliche Beschäftigung mit Johann Beer beruht auf den grundlegenden Arbeiten von Richard Alewyn, der sein Werk überhaupt erst erschlossen hat (Alewyn 1932). Die burlesken Ritterromane, die Beer wohl noch während seiner Gymnasialzeit zu schreiben begonnen hatte, haben Alewyn allerdings dazu verführt, ein allzu legendäres Bild von Beers literarischer Entwicklung zu zeichnen: »So wurde der Erzähler Beer geboren, nicht am Schreibtisch vor einem leeren Blatt Papier, sondern vor den gespitzten Ohren einer abenteuerhungrigen Jugend, die gespannt an seinen Lippen hing« (Alewyn, 1974, S. 66) und oft nicht weniger überracht als der Erzähler war, wie es weiterging.

Das Bild des mündlichen Erzählers, der seiner Phantasie die Zügel schießen läßt, der seine Inventionen improvisiert und die Komposition seiner Werke vernachlässigt, hat Beer selbst provoziert, indem er in seinen Texten immer wieder idealtypische Erzählsituationen vorführt, in denen mündliche Erzähler einer geselligen Runde von Zuhörern die Zeit mit witzigen Anekdoten und pikaresken Abenteuern verkürzen. Auch die Situation, die Beer in seinen Vorreden und Zueignungen etabliert, entspricht diesem Modell. Stets kehrt die stereotype Begründung wieder, der Verfasser wolle sich und dem Leser die Melancholie mit kurzweiligen Historien vertreiben. Schon die Formelhaftigkeit dieser Begründung zeigt jedoch, daß es sich hier um eine Konvention handelt. Beers Erzähler ist auch dort, wo er sich unmittelbar an den Leser der Romane wendet, eine Rolle, die der Verfasser spielt. Man kann sagen, daß der in einsamen Winternächten in seiner Kammer sitzende, mit der Feder gegen die Schwermut kämpfende Geschichtenerzähler Beers persönliche Ausprägung der Genreform-Maske ist.

Zu dieser Maske paßt der spezifische Chronotopos, den Beer erstmals im *Simplicianischen Welt-Kucker* (1677 ff) schafft. Wie die späteren Schelmenromane und die aus den *Teutschen Winter-Nächten* und den *Kurtzweiligen Sommer-Tägen* bestehende *Willenhag*-Dilogie ist die Handlung dieses Buches in der vergleichsweise abgeschlossenen und relativ beschaulichen Sphäre des niederen Landadels angesiedelt. An die Stelle des gesellschaftlichen Antagonismus tritt im *Simplicianischen Welt-Kucker* die erotische Verwicklung, für die allein die Frauen verantwortlich gemacht werden. Jan Rebhù, der Protagonist und Ich-Erzähler, der nach dem frühen Tod seiner Eltern als Page dient, erregt mit seiner reizenden Stimme die Aufmerksamkeit der welschen Gräfin, die ihn nach Weiberlist zu verführen sucht. Da Rebhù in Liebesdingen noch ein echter Simpel ist, weiß er mit den Avancen der Dame nichts Gescheites anzufangen. Gleichwohl zieht er die Eifersucht seines Herrn auf sich, der ihn an einen anderen Edelmann abschiebt. Auf dessen Schloß verliebt sich der Ich-Erzähler in die junge Squallora, die er jedoch aus Standesgründen nicht ehelichen kann. Die welsche Gräfin nötigt ihn, ihr nach Italien zu folgen. Rebhù erlebt Reiseabenteuer, er erkennt die Verdorbenheit der Gräfin und erfährt, daß Squallora inzwischen geheiratet hat. Als er von ihr bei einer Wiederbegegnung zum Gattenmord aufgefordert wird, tötet Rebhù jedoch nicht den Ehemann, sondern einen Halunken. Von Gewissensbissen über seine Verführbarkeit getrieben, zieht sich Rebhù in die Einsamkeit der Wälder zurück. Wie Simplicius gelangt er von dort wieder in adelige Gesellschaft, wo er die reizende Cassiopäa kennenlernt und heiratet. Cassiopäa stirbt jedoch am Hochzeitstag; Rebhù nimmt wieder sein pikareskes Wanderleben auf. Dabei trifft er erneut die welsche Gräfin, die als arme, aber bußwillige Sünderin stirbt, während Squallora ihr Leben als Äbtissin beschließt. Jan Rebhù selbst endet als Landedelmann »gantz vergnüglich/ nach dem er sich an einem Rebhun tode gefressen« (Beer, 1981, S. 352).

Das jedenfalls berichtet ein auktorialer Erzähler, der auf den letzten Seiten des Textes das Wort übernimmt und die Geschichte zu dem Abschluß bringt, den der Ich-Erzähler nicht mehr zu leisten vermag. Diese Schlußlösung erinnert nicht von ungefähr an den Perspektivenwechsel, der im *Simplicissimus* durch die *Relation* zustandekommt. Tatsächlich taucht der Begriff ›Relation‹ denn auch kurz vor dem Ende der Ich-Erzählung einmal auf. Dafür, daß der *Welt-Kucker* dem *Simplicissimus* nachgebildet ist, gibt es zahlreiche Hinweise im Text. Wie Grimmelshausen wählt Beer einen seltsamen Vaganten, der am Anfang ein naiver Tropf ist, zum Beobachter der verkehrten Welt, die allerdings nicht durch den Krieg, sondern durch die Niedertracht der Frauen ins Unglück gestürzt wird. Schon in der Vorrede erklärt der Autor:

»[Ich] wünsche nichts mehrers/ als das einer oder der ander die Practiken des Weibes-Volcks nicht allein wol lehrnen/ sondern auch vorsichtig fliehen möge/ weil sie leichtlichen sehen können/ wie in einen elenden Zustand Jan Rebhù durch sein allzuverliebtes Leben gekommen/ und dieses ist eigendlich der Zweck solcher Schrifften/ auf das man durch eine fremde Gefahr vor dem eigenen Unheil sich hüte und wohlvorsehe« (Beer, 1981, S. 10).

Im Gegensatz zu seiner Vorlage schränkt Beer den Kreis der Themen und Probleme also erheblich ein. Seiner Engführung der sozialen Konflikte auf die ›Practiken des Weibes-Volckes‹ entspricht die Sinn-Verkürzung des Wortes ›simplicianisch‹, die der Ich-Erzähler an einer Stelle vornimmt. Als Rebhù unter dem Vorwand des Musikunterrichts der welschen Gräfin aufwarten muß, heißt es im Text: »Es gienge aber dieses singen lehrnen auf eine gantz simplicianische Arth hinaus: dann/ an statt sie Notten lernen solte/ unterrichtet sie mich in etwas anders/ und suchte nichts als mich/ weiß nicht unter was vor einem Schein/ zuverführen« (Beer, 1981, S. 54). Aus der simplicianischen Landschaft wird so bei Beer ein intrigantes Liebesnest. Hier »ist es besser/ man trau gar keinem/ weil anitzo ein jeder sagt: der und der hat mich verführt/ indem er doch selbsten ein Ertz-Verführer gewesen« (Beer, 1981, S. 58). Auch wenn man diese Regel auf den Ich-Erzähler anwendet, dessen wiederholt beteuerte Wahrheitsliebe den Leser zu einer nicht angebrachten Gutgläubigkeit verführen soll, kann man die misogyne Tendenz des *Welt-Kucker* nicht einfach auf die Figur des Jan Rebhú abwälzen. Sein Urteil über die Schlechtigkeit der Frauen wird nämlich durch den auktorialen Erzähler der Relation, aber auch in anderen Werken Beers nachhaltig bekräftigt.

5. Johann Beer: Corylo (1679) und Jucundissimus (1680)

Die vollkommene Comische Geschicht des Corylo, eines ›Ertz-Landstreichers‹, die Beer 1679 verlegen ließ, erinnert schon vom Titel her an die *Vollkommene Comische Historie des Francion*, wie Sorels Roman in einer Übersetzung von 1668 genannt worden war. Die Ähnlichkeit der Titel setzt sich auf der Ebene der Handlung fort. Vor allem das Hauptgeschehen, die karnevaleske Demütigung eines Galans, der in seinem Liebesnest gefangen und von dem Gatten seiner Herzensdame kräftig durchgeprügelt wird, entstammt dem französischen Werk. Um diese burleske Episode ranken sich weitere Liebeshändel, in die Corylo verwickelt ist. Seine Lebensgeschichte beginnt in einer von Haselnußsträuchern umstandenen Bärenhöhle, in der man den ausgesetzten Knaben findet und nach dem lateinischen Namen der Haselnuß Corylo nennt. Als der Findling sich in Sancissa, die Tochter seines Stiefvaters, verliebt, wird er von dessen Schloß vertrieben und in die pikarische Welt des Romans verschlagen. Wie der Welt-Kucker erfährt auch Corylo die Liederlichkeit der Weiber, da er an einen Hof gerät, der sich bald als »Huren-Nest« entpuppt (Beer, 1986, S. 46). Sowohl die frivole Atmosphäre und der geschlossene Personenkreis des Romans als auch Corylos karnevaleske Streiche und seine satirische Poetenschelte verweisen auf Sorel. Anders als Francion ist Corylo jedoch kein Adeliger. Zwar hält er sich selbst dafür, nachdem er erfahren hat, daß einst ein gewisser Dupreste seinen Sohn ausgesetzt hat, und im Glauben ein Edelmann zu sein, heiratet er dann auch Sancissa. Doch nach deren frühem Tod stellt sich heraus, daß der ausgesetzte Sohn des Edelmanns mit einem Bauernlümmel verwechselt wurde, und daß Corylo dieser Lümmel ist.

Der Ich-Erzähler fungiert daher in Beers Roman als ›Undercover-Agent‹: er wird als Angehöriger des niederen Volkes in die Welt des Adels eingeschleust; seine Geschichte gibt zu verstehen, daß auch ein Bauernlümmel die Rolle eines Edelmanns spielen kann. Dies gelingt umso leichter, als die Edelleute bäuerliche Manieren haben. Der Pseudoaristokrat Corylo ist, so gesehen, das ideale Medium einer Satire, die als Sittengemälde und Narrenrevue gedacht ist. Der Ich-Erzähler selbst nennt sich einen »Satyr« (Beer, 1986, S. 97), und veranstaltet im Auftrag des Autors eine »Comische Jagt« (Beer, 1986, S. 11) auf die lasterhaften Menschen. Im Vergleich zu dem arabeskenhaften *Welt-Kucker* geht Beer im *Corylo* zielstrebig vor. Simplicianisch ist wiederum seine Erzählmotivation, die dem Text eine vermeintliche Harmlosigkeit verleiht. »Was soll man in diesen melancholischen Zeiten billicher schreiben als eine Satyra?« fragt Corylo den Leser im Vorbericht scheinbar lapidar. Dann aber wird klar, daß der Grund der Melancholie nicht nur im Gemüt des Verfassers, sondern auch in seiner Umwelt liegt. Der Autor nämlich schreibt in einem Widmungsgedicht an sein eigenes Buch: »Es ist kein Redligkeit auf dieser Erd zu finden/ Man hältet nichts auf Treu und Glauben in der Welt/ Ein jeder denkt wie er den Nächsten möge schinden/ Und lauret wie ein Fuchs auf sein Hab/ Gut und Geld.«

Auch die *Wunderliche Lebensbeschreibung des Jucundi Jucundissimi*, die kurz nach dem *Corlyo* erschien, enthält die bei Beer übliche Motivation des Erzählens als Heilmittel gegen die Melancholie. Obwohl der Name des Titelhelden dem des Simplicius Simplicissimus nachgebildet ist, gerät Beers Ich-Erzähler doch nicht mehr wie dieser in existentielle Notlagen. Ganz im Gegenteil: der sprechende Name verweist auf das unbeschreibliche Glück des Erzählers, der von einer Edelfrau erst als Hofmeister und dann sogar als Schloßherr eingesetzt wird. Damit ist er aller materiellen Sorgen enthoben. Zwar entstammt der Protagonist wie der Pikaro einer armen Familie, aber mit dem ›Sisyphos-Rhythmus‹ der Schelmengeschichte und dem Chronotopos des Alltags hat sein Leben so gut wie gar nichts gemein. Eher gleicht die raumzeitliche Ordnung des Geschehens einem burlesken Schauspiel, zu dem sich der Erzähler wie ein Theaterbesucher verhält. Schon im *Welt-Kucker* hatte Beer die kleine Welt des Menschen mit dem ›Theatrum mundi‹ verglichen und den Lebenslauf als einen Gang durch das Komödienhaus der großen Welt angelegt; im *Jucundissimus* wird das Thema der Inszenierung prävalent. Immer wieder führen Verwechslungen und Verkleidungen zu dramatischen Verwicklungen, die jeweils in amüsanter Manier aufgelöst werden. Zum Schluß kommt es zur Aufführung einer karnevalesken Bauern-Opera, bei der ein schelmischer Student Regie führt:

»Die Personen des Spiels belieffen sich etwan an der Zahl auf 20/ und der Student hatte sich die allerungeschicksten ausgesucht/ damit wir eine größere Lust davon genießen möchten. Die Edelfrau verschriebe zu dieser ACTION gar viel Edelleute vom Land her/ und weil es ohne dem Faßnacht war/ bekamen wir ziemlich viel SPECTATO-RES/ so wol von der Nähe als von der Ferne. Der Student hatte die

Comödie gar artig eingerichtet/ dann er verhörte und exercirte alle Stund einen Bauern auf dem THEATRO also/ daß einer mit dem andern nicht geprobirt ward sondern seine Sach allein hermachen muste« (Beer, 1992, S. 175)

Die Realhistorie, die im *Simplicissimus* die empirische Ausgangsbasis der fiktiven Biographie war, spielt im *Jucundissimus* keine Rolle. Auch macht die Diesseitigkeit der Geschichte aus dem Erzählwerk noch keinen bürgerlichen Roman. Eher schon strebt Beer den »Aufstieg einer intellektuell-künstlerischen Meritokratie, die gleichberechtigt neben die Aristokratie tritt« (Kremer, 1964, S. 123) an. Man kann darin einen literarischen Reflex seiner eigenen Aspirationen als Hofmusikant sehen. Jan Rebhù, Corylo und Jucundus sind gleichwohl keine ideologisch vorbestimmten Exempelfiguren. »Ihre Moral resultiert aus einer punktuellen, von Fall zu Fall ersichtlichen Erfahrung. Sie sind in gewisser Weise bereits politische Pikaros, die Welt und Heil aufeinander abzustimmen wissen, die den Gegensatz von Transzendenz und Immanenz aufheben« (Rötzer, 1972b, S. 121f). Das mag auch daran liegen, daß es keine wirklich bedrohlichen Konflikte mehr gibt, die Beers Helden zum Verderben werden könnten. »Der Zufall ist entbundener Zufall, ein Schalk ohne Verhängnis« (Geulen, 1975, S. 283).

6. Johann Beer:
Winter-Nächte (1682) und Sommer-Täge (1683)

Wollte man einen Beleg für Viktor Sklovskijs Behauptung finden, daß der Vorläufer des Romans die Novellensammlung ist und die Rahmenerzählung der Novellensammlung das Brückenglied zwischen der kleinen und der großen Form der Erzählung darstellt (Sklovskij, 1984, S. 71ff), so könnte man diesen Beleg ohne Schwierigkeiten der *Willenhag*-Dilogie entnehmen. Tatsächlich gab es seinerzeit in Deutschland eine von Matthaeus Drummer besorgte Übersetzung der *Noches de Invierno*, einer Novellensammlung des Antonio Eslavas, die Beer im *Corylo* erwähnt, und von denen er seine eigenen *Winter-Nächte* mit dem Zusatz ›Teutsch‹ abgesetzt hat (Beer, Corylo 1986, S. 73; Müller, 1965, S. 16). Aus der Lebensgeschichte des Zendorius, der in den *Winter-Nächten* als primärer Ich-Erzähler fungiert, erfährt der Leser lediglich novellistische Ausschnitte. Dafür treten eine Reihe von sekundären Ich-Erzählern auf, die nach dem Prinzip einer Rede-Staffel entweder ihre Lebensläufe oder unerhörte Begebenheiten zur Unterhaltung einer Gesellschaft von Landadeligen erzählen, die einander freundschaftlich verbunden sind. Diese Art und Weise der narrativen Weltkonstruktion wird mit dem gleichen Personal unter veränderten Namen in den *Kurtzweiligen Sommer-Tägen* fortgesetzt; der primäre Ich-Erzähler beispielsweise heißt nun Wolfgang von Willenhag (daher die Bezeichnung *Willenhag*-Dilogie). Dabei steht der vergleichsweise homogenen Gruppe der Landadeligen eine heterogene Gruppe von nichtseßhaften Gestalten aus dem pikaresken Milieu gegenüber, ohne daß die Standesunterschiede in Beers Welt eine wichtige Rolle spielen. Zwar kommt es auf der Ebene der Handlung insofern zu einer gewissen Dichotomisierung des Romanpersonals, als die Adeligen mehrheitlich eher als Zuhörer und die Nicht-Adeligen mehrheitlich eher als Berichterstatter in Erscheinung treten, aber diese keineswegs durchgängige Differenzierung wird dadurch, daß der Haupt-Erzähler ein Edelmann und Schloßherr ist, wieder aufgehoben. Jörg-Jochen Müller, der eine ausführliche Studie zu den *Willenhag*-Romanen vorgelegt hat, führt diese relative Gleichberechtigung zwischen Mitgliedern verschiedener Gesellschaftsklassen auf eine Affinität der Temperamente zurück, wobei der Witz als Medium des Einverständnisses und das gemeinsame Lachen als Integrationsfaktor fungiere. Er schließt daraus, daß die Dilogie eine »Verschmelzung des höfisch-heroischen Geschichtsgedichts mit dem pikaresk-satirischen Roman« sei (Müller, 1965, S. 131). In dieser spätbarocken Mischform ähnelt der Chronotopos des Romans einer Spielwiese, auf der sich die Figuren und der Verfasser mit harmlosen Streichen und Possen gleichsam austoben dürfen. Da der Haupterzähler die Begebenheiten nicht in ihrer chronologischen Reihenfolge, sondern so wiedergibt, wie er sie von den einzelnen Binnenerzählern erfahren hat, ist er zugleich ›narrator‹ und ›lector in fabula‹. Die Gesprächssituationen, die auf der Ebene der Handlung vorgestellt werden, sind daher immer auch idealtypischen Darstellung der Romanproduktion und -rezeption (Krämer, 1991, 151). Die novellistische Struktur der meisten Binnenerzählungen in der *Willenhag*-Dilogie ist – wie stets bei Beer – um die komische Trias von Situation, Charakter und Wortspiel zentriert (Roger, 1973, S. 122): die Art und Weise, in der ein Erzähler eine witzige Begebenheit zum Besten gibt, charakterisiert sowohl die Situation als auch die in sie verwickelten Charaktere. Das für die wechselseitige Übertölpelung der ›dramatis personae‹ konstitutive Mißverständnis produziert, wenn es nacherzählt und erzählerisch aufgelöst wird, ein Einverständnis zwischen Berichterstatter und Publikum, das auch die Übertölpelten einbezieht und auf das entspannte Verhältnis von Autor und Leser ausstrahlen soll.

Neben dem novellistisch zugespitzten biographischen Erzählmodell, das die *Willenhag*-Dilogie strukturell bestimmt, hat Wolfgang Neuber das Thema von der Identitätskrise des Landadels als integratives Moment erkannt. »Das Thema ist nicht ›ein‹ Lebenslauf – wie im *Simplicissimus* –, sondern der Zustand einer politisch wie ökonomisch untergehenden Schicht, die sich nur noch mit Delinquenz den Schein der autonomen Handlungsbefugnis verschaffen kann. Im politischen Kontext gerinnt dies zu einer Verweigerung dem absolutistischen Zentralisierungs- und Unterwerfungsanspruch gegenüber« (Neuber, 1991, S. 103); im literarischen Kontext kommt es einer Absage an den Politischen Roman und einer Transformation der simplicianischen Genreform-Maske gleich. Wolfgang von Willenhag, der schriftstellernde Adelige, ist weder ein domestizierter Pikaro noch ein unzuverlässiger Ich-Erzähler, weder ein Satyr noch ein repräsentativer Hofpoet. Es geht ihm nicht um die vernünftige Integration in die frühbürgerliche Gemeinschaft der Erwerbstätigen, sondern um eine Selbstbestätigung, die nur noch im Medium der Literatur möglich scheint. Das Landleben, das er mit seinen gleichgesinnten Freunden führt, trägt daher, parodox ausgedrückt, Züge einer kollektiven Einsiedelei. Erst die Weltabgeschiedenheit, d.h. die Hof- und Stadtferne der Landadeligen, läßt nämlich zwischen den Mitgliedern der Willenhag-Gruppe menschliche Nähe entstehen. Daher werden nicht nur das bürgerliche Dasein und das Hofleben, sondern auch die Einsiedelei im eigentlichen Sinn des Wortes abgelehnt. »Der Mensch ist ein Tier, zur Gesellschaft geschaffen«, erklärt Wolfgang von Willenhag (Beer, 1985, S. 442). Darum »vergesellschafteten sich etliche von Adel, ihr Leben auf das fröhlichste zuzubringen« (Ebd., S. 419). Die entscheidende Form der Vergesellschaftung aber ist das Gespräch, in dem sich die Beteiligten einander öffnen und ihre Lebensgeschichten anvertrauen, »weil man durch diese Erzählung gleichsam ein neues Band zu wirken suchte, durch welches die alt gepflogene

Freundschaft unter uns aufs neue möchte aufgerichtet und zusammengeknüpft werden« (Ebd., S. 445). Das Arkadien der *Willenhag*-Dilogie ist ein utopisches Diskursuniversum und als solches dem antagonistischen Chronotopos der pikarischen Welt ebenso entgegengesetzt wie dem von der Etikette reglementierten Lebensraum, den die höfisch-heroische Dichtung widerspiegelt; »der Mensch ist befreit aus der moralischen Umklammerung, die den Staats- wie den Schelmenroman bestimmte« (Hillebrand, 1993, S. 71).

7. Georg Schielens Frantzösischer Kriegs-Simplicissimus (1682/83) und Daniel Speers Ungarischer Simplicissimus (1683)

Georg Schielen (1633–1684) wurde erst 1974 durch Manfred Koschlig als Verfasser *Deß Frantzösischen Kriegs-Simplicissimi Hochwunderlicher Lebens-Lauff* (1682/83) ausgemacht. Koschlig berichtet, daß Schielen, der schon im Alter von zwei Jahren seine Eltern während einer Pestepedemie verlor, zunächst von 1664 bis 1668 Pfarrer in Tomerdingen war, bevor er dem Kirchendienst entfloh und in seiner Geburtsstadt Ulm eine Stelle als Bibliotheksadjunkt fand. Der *Frantzösische Kriegs-Simplicissimus* beginnt – darin eher dem *Springinsfeld* als dem *Simplicissimus Teutsch* verwandt –, mit einer Rahmenerzählung: der fiktive Herausgeber des hochwunderlichen Lebens-Lauffs hat in einem Wirtshaus den Vetter des berühmten Simplicissimus getroffen; die Kriegsabenteuer, die er von ihm erfährt und wie der Schreiber Trommenheim aufzeichnet, variieren zum Teil die Abenteuer des Jan Perus und des Jan Rebhù. Aus der Übersetzung des *English Rogue* wird sogar wortwörtlich zitiert (Hirsch, 1934, S. 27).

Eine Folge dieser Abhängigkeit Schielens ist, daß er die Verbürgerlichung des Pikaroromans, die bereits im *Simplicianischen Jan Perus* angelegt war, fortsetzt: »Die einst religiöse Bekehrung des Pikaro degeneriert zu einer rein innerweltlichen. Unter dem Schock der Traumerscheinung eines edlen Kaufmanns und seiner Lehren bekennt sich der Held am Ende zum guten Weg von Fleiß und Sparsamkeit, Solidität und kluger Planung des Lebens und bestätigt damit – als angehender Handelsmann – den ›sozialen Kreditwert‹ der bürgerlichen Tugenden« (Stern, 1976, S. 452f). Genau diese Anerkennung der bürgerlichen Tugenden durch den Pikaro hatte Arnold Hirsch gemeint, als er der Transformation dieser Figur in den Simpliziaden und im Politischen Roman eine wichtige Rolle bei der Entstehung eines modernen Weltbilds in der Literatur des ausgehenden 17. Jahrhunderts zuschrieb (Hirsch, 1934, S. 24 und S. 32).

Die Transformation der Figur geht mit einer Umstrukturierung des Chronotopos einher; das betrifft nicht nur die Erscheinungsweise der pikarischen Welt, sondern auch die Art ihrer Darstellung: in den semipikaresken Romanen, die im 18. Jahrhundert vor allem in Frankreich und England entstehen, spielt die Reversibilität der Auffassungsperspektiven ebenso wie im niederen deutschen Roman des ausgehenden 17. Jahrhunderts keine entscheidende Rolle mehr. Die Konsolidierung der bürgerlichen Welt und ihres Werthorizontes macht aus dem halben Außenseiter einen ganzen. Keineswegs verhält es sich nämlich so, »daß der Pikaro bloß von der Landstraße, die er durchwandert hat, in das Bürgerhaus eintritt – aus dem Sünder wird ein Verbrecher. Die Vergehen bekommen den Charakter des Kriminellen: sie sind Eingriffe in das bürgerliche Eigentum, Raubzüge gegen das Privatvermögen« (Hirsch, 1934, S. 35 f). Schon bei Beer wird deutlich, daß der Schelm nur im Feudalsystem eine ökologische Nische finden kann. Die Landadeligen in den *Winter-Nächten* und *Sommer-Tägen* dulden pikareske Gestalten, solange sie zur Belustigung einer Gesellschaft beitragen, deren Mitglieder einander nicht mehr aus sozialer Not heraus, sondern als Ausdruck ihrer freundschaftlichen Verbundenheit harmlose Streiche spielen und Possen reißen. Als Hofnarr darf der Pikaro die Wahrheit sagen, als Dieb wird er zu einem Fall für die bürgerliche Justiz bzw. für die literarische Zensur. Schon im 18. Jahrhundert, in dem ja auch der Harlekin von der Bühne vertrieben und das sogenannte bürgerliche Trauerspiel begründet wird, wird daher die kynische Wahrheit, das Eigentum Diebstahl ist, unterdrückt. »Die Schelmen-Dichtung mit ihrem Motiv der Dieberei erlischt bezeichnenderweise gänzlich im Verlauf des [19.] Jahrhunderts; das bürgerliche Eigentums-Denken hat sich endgültig etabliert« (Arendt, 1974, S. 83), und erst die neopikareske Travestie des Bildungsromans, der die repräsentative Prosadichtung des bürgerlichen Zeitalters war, stellt den Werthorizont in Frage, der schon im Politischen Roman angepeilt wird.

Daniel Speer (1636–1707) war wie Printz und Beer Musiker. Er wurde in Breslau geboren, wie Schielen früh zum

Waisenkind und führte, bis er sich schließlich in Göppingen niederließ, ein bewegtes Wanderleben. Sowohl seine Kindheit als auch seine Reisen hat er in zwei Romanen verarbeitet. 1683 erschien sein *Ungarischer oder Dacianischer Simplicissimus*, 1684 sein *Simplicianischer Lustig-Politischer Haspel-Hannß*; beide unter Pseudonymen, die H. J. Moser 1933 auflösen konnte. In einem kurzen Vorwort an den Leser bezieht sich der Verfasser des *Ungarischen Simplicissimus* auf seine beiden Vettern, den *Teutschen* und *Französischen Simplicissimus*, deren Art, einen Lebenslauf in das realhistorische Szenarium eines Krieges einzubetten, Speers Simpliziade nachempfunden ist. Auch dort, wo der *Dacianische Simplicissimus* nicht von Kampfhandlungen berichtet, trägt die Einarbeitung autobiographischen Materials stets enzyklopädische Züge. So enthält Speers Roman eine ausführliche Beschreibung seiner Heimatstadt Breslau, seiner Reise über die Karpaten und durch das ›Ungerland‹, in dem der Ich-Erzähler von Räubern gefangen und in den Türkenkrieg verwickelt wird.

Die anschauliche Kriegsberichterstattung sowie die *Wahre Abbildung und kurtze Lebens-Beschreibung Deß Ungarischen Grafen Emerici Tökeli*, die der Roman enthält, sicherten Speers vermischten Nachrichten eine hohe Aktualität, die dem Absatz gewiß förderlich war. Aber auch heute noch sind sie, wie der Titel verheißt, ›Denk-würdig und lustig zu lesen‹. Auch der *Haspel-Hannß*, der ebenfalls mit einer Beschreibung der pikaresken Jugend seines Ich-Erzählers einsetzt, diese aber bereits ironisiert, schildert eine Art Bildungsreise: der Leser begleitet einen schelmischen Studenten in fünfzehn europäische Universitätsstädte. Insgesamt hat man für die Zeit von 1670 bis 1744 rund 30 Werke ausmachen können, die im Titel auf Grimmelshausens Simplicissimus Bezug nehmen. Das letzte Werk dieser Art, der 1744 veröffentlichte *Simplicissimus Redivivus*, spielt während des österreichischen Erbfolgekrieges (1741–1743). Hier wird der Geist des alten Simplicissimus einem jungen Soldaten eingehaucht, der in der Nachfolge von Speers und Schielens Werken verschiedene Kriegsabenteuer in französischen und ungarischen Diensten erlebt.

8. Christian Reuter: *Schelmuffskys warhafftige curiöse und sehr gefährliche Reisebeschreibung zu Wasser und Lande (1696/97)*

Christian Reuter, 1665 in der Nähe von Halle geboren, schrieb die Lügengeschichte des *Schelmuffsky* im Karzer der Leipziger Universität. Grund für seine Bestrafung war das 1695 gedruckte Lustspiel *L'Honnete Femme oder die Ehrliche Frau zu Plissine,* in der Reuter seine Wirtsfrau Anna Rosine Müller verunglimpft hatte. Der ewige Student war dieser Krämerswitwe 1694 die Miete für sein Zimmer im ›Roten Löwen‹ schuldig geblieben und daraufhin unsanft vor die Tür gesetzt worden. Das Pasquill, mit dem sich Reuter für diesen Hinauswurf rächte, erregte in Leipzig erhebliches Aufsehen und führte schließlich sogar zu gerichtlichen Verhandlungen, in denen dann die Karzerstrafe verhängt wurde. Schelmuffsky ist eine groteske Karikatur von Eustachius Müller, dem renommiersüchtigen Sohn der Gasthofbesitzerin, deren Wirtshaus Reuter bereits in der *Ehrlichen Frau* in ›Güldener Maulaffe‹ umgetauft hatte.

Dementsprechend ist Schelmuffsky ein Aufschneider und Angeber, ein Hochstapler und Vertrauensschwindler, Prahlhans und Lügenbold wie er im Buche steht – kurz ein politischer Maulaffe. Wenn Schelmuffsky einleitend erklärt, er hoffe, »der Curiöse Leser wird nicht abergläubisch seyn und diese meine sehr gefährliche Reise-Beschreibung vor eine blosse Aufschneiderey und Lügen halten, da doch beym Sapperment alles wahr ist und der Tebel hohlmer nicht ein eintziges Wort erlogen«, so kann man darin eine Aufforderung zur Komplementärlektüre sehen. Reuters ›unreliable narrator‹ steht in der Nachfolge des unzuverlässigen Ich-Erzählers in Lukians *Wahrer Geschichte* und erinnert an Plautus' Miles Gloriosus. Als Vertreter der barocken Bramarbas-Dichtung (Vgl. König 1945) und Vorläufer des Freiherrn von Münchhausen, der ebenfalls wunderbare Reisen zu Wasser und zu Lande erlebt haben will, hat Schelmuffsky zugleich eine zeitkritisch-satirische und eine parodistische Funktion. Einerseits stellt die unfreiwillige Selbstentlarvung des angeblich so galanten und weltmännischen Ich-Erzählers durch seine rüpelhafte Sprache eine Travestie der höfischen Kultur und ihrer bürgerlichen Nachahmung dar; andererseits unterzieht die Reisebeschreibung die triviale Literatur der Epoche einer ironischen Kontrafaktur. Daher führt Schelmuffskys Odyssee durch die verschiedenen Chronotopoi des Schäfer- und Ritterromans, des Politischen und pikaresken Romans (Geulen, 1972, S. 485f).

Darüber hinaus legt das hyperbolische Eigenlob des Ich-Erzählers als Staatsmann und Frauenheld die Tricks der ›rhetoric of dissimulation‹ bloß. Die unzuverlässige Selbst- und Weltdarstellung hat also zwei, vom Leser aufeinander zu beziehende Dimensionen: »die als ›reale Existenz‹ erschließbare Jämmerlichkeit und Verlogenheit und die als Autofiktion präsentierte Doppelprojektion als Kavalier und Pikaro« (Grimm, 1987, S. 136). Die autoreflexiven Züge hat Reuter allerdings erst in der zweiten Fassung seines Romans deutlich hervorgehoben. Man unterscheidet diese Version B von der editio princeps A, in der Reuter noch mehr Gewicht auf die Reisebeschreibung gelegt hatte (Hecht, 1966, S. 19ff). Zu den autoreflexiven Zügen der B-Fassung gehört, daß Schelmuffsky – dessen Name bereits in Daniel Speers *Haspel-Hannß* vorkommt – einem Doppelgänger begegnet, der ihn mit seinen Angaben so maßlos ärgert, daß sich die beiden Aufschneider duellieren. Man kann in dieser Spiegelfechterei eine Reminiszenz an den *Don Quijote* sehen und den lächerlichen Sturz vom Pferde, den Schelmuffsky bei einer anderen Gelegenheit zugeben muß, auf die symbolträchtige Szene beziehen, in der Quevedos Buscón von dem hohen Roß, auf das er sich zu Unrecht geschwungen hat, herunterfällt. So wie *Die Ehrliche Frau zu Plissine* eine dramatisierte Schelmenschelte war, ist der *Schelmuffsky* eine transformierte Schelmenbeichte, wobei die Anregung zu dieser Transformation auf den Politischen Roman, insbesondere auf Riemers *Maul-Affen*, zurückgehen dürfte. Maßstab der Spießbürger-Karikatur, die Schelmuffskys Lügenmärchen enthält, ist jedenfalls nicht mehr das religiöse Vorurteil über die objektiv verkehrte Welt, sondern die Vernunft, an der das subjektive Narrentum von Ich-Erzähler und Umwelt gemessen werden. Dieser frühaufklärerische Werthorizont bildet die Vergleichsfolie für die abergläubischen Vorstellungen, mit denen Reuter in seinem Roman Schabernack treibt. Immer wieder läßt er Schelmuffsky von seiner grotesken Geburt erzählen, deren makabre Umstände suggerieren, daß er von einem Inkubus gezeugt wurde. Seine Mutter hält die Sturzgeburt anfangs für eine große Ratte, und tatsächlich kommt Schelmuffsky auf allen vieren in die Welt gekrochen. Im Kontrast zu dieser infernalisch-animalischen Abstammung steht der Umstand, daß der Ich-Erzähler schon am Tag seiner Geburt gewandt zu parlieren versteht.

Interessant ist der strategische Einsatz der Pikaro-Figur in Reuters Roman. Wie G. E. Grimm festgestellt hat, dient der mittellose Schelm dem Ich-Erzähler als listenreiche Ausflucht aus seinem Lügengebäude. Kurz bevor der Maulheld nach Hause zurückkehrt, wird er angeblich um die Reichtümer gebracht, die er unterwegs erworben haben will. So trifft er völlig abgebrannt in genau demselben Zustand in seiner Heimat ein, in dem er sie verlassen hatte, d. h. er kann ohne Gesichtsverlust leere Hände vorzeigen (Grimm, 1987, S. 146). Daß sich der Ich-Erzähler bei seinem ›Stigma-Management‹ dergestalt auf den Pikaro appliziert, zeugt nicht nur davon, mit welchem Raffinement Reuter die Genreform-Maske des Schelmenromans einsetzt. Vielmehr offenbart der Kunstgriff, daß dieses Genre inzwischen zur Trickkiste der Erzählkunst geworden ist. Reuter verwendet das Motivarsenal und die Erzählkonventionen der Gattung gleichsam augenzwinkernd in dem Bewußtsein, daß es sich bei diesen Motiven und Konventionen um etablierte Vergleichsgrößen handelt.

VII. Roman comique und Roman bourgeois

1. Frankreich unter der Herrschaft der Bourbonen

1589 bestieg Heinrich IV. als erster Bourbone den französischen Thron. Er übernahm den katholischen Glauben und schloß 1598 mit Spanien den Frieden von Vervins. Allerdings ließen sich die Interessensgegensätze zwischen Spanien und Frankreich auf Dauer nicht einvernehmlich regeln. Bereits Kardinal Richelieu, der von 1624 bis 1642 als erster Minister Ludwigs XIII. die französische Politik bestimmte, setzte den Kampf gegen das Habsburgerreich fort; Frankreichs Eintritt in den Dreißigjährigen Krieg 1635 ist vor diesem Hintergrund zu sehen. Tatsächlich übernahm Frankreich ab der Mitte des 17. Jahrhunderts die Nachfolge Spaniens als führende Macht auf dem europäischen Kontinent. Außenpolitisch wurde dies durch den Westfälischen Frieden besiegelt; innenpolitisch wurde die Führungsrolle durch die Niederschlagung der Adels-Fronde (1648–1653) gegen Kardinal Mazarin abgesichert, der für den noch unmündigen Ludwig XIV. die Regierungsgeschäfte leitete. Mit Ludwigs Entschluß zur Selbstregierung 1661 begann die eigentliche Herrschaft des Sonnenkönigs. Der absolutistische Regierungsstil des zunächst auch militärisch äußerst erfolgreichen Monarchen und die repräsentative Kultur seines Hofstaats setzten für ganz Europa Maßstäbe, obwohl sich in der zweiten Phase von Ludwigs Herrschaft Verfallserscheinungen bemerkbar machten: der Gegensatz zu England nahm an Schärfe zu, die Regelung der Thronfolge bereitete Schwierigkeiten, Hungersnöte plagten die Bevölkerung, und die Staatsfinanzen waren durch die hohen Hofhaltungs- und Kriegskosten zerrüttet. Die Krise der absolutistischen Regierungsform, die sich in den letzten Jahren des Sonnenkönigs (1638–1715) abzuzeichnen begann, leitet, so gesehen, bereits zur Vorgeschichte der Französischen Revolution und zum Verlust der Hegemonie über, die Frankreich unter Ludwig XIV. in Europa ausgeübt hatte. Schon die lange Regierungszeit Ludwigs XV. von 1715–1774 war durch außenpolitische Niederlagen und innerfranzösische Mißstände gekennzeichnet, die den König im Volk verhaßt machten; sein Nachfolger Ludwig XVI. starb 1792 unter der Guillotine.

Um die Aufnahme der novela picaresca und die Entwicklung des niederen Romans in Frankreich nachzuzeichnen, gilt es jedoch, zunächst noch einmal zum Frieden von Vervins zurückzukehren: einerseits hatten die politschen Gegensätze zwischen der aufstrebenden französischen und der niedergehenden spanischen Macht das Interesse der beiden Völker füreinander gefördert; andererseits erleichterte die dem Friedensschluß folgende, vorübergehende Phase der Entspannung den kulturellen Austausch. Schon 1560 hatte der Lyoneser Buchhändler Jean Saugrain eine anonyme Übersetzung des *Lazarillo* herausgebracht, die als *L'Histoire plaisante et facetieuse du Lazare de Tormes, Espagnol. En laquelle on peult recongnoistre bonne partie des moeurs vie et conditions des Espagnolz* das Interesse der Leser zu wecken wußte. Die hier vorgenommene Betonung des schwankartigen Charakters der Schelmengeschichte sowie der Hinweis auf das Sittengemälde, das sie enthielt, sollten für die französische Rezeption der novela picaresca maßgeblich werden. Auch Jean Chapelains vorbildliche Übertragung des *Guzmán* von 1619, die eine frühere, weniger gelungene Übersetzung des ersten Teils durch Gabriel Chappuy aus dem Jahre 1600 ablöste, erschien unter einem Titel, der den repräsentativen Zuschnitt der im Roman geschilderten Welt sowie die Nützlichkeit seiner Lektüre herausstrich: *Le Gueux ou la vie de Guzman d'Alfarache. Image de la vie humaine. En laquelle toutes les fourbes et meschancetez qui s'usent dans le monde sont plaisamment et utilement découvertes.* Wie stark das Interesse der Franzosen an der Literatur des Nachbarlandes gewesen sein muß, geht aus der Tatsache hervor, daß der *Marcos de Obregón* sofort nach seiner Veröffentlichung 1618 ins Französische übersetzt wurde (Greifelt, 1936, S. 62).

Obwohl die französische Romanproduktion und -rezeption keineswegs einheitlich und konfliktfrei war, kann man im Hinblick auf die Um- und Anverwandlung der novela picaresca sowie die Entwicklung des komischen Romans davon ausgehen, daß der Schelmenroman aufgrund seiner Opposition zu den Ritterbüchern zumindest für diejenigen Autoren eine faszinierende Möglichkeit der Weltdarstellung eröffnete, deren Aufmerksamkeit ebenfalls den alltäglichen Erscheinungen des Lebens galt. Bei Sorel, Scarron und Furetière jedenfalls fällt auf, daß die Übernahme pikaresker Motive und

Figuren mit einer Ablehnung des höfisch-heroischen Romans und der Schäferromantik einhergeht. Ihrer Tendenz nach sind die *Vray Histoire*, der *Roman comique* und der *Roman bourgeois* daher auch gegen die klassizistische Auffassung der Dichtkunst gerichtet, die in der *Art Poetique* von Boileau 1674 ihren prägnanten Ausdruck finden sollte (Strickland, 1953/4, S. 182). Noch genauer muß man zwischen der antibourgeoisen Einstellung des Libertin, wie sie im *Francion* zutage tritt, und der Verbürgerlichung des Schelms unterscheiden, die 1633 in *L'Aventurier Buscon* vorgenommen wird. Mindestens ebenso wichtig für die Entwicklung einer burlesken Erzählkunst wie die novela picaresca war jedoch François Rabelais' karnevaleskes Werk.

2. François Rabelais: Gargantua et Pantagruel (1532–1564)

Ähnlich wie Cervantes *Don Quijote* ist Rabelais' fünfteiliger Romanzyklus aus einer Parodie der Ritterbücher hervorgegangen. Schon die unförmige Riesengestalt Gargantuas, die nicht von Rabelais erfunden wurde, sprengt jedes menschliche Maß und spottet jeder vernünftigen Beschreibung. Das Volksbuch, das von den Taten dieser grotesken Figur erzählt, diente dem umfassend gelehrten und humanistisch gesinnten Arzt Rabelais (um 1494–1553) als Vorlage. Dabei gab er Pantagruel als Sohn Gargantuas aus, veröffentlichte aber nach der Geschichte des Sohnes auch noch eine eigene Version von Gargantuas Leben, der alsbald weitere Erzählungen in der Art einer Menippeischen Satire folgten. Der fünfte und letzte, erst nach Rabelais' Tod veröffentlichte und wohl nicht mehr von ihm selbst fertiggestellte Teil beschließt die phantastische Reise zum Orakel der Göttlichen Flasche, die Pantagruel und seine Gefährten unternehmen, um herauszufinden, ob der Erzfilou Panurge heiraten soll oder nicht. In allen Zyklusteilen verband Rabelais den Rationalismus der frühneuzeitlichen Wissenschaft und Schriftkultur mit Motiven und Figuren, die aus dem Mittelalter, vor allem aus der mündlichen Tradition des Karnevals stammen. So kann man beispielsweise die Verballhornung der theologischen und juristischen Terminologie einerseits als Fortsetzung der Ständesatire, andererseits aber auch als Parodie auf die moderne Tendenz einer Vergeistigung der Welt verstehen, die von Spezialisten betrieben wird, die das Gespür für die wesentlichen, kreatürlichen Bedürfnisse des Menschen verloren haben. Die Lachkultur des Karnevals und die Semiotik des grotesken Körpers haben bei Rabelais also stets eine doppelte Funktion: sie werden zur Verspottung gesellschaftlicher Mißstände, aber auch als ernstzunehmende Hinweise auf die Leiblichkeit des Menschen eingesetzt, die in einem problematischen Verhältnis zu seiner Willensfreiheit steht.

Die Lehre von der Willensfreiheit durchzieht das gesamte Werk und wird von Rabelais nie dem höheren Blödsinn geopfert, der die verkehrte Welt der Riesen auszeichnet. Sowohl das Orakel der Göttlichen Flasche als auch das Motto, unter dem die von Pantagruel gestiftete Abtei Thélème steht, bekräftigen diese Lehre, als deren poetische Einlösung Rabelais' Umgang mit den Versatzstücken der zeitgenössischen Wirklichkeit und der literarischen Tradition angesehen werden kann. Die dichterischen Freiheiten, die sich Rabelais herausnimmt, werden z.B. an der Travestie der religiös grundierten Visionsliteratur deutlich. Der Bericht, den Epistemon von seiner Jenseitsreise liefert, läuft nämlich auf eine gesellschaftskritische Inversion der im Diesseits etablierten Hierarchie hinaus, steht also in der Nachfolge von Lukians Satire *Menippus seu Necyomantia*. Dabei ist es ausgerechnet der Erzfilou Panurge, der an Epistemon das Lazaruswunder der Totenerweckung vollbringt. Sein Verfahren der Reanimation erinnert an eine Passage in Folengos *Baldus*, in der Cingar einen Jungen in die Gemeinschaft der Lebenden zurückruft. Ebenfalls aus dem *Baldus* stammt die Episode, in der Panurge eine Hammelherde ertränkt. Obwohl der Antiheld des Schelmenromans weit weniger diabolische Züge als Panurge trägt, teilt er mit ihm die literarische Herkunft. Wie der Pikaro ist auch Rabelais' Erzfilou ständig zu derben Späßen und Streichen aufgelegt. Nicht anders als Lazarillo und seine Nachfolger schlägt er sich mit Witz durchs Leben und legt sich dabei doch immer wieder selbst herein. Ludwig Schrader, der dem Ursprung dieses Charakters nachgegangen ist, unterscheidet in Panurges Persönlichkeit vier Aspekte: einen schelmisch-komischen, einen gelehrt-bürgerlichen, einen gefährlich-unheimlichen und einen freundlich-vermittelnden, die allesamt auf den antiken Hermes-Mythos verweisen (Schrader, 1958, S. 135). Schon die Ableitung seines Namens von der griechischen Bezeichnung für eine Person, die zu allem imstande ist, zum Gemeinen wie zum Übermenschlichen, deutet in diese

Richtung. Panurge verfügt über polyglotte Sprachkenntnisse und kennt sich in allen Kulturen aus; daher weiß er selbst weit verstreute Kenntnisse in origineller Form miteinander zu verbinden. Trotz dieser überragenden Intellektualität neigt er oft zu kindischen und albernen Verhaltensweisen; seiner Fähigkeit, andere zu verwirren, entspricht seine Unfähigkeit, bei Gefahr einen klaren Kopf zu bewahren. Obwohl er keine Obszönität ausläßt, macht er aus Angst, zum Hahnrei zu werden, aus der Frage seiner möglichen Verheiratung ein Problem, das im Rahmen der menschlichen Philosophie nicht zu lösen ist und daher die Wallfahrt zur göttlichen Flasche erfordert.

Die mythologischen Züge, die Panurge sowohl von Cingar als auch vom Pikaro unterscheiden, führen einerseits dazu, daß diese Figur – ebenso wie die Märchengestalt der Riesen – die Beschränkung des Schelmenromans auf den Chronotopos der alltäglichen Erfahrung sprengt; andererseits erscheint Panurge im Vergleich mit dem halben Außenseiter und seiner marginalen Persönlichkeit als eine zwar nicht universale, aber doch erheblich vielschichtigere Figur, der prinzipiell mehr Möglichkeiten der Selbstdarstellung und Welterzeugung zur Verfügung stehen als dem in seiner gesellschaftlichen Bewegungsfreiheit eingeschränkten Pikaro. Das ist, gerade im Hinblick auf den niederen französischen Roman des 17. Jahrhunderts, ein Umstand mit Folgewirkung: schon in der Geschichte des Francion wird die fiktionale Welt gegenüber dem Spielraum des Schelms erheblich erweitert, und obwohl Francion keine übermenschlichen Eigenschaften besitzt, bewahren seine frivolen Abenteuer doch etwas von der existentiellen Leichtigkeit, die dem Hermes-Mythos zufolge den Umgang des göttlichen Kindes mit der Welt auszeichnet.

So gesehen könnte man die empirische Akzentuierung des niederen Romans als eine Folge seiner Anknüpfung an die spanische Tradition, die Erweiterung des Welt- und Menschenbildes jedoch als Ergebnis der innerfranzösischen Traditionsbildung verstehen. Der burleske Stil eines Sorel oder Scarron wäre dann gleichsam die zweite Phase einer Entwicklung, deren erste Phase die Karnevalisierung der Literatur darstellt, für die Rabelais' Werk steht. Keineswegs nämlich geht es in *Gargantua et Pantagruel* darum, die orale Lachkultur zu konservieren oder in authentischer Form wiederzugeben. Vielmehr ist die Karnevalisierung der Literatur ein dialogisches Verfahren und von dem reziproken Vorgang einer Literarisierung des Karnevals nicht zu trennen. Damit ist gemeint, daß die Figuren, Motive und Topoi der mündlichen Kultur und des kollektiven Festes aufgrund ihrer an die Individualität des Verfassers gebundenen Art und Weise der Verschriftlichung eine bestimmte Metamorphose erfahren. Die poetische Imitation des Karnevals besteht in erster Linie in der Nachahmung des Prinzips der schöpferischen An- und Umverwandlung der Welt durch den grotesken Körper und nicht in der rückwärtsgewandten Verewigung eines folkloristischen Instituts.

3. Charles Sorel:
La Vraye Histoire Comique de Francion (1623/26/33)

La Vraye Histoire Comique de Francion erschien in drei Ausgaben, die sich sowohl im Umfang als auch im weltanschaulichen Gehalt unterscheiden. Die erste Ausgabe von 1623 umfaßte sieben, die zweite von 1626 elf anonym verfaßte Bücher. Als 1633 eine dritte Ausgabe mit insgesamt zwölf Büchern unter dem Pseudonym Nicolas de Moulinet, Sieur du Parc ausgeliefert wurde, hatte Sorel seine Freizügigkeit in der Schilderung erotischer Abenteuer sowie seine offenherzige Darlegung der libertinistischen Lebensphilosophie stark zurückgenommen (Berger, 1981, S. 244 ff). Eine wesentliche Ursache für diese Selbstzensur dürfte die damals vom französischen Hof betriebene Verfolgung des Freidenkertums gewesen sein, die in einem Prozeß gegen Sorels gleichgesinnten Dichterfreund Théophile de Viau ihren Höhepunkt erreichte. Hätte Sorel, der 1599 geboren wurde und 1674 starb, seine subversiven Thesen auf die Spitze getrieben, wäre er später wohl kaum zum offiziellen Geschichtsschreiber Frankreichs berufen worden.

Gleichwohl bewahrt auch die 1633er Fassung des Romans die hedonistische Moral des ›carpe diem‹, die Francion in Wort und Tat bezeugt. Seine Diktion unterscheidet sich kaum von der des auktorialen Erzählers, dem Sorel die Exposition der Geschichte anvertraut hat (Morawe, 1963, S. 188; Goebel, 1965, S. 100). Bei dieser Exposition geht es unter anderem um die Darstellung der Gesprächssituation, in der Francion von Raymond aufgefordert wird, seine Abenteuer zu schildern. Diese Schilderung wiederum zeigt, daß Sorels Protagonist zwar Rivalen hat, die bei seinen Affären als Nebenbuhler in Erscheinung treten, aber keine wirklich ernstzunehmenden Widersacher. Mit dem Antagonismus der novela picaresca entfällt auch der ›Sisyphos-Rhythmus‹. Die Figur des Tantalus taucht bei Sorel bezeichnenderweise nur dann auf, wenn es um die ungestillten Liebessehnsüchte des Titelhelden geht.

Im Stil entspricht Francions Schilderung dem poetologischen Postulat der ›naiveté‹, das Sorel für den niederen Roman aufgestellt hatte. Dieser Forderung zufolge sollte die Sprache des Romanciers von natürlicher Einfachheit, den schlichten Gegenständen der Darstellung angemessen und der Tendenz nach komisch sein – eine Forderung, deren Einlösung die *Histoire comique* von dem prätentiösen Duktus der ›Histoires tragiques‹ absetzen sollte. Das Attribut ›vray‹ im Titel des Romans bezieht sich also auf den Stil des Textes, meint aber auch die Repräsentativität seiner Gesellschaftsdarstellung. Francion ist nämlich ein verarmter Adliger, ein zur pikaresken Lebensweise genötigter Libertin, der sich in allen sozialen Milieus souverän zu bewegen und zu behaupten weiß. Diese Weltgewandtheit unterscheidet ihn von den Antihelden der novela picaresca, die bei allen Rollen- und Maskenspielen doch stets ihr ›Stigma-Management‹ betreiben mußten. Sorels Held hingegen kennt nicht den Leidensdruck des Außenseiters; er steht immer im Mittelpunkt des Geschehens. Sein Leben gleicht einem panerotischen Fest, und daher stellt sich bei der Lektüre des *Francion* durchgängig der Eindruck ein, daß Sorel unter einem pikaresken vor allem einen frivolen Roman verstanden haben muß.

So gesehen markiert der *Francion* den Übergang von Rabelais' karnevalesker Erzählkunst zu der burlesken Manier der narrativen Welterzeugung, die den *Roman Comique* auszeichnet. Der Schabernack, der z.B. mit dem armen Poeten Hortensius getrieben wird, erinnert gewiß nicht von ungefähr an die groteske Zeremonie von der Ernennung und Amtsenthebung eines Narrenkönigs. Auch der Anspruch, eine vollständige, der Wirklichkeit in ihrer Vielfalt angemessene Darstellung der Welt zu liefern, läßt sich auf die enyzklopädische Tendenz von Rabelais' Romanzyklus zurückführen. Die Art und Weise, in der dieser Anspruch von Sorel eingelöst wird, verweist jedoch auf die spezifische Form der Schelmenbeichte, da das satirische Gesellschaftspanorama zur Hauptsache im Rahmen einer Ich-Erzählung entfaltet wird. Eine Folge dieser Verbindung der verkehrten Welt des Karnevals mit dem um die Sphäre des niederen Adels erweiterten Chronotopos des Pikaroromans ist, daß das Figurenensemble in zwei Hälften zerfällt. Auf der einen Seite stehen die Libertins, auf der anderen Seite Gestalten wie die Pikara Agathe oder die Spottfigur des Hortensius. Er ist der Prototyp des ›poète crotté‹, des verarmten, heruntergekommenen Dichters. Grimmelshausens Jupiter und Scarrons Ragotin sind ihm nachempfundene Gestalten. Auch im *Roman bourgeois* taucht dieser Typus wieder auf, diesmal unter dem Namen Charroselles, der perfider Weise eine Verballhornung von Charles Sorel ist, mit dem Antoine Furetière eine intime Feindschaft verband.

Was für die Figuren des *Francion* gilt, trifft ebenso auf seine Themen zu. Denn obwohl es im Schelmenroman häufig Heiratsschwindel und an die Rivalität der Geschlechter gekoppelte Intrigen gibt, entstammt das zentrale Thema von Sorels Historie, die Liebe, doch zur Hauptsache dem Bereich der höfischen Literatur, deren keusche Schilderung erotischer Beziehungen im *Francion* hintertrieben wird. Tatsächlich kommt der burleske Charakter des Romans wesentlich durch eine gleichsam pikareske Travestie der bukolisch-arkadischen Dichtung zustande. So spielt Sorels Schelm vorübergehend die Rolle eines Schäfers, nur um eine Schäferin zu verführen und sich anschließend mit seinen adeligen Freunden über diese Romanze zu amüsieren. Francions Hinweis auf einen angeblich von ihm verfaßten Roman, der von den Tollheiten eines Menschen handelt, der zuviele Schäferromane gelesen hat – gemeint ist Sorels 1627/28 veröffentlichter *Berger extravagant* – unterstreicht, daß dieser Autor sich bei Cervantes ebenso gut auskannte wie in der übrigen zeitgenössischen Literatur. Man kann daher im Hinblick auf die Vermittlungsstruktur des Werkes sagen, daß Sorel die pikareske Weise der narrativen Welterzeugung mit Cervantes' Kunst der Zusammenführung diverser Erzählgenre verbunden hat: einerseits hält er an der realistischen Form der Schelmenbeichte fest; andererseits zielt seine panerotische Weltdarstellung auf eine Repräsentativität ab, die unter anderem dadurch zustande kommt, daß der Chronotopos des abenteuerlichen Alltags mit der bukolischen Landschaft des Schäferromans und der Welt des Adels verschmolzen wird.

4. Paul Scarron: L'Aventurier Buscon (1633) und Roman comique (1651/55/57)

1633 erschien mit *L'Aventurier Buscon, histoire facétieuse* eine folgenreiche Bearbeitung von Quevedos Roman. Da der anonyme Bearbeiter sein eigenes Werk in die Nachfolge der von Sieur de la Geneste ein Jahr zuvor publizierten Übersetzung der *Sueños* stellte, wird das Buch in der älteren Forschung oft unter diesem Verfassernamen behandelt. Erst 1970 gelang es Andreas Stoll anhand der burlesken Terminologie, der auffälligen Verwendung volkstümlicher Redeweisen und Sprichwörter sowie aufgrund der Ähnlichkeit zwischen der Erzählperspektive des *Aventurier* und der des *Roman comique* Scarron als Urheber des französischen *Buscon* nachzuweisen.

Scarron wurde 1610 als Sohn eines Juristen in Paris geboren. Er selbst schlug eine kirchliche Laufbahn ein, mußte diese jedoch aufgrund eines 1638 ausgebrochenen Körperleidens aufgeben. Er beteiligte sich mit einer gegen Mazarin gerichteten Streitschrift an der Fronde, und fiel nach seinem Tod 1660 rasch der Vergessenheit anheim. Dazu mag seine Opposition gegen die Politik des Hofes, aber auch der Umstand beigetragen haben, daß seine Witwe die Gunst Ludwigs XIV. errang und als Madame de Maintenon zu einer einflußreichen Persönlichkeit avancierte, die es sich aus Gründen der Etikette nicht mehr leisten konnte oder wollte, mit Scarron in Verbindung gebracht zu werden.

Der *Aventurier Buscon* unterscheidet sich erheblich vom Original: die einzelnen Figuren treten unter veränderten Namen auf, die pikareske Karriere wird entschärft und durch einen gelungenen Heiratsschwindel zu einem glücklichen Abschluß gebracht. Folgerichtig entfällt der dramatische Auftritt Don Diegos ebenso wie die spezifische Instrumentalisierung karnevalesker Topoi zur Entlarvung des Vertrauensschwindlers (Vgl. Stoll 1970). Insgesamt reflektiert Scarrons Bearbeitung ihrer Tendenz nach die Aufsteigermentalität des zeitgenössischen Bürgertums, läuft die letztlich erfolgreiche Integration des Buscon in die bestehenden Verhältnisse doch auf eine Anerkennung des Erwerbsstrebens dieser Klasse hinaus. Daher werden die gesellschaftlichen Ambitionen des Aventurier anders als Pablos' Wunsch nach sozialer Akzeptanz nicht mehr diskreditiert. Diese weltanschauliche Revision der Vorlage wird allerdings mit einem Verlust an Textkohärenz erkauft: Quevedos raffinierte Juxtaposition zweier gegenläufiger

149

Diskurse – der apologetischen Schelmenbeichte und der karnevalesken Schelmenschelte – entfällt ebenso wie die Verklammerung der einzelnen Episoden durch wiederkehrende Motive und Personen sowie durch den conceptionistischen Stil (Reichardt, 1970, S. 50 ff).

Gerade aufgrund der veränderten Schlußlösung ist Scarron mit seiner Bearbeitung des *Buscón* jedoch zum »Vater des domestizierten, verbürgerlichten Pikaro« (Rötzer, 1981, S. 265) geworden. Sein *Aventurier* erfuhr zahlreiche Auflagen und wurde 1671, anders als das Original, auch ins Deutsche übersetzt. Wichtig für die innerfranzösische Entwicklung waren die Impulse, die Scarrons Neufassung der Schelmengeschichte der Ausbildung eines niederen Erzählgenres vermittelte: während die Repräsentativität des *Francion* noch an die adelige Abstammung seines in allen Lebenslagen souveränen Protagonisten gekoppelt war, belegte der *Aventurier Buscon*, daß auch die nichtadelige Gesellschaft den Rahmen für eine interessante Geschichte bot. Erst damit wurde der Begriff des Romans, der zu Beginn des Jahrhunderts noch ausschließlich für die ›Livres de Chevalerie‹ reserviert worden war, auch auf die ›histoires comiques‹ anwendbar, die als Pendant zu den ›histoires tragiques‹ entstanden waren. Während das Epos als Vorbild des höfisch-heroischen Romans galt, war für den niederen Roman die Komödie maßgeblich (Berger, 1984, S. 32).

Nicht zuletzt deswegen spielt der *Roman comique* (1. Teil 1651, revidierte Fassung 1655; 2. Teil 1657) im Milieu der Schauspieler, die mit ihrer Wanderbühne über Land ziehen und so, wie einst der Pikaro, verschiedene Stände der zeitgenössischen Gesellschaft kennenlernen. Die Mehrdeutigkeit des Titels, der zum einen auf dieses Milieu, zum anderen aber auf die Orientierung des niederen Romans an der Komödie verweist, zeigt, daß der *Roman comique* bewußt ein bestimmtes Erzählprogramm verfolgt. Scarron will die bürgerliche Alltagswelt in einer Art und Weise beschreiben, die sich thematisch wie strukturell deutlich von der gehobenen Dichtung unterscheidet. Die Parodie nichtkomischer Textsorten sowie die Distanz des Erzählers gegenüber der dargestellten Welt unterstreichen die autoreflexive Machart des Werkes, dessen 3. Teil Scarron nicht mehr fertigstellen konnte. Das ironische Spiel, das er mit der auktorialen Allmacht des Erzählers und den Erwartungen seiner Leserschaft treibt, läßt Cervantes Einfluß erkennen. Wie im *Don Quijote* kommt es zu einer paradoxen Gleichzeitigkeit zwischen der Illusionsbildung und der delusorischen Aufdeckung jener Kunstgriffe, die der Erzähler beim Aufbau der fiktionalen Welt anwendet. Um die Kernmannschaft der fahrenden Schauspieler ranken sich bei Scarron eine Reihe von Lebensgeschichten, die durch sekundäre Erzähler vorgetragen werden – auch dies ein Kompositionsprinzip, das den *Roman comique* mit der cervantesken Weise der narrativen Welterzeugung verbindet.

Folgerichtig geht es im auktorialen Kommentar der Geschichte weniger um eine moralische Bewertung des Dargestellten als um eine Reflexion der Darstellungsprobleme. Mehrmals betont Scarron, daß sein Erzähler keinen objektiven Zugang zur Welt der Figuren besitze und daß seine Darstellung Informationsdefizite aufweise. Zudem führt er dem Leser das Dilemma vor Augen, das aus der Verpflichtung des Verfassers zur Wahrheitstreue entsteht, weil diese Verpflichtung die Gefahr mit sich bringt, daß man sich in Einzelheiten verliert. Die Frage, wie sehr der Verfasser eines realistischen Prosatextes ins Detail gehen soll, spielt noch bei Fielding, der Scarron viele Anregungen verdankt, eine wichtige Rolle. Auch das dramaturgische Verfahren der Interruption einer Szene durch eine andere, das in *Joseph Andrews* und in *Tom Jones* wiederholt eingesetzt wird, läßt sich schon im *Roman comique* beobachten und hat, wie Fieldings Definition des Romans als eines komischen Epos, mit der Orientierung der niederen Erzählkunst an der Komödie zu tun.

Ein weiterer Aspekt, der Fielding und Scarron hinsichtlich ihrer Auffassung von literarischer Wahrheitstreue verbindet, ist die Skepsis dieser beiden Autoren gegenüber dem heroischen Charakter. Im allgemeinen sind die Menschen keine Helden und ebensowenig einfach gut wie restlos schlecht. Der in komischen Zügen gezeichnete mittlere Charakter beherrscht daher den Chronotopos ihrer Romane, wobei dieser Chronotopos durch die zahlreichen Vergleiche mit einer Theaterbühne Profil gewinnt. Vor allem in *Tom Jones* enthält der Bezug auf das Schauspiel stets auch einen Hinweis darauf, daß der Roman ein inszenierter Diskurs ist, dessen Dramatik nicht so sehr aus der Natur der Ereignisse, sondern aus dem Gestaltungswillen des Verfassers resultiert. Das Leben selbst bietet, gerade weil es so wenig echte Helden gibt, nicht die Häufung an bemerkenswerten Vorgängen, die in der Literatur an der Tagesordnung ist. Im *Roman comique* findet diese undramatische Weltsicht darin Ausdruck, daß das Werk keinen aus dem Figurenensemble herausgehobenen Titelhelden kennt (im Falle des *Tom Jones* ist es die Gewöhnlichkeit des Namens, die den Protagonisten zum ›average man‹ erklärt).

5. *Antoine Furetière:*
Le Roman bourgeois, Ouvrage comique (1666)

Wie Scarron empfand Antoine Furetière (1619–1688) die Heroisierung einer einzelnen Figur als unglaubwürdig. Im Gegensatz zu dem Verfasser des *Roman comique*, der es darauf abgesehen hatte, der niederen Erzählkunst eine eigenständige Form zu geben, verfolgt der Autor des *Roman bourgeois* jedoch das weitaus radikalere Konzept einer gewollten Formlosigkeit. Sein komisches Werk, das 1666 erstmals gedruckt wurde, ist ein Anti-Roman, der die im höfisch-galanten Genre ausgebildeten Erzählkonventionen und die von ihnen geweckten Lesererwartungen systematisch enttäuscht. Furetières sehr direkte Art der Enttäuschung wird besonders im zweiten Buch des *Roman bourgeois* deutlich, das knapp und bündig mit der Feststellung beginnt: »Solltest Du erwarten, dies Buch sei die Fortsetzung des ersten und es gäbe zwischen beiden notwendigerweise einen Zusammenhang, dann bist Du genasführt worden [...] Um ihre Verknüpfung wird sich der Buchbinder kümmern müssen.« Auf diese Weise werden die suggestiven Kategorien der Handlungseinheit und Textstimmigkeit in Zweifel gezogen, an denen sich die meisten anderen Verfasser von Romanen sowie ihre Leser gewöhnlich orientieren. Gleichzeitig wird die Willkür offensichtlich, mit der der Urheber einer Erzählung in seiner fiktiven Welt schalten und walten kann.

Indem Furetières auktorialer Erzähler beständig die Klischees der prätentiösen Romane eines Honoré d'Urfé oder einer Madeleine de Scudéry attackiert, wendet er sich zugleich gegen die Affektationen eines vorwiegend bürgerlichen Publikums, das sich nach Art dieser Romane auf eine vermeintlich vornehme Lebensweise kapriziert. So wird beispielsweise der bürgerlichen Javotte im Stil der *Astrée* der Hof gemacht, d.h., der Verlauf ihrer Romanze mit Pancrace gleicht einzelnen Episoden dieses zwischen 1607 und 1627 in zwölf Büchern publizierten Romans. Die Ableitung der vermeintlich authentischen Liebesempfindungen aus einem seinerseits bereits von Inauthentizität gekennzeichneten Werk karikiert den widersinnigen Versuch des Bürgertums, eine eigene Gefühlskultur ausgerechnet aus der Nachahmung der von der Etikette bestimmten höfischen Galanterie zu entwickeln.

Umgekehrt fordert aber auch die Anbiederung an den bürgerlichen Geschmack, dessen sich die koketten Romanschriftstellerinnen vom Typ der Scudéry schuldig machen, Furetières Kritik heraus. Diese richtet sich immer zugleich gegen die Realität und den Idealroman, deren gemeinsamer Makel in dem Hang zur Affektation besteht, der die Zeitgenossen erfaßt hat. Das Leitbild des ›honnête homme‹ verführt die Menschen hier wie dort zu kleinen und großen Vertrauensschwindeln, wollen sie doch jeweils mehr und besser scheinen, als sie sind. Der Dissimulation ihrer Schwächen – Stichwort: Stigma-Management – entspricht daher die Simulation edler Gesinnungen und hehrer Absichten selbst dann, wenn es um profane Geldgeschäfte und banale Liebeshändel geht. Die allgemeine Unaufrichtigkeit des zwischenmenschlichen Verkehrs macht aus dem Paris der Kleinbürger, in dem die Handlung von Furetières komischem Werk angesiedelt ist, zwar keine pikarische Welt im Sinne des spanischen Schelmenromans, offenbart aber, daß der bourgeoise Jahrmarkt der Eitelkeiten lediglich die zivile Variante des sozialen Antagonismus darstellt, den der Pikaro im rohen Naturzustand der Gesellschaft erfährt.

Das wird besonders im zweiten Teil des bürgerlichen Romans deutlich, der fast ausschließlich von einer gerichtsnotorischen Beziehung zwischen der streitsüchtigen Collantine und dem Lästermaul Charroselles handelt, wobei der inkompetente Richter Belastre zugleich als Nebenbuhler Charroselles' und als Appellationsinstanz Collantines' fungiert. Furetière erledigt auch hier wieder Literaturparodie und Gesellschaftssatire auf einen Streich. Einerseits steht seine Travestie der Justizsprache in der Nachfolge von Rabelais karnevalesker Karikatur des Gerichtswesens; andererseits wird der zivilisatorische Prozeß, der die im Karneval entfesselte Triebhaftigkeit des Menschen unter die Kontrolle der öffentlichen Meinung und des persönlichen Gewissens zwingt, wie eine Gerichtsakte aufgerollt. Das Protokoll des von wechselseitigen Vorwürfen, Schmähschriften und intriganten Unterstellungen gekennzeichneten Prozesses, in dem sich Charroselles und Collantine kennen, lieben und hassen lernen, ist gewissermaßen die bürgerliche Variante des mit Scheltbriefen ausgefochtenen Schelmenduells, wie es die Pícara Justina gegen den Pícaro Guzmán angestrengt hatte. Die Dialektik von Rede und Widerrede, von Darstellung und Gegendarstellung, die aus der wechselseitigen Schelmenschelte folgt, wird von Furetière allerdings so transformiert, daß die ihr eigene Reversibilität der Auffassungsperspektiven durch den auktorialen Erzähler aufgehoben wird. Daher bedürfen die wechselseitigen Anklagen, die der Roman auf der Ebene der Figurenrede enthält, keiner Komplementärlektüre. Der ironische Erzählerkommentar macht hinreichend deutlich, wie sie gedacht und aufzufassen sind: als unfreiwillige Selbstentlarvungen ihrer zu Karikaturen herabgestuften Urheber.

Die Tendenz zur Karikatur folgt unmittelbar aus dem pädagogischen Konzept, das Furetière in der Vorrede zu seinem Roman erläutert: da die Fruchtlosigkeit jeder dogmatischen Moral hinlänglich bekannt sei, gelte es, die Laster ins Lächerliche zu ziehen, denn die Menschen würden sich weniger aus Einsicht in die Lasterhaftigkeit denn aus Sorge, zum Gespött ihrer Mitmenschen zu werden, von frevelhaften Handlungen abwenden. Ein ganz ähnliches pädagogisches Konzept wird Fielding mit dem komischen Roman verbinden. Auch seine Gesellschaftskritik gilt der affektierten Pose, die der Eitelkeit oder Heuchelei entspringt. Indem diese Pose mit den Mitteln der burlesken Literatur ins Lächerliche gezogen und bloßgestellt wird, verweist der Autor eines komischen Romans auf die Tugenden, die im Umkehrschluß aus den dekuvrierten Lastern folgen. Fielding hat diese Funktionsbestimmung des komischen Romans seiner *History of the Adventures of Joseph Andrews* vorangestellt, deren Untertitel besagt, daß sie in der Art des Cervantes abgefaßt worden sei (*Written in Imitation of the manner of Cervantes, Author of Don Quixote*).

Daran zeigt sich, daß Furetière in jene Entwicklungslinie der modernen Erzählkunst gehört, die von Cervantes über Scarron bis zu Fielding und Sterne führt. Ein wichtiges Kennzeichen dieser Spielart des Romans besteht darin, daß die Handlung jeweils doppelt kodiert ist, da die Kritik der Laster und Posen an die Travestie bestimmter literarischer Textsorten gekoppelt ist. Diese Doppelkodierung ist im *Roman bourgeois* so auffällig, weil dieses Werk stärker als die Romane von Fielding oder Scarron zur Metafiktion tendiert. Dabei geht Furetière, die delusorische Erzählstrategie aus dem *Don Quijote* fortführend, insofern einen entscheidenden Schritt über Cervantes hinaus, als er den Pseudodialog des Erzählers mit dem Leser sehr direkt gestaltet, eine Methode, die in Laurence Sternes *Tristram Shandy* widerkehrt. So unterhält sich der Erzähler einmal mit dem Leser, der unmittelbar als »Du« angesprochen wird, über die Weitschweifigkeit und Geschwätzigkeit mancher Romanautoren, von denen er sich wiederum dadurch absetzt, daß er nicht nur überflüssige, sondern auch handlungsrelevante Szenen einfach ausspart. Dem Leser wird an der betreffenden Stelle lediglich mitgeteilt, daß der Erzähler mit dem Gedanken gespielt habe, im Buch ein Blatt frei zu lassen, damit ein jeder genügend Platz finde, sich eine Szene nach seiner Wahl auszumalen. Sterne wird die Seite später tatsächlich frei lassen.

An einer anderen Stelle bedauert Furetières Erzähler, daß die bürgerliche Lucrèce und der von ihr verehrte Marquis keine Domestiken beschäftigen, die ihm indiskrete Informationen über ihr Verhältnis hätten zukommen lassen. Im Gegensatz zu Scarron, der es bei dieser relativen Unbestimmtheit der Darstellung belassen hatte, erklärt Furetières Erzähler ohne Scheu, seine Informationsdefizite einfach durch eigene Erfindungen ausgeglichen zu haben. Auch Sterne beklagt zuweilen den Mangel an Zeugen, leitet aus der Unschärferelation jeder Erzählung darüber hinaus jedoch das Recht ab, die Reihenfolge der Ereignisse zu manipulieren. Ähnlich wie im *Tristram Shandy* konvergiert die Weltdarstellung bei Furetière auf den Erzähler, der jedoch anders als bei Sterne kein ›firstperson narrator‹ ist. Sein auktorialer Erzähler fungiert im ersten Teil des komischen Werks zwar als Leitzentrale der Textgestaltung und Lesersteuerung, wird aber keineswegs als allmächtig vorgestellt. Vielmehr gewinnt er gerade dadurch ein subjektives Profil, daß er sich zu einer objektiven Darstellung der Welt außerstande sieht. Im zweiten Teil wirft Furetière nicht nur die Regeln des heroisch-galanten und des komisch-satirischen Romans über den Haufen, vielmehr untergräbt die zentrifugale Gewalt des Textes, der sich immer mehr einer aus diversen Schriftstücken kompilierten Gerichtsakte annähert (Goebel, 1965, S. 214), auch den Standpunkt des Erzählers. Die auktoriale Instanz, die im ersten Teil des Romans das Geschehen immerhin noch lakonisch zu kommentieren verstand, mutiert stellenweise zu einem Gerichtsschreiber und Archivar, der lediglich zusammenstellt, was – der Fiktion zufolge – bereits in schriftlicher Form vorliegt. Dergestalt stößt Furetière bis an die Grenze dessen vor, was noch als Erzählvorgang bezeichnet werden kann. Der Text wird hier beinahe ganz zum Wortmaterial, zum Medium der Selbstdarstellung dessen, was Schriftlichkeit wesentlich ausmacht, nämlich die Verdinglichung der menschlichen Rede zu einem Dokument, das zitiert und in andere Zusammenhänge als den Kontext seiner Entstehung versetzt werden kann.

6. Alain René Lesage: Le Diable boiteux (1707/1726)

Alain René Lesage kam 1668 als Sohn eines königlichen Notars in der Bretagne zur Welt. Er wurde zunächst in Vannes von Jesuiten erzogen und studierte dann in Paris Philosophie und Jurisprudenz. Trotz seiner Zulassung als Advokat entschloß sich Lesage jedoch Schriftsteller zu werden. Sein Erfolg als Übersetzer, Bühnenautor und Romancier gab ihm Recht: Lesage war vermutlich der erste bürgerliche Literat, der ausschließlich von seinen Publikationen leben konnte. Allerdings fiel sein Erfolg in die zweite Phase der Regierung Ludwigs XIV., eine von Niedergang und Elend bestimmte Zeit. Als der König, der seit 1667 fast ununterbrochen Kriege geführt, die Infrastruktur des Landes vernachlässigt und seine kostspielige Hofhaltung zu Lasten der Untertanen betrieben hatte, 1715 starb, hatte Lesage in seiner Bearbeitung des *Hinkenden Teufels* eine Methode entwickelt, die zeitgenössischen Mißstände mit einer scheinbar exotischen Geschichte zu kritisieren. In der an Luiz Vélez de Guevara gerichteten Zueignung der ersten Ausgabe von 1707 erklärt Lesage, er habe aus der Vorlage des *Diablo Cojuelo* alles übernommen, was die notwendige Rücksicht auf den Geschmack der französischen Nation zugelassen habe. Man kann daher die stilistische Tendenz der Bearbeitung als ein Zugeständnis Lesages an den Geschmack seiner Landsleute werten; die Rücksichtnahme auf die französischen Verhältnisse bedeutet freilich auch, daß eben diese Verhältnisse gemeint sind. Obwohl die Geschichte des *Diable boiteux* also in Spanien spielt, zielt sie de facto auf die französischen Zustände ab. In der Zueignung der Ausgabe letzter Hand, die der revidierten Fassung des *Hinkenden Teufel* aus dem Jahre 1726 entstammt, präzisiert Lesage die eigenen Intentionen mit der Bemerkung, sein Ehrgeiz erschöpfe sich darin, die Leser mit einem Sittengemälde des Zeitalters zu erheitern, womit er offenbar die eigene Gegenwart und nicht irgendeine entrückte Vergangenheit meint. Daß die Erheiterung der Leser stets mit einer Enthüllung menschlicher Laster einhergeht, ist angesichts des Rückgriffs auf Guevara nicht verwunderlich.

Die Transformation, die der *Diablo Cojuelo* im *Diable boiteux* erfährt, läuft zum einen auf eine Ersetzung der conceptionistischen Sprache Guevaras durch flüssige und eingängige Formulierungen, zum anderen auf eine Erweiterung der Geschichte zu einem repräsentativen Tableau des alltäglichen Lebens hinaus (Holtz 1970). Infolgedessen stehen den zehn ›Trancos‹ des *Diablo Cojuelo* mit ihren 53 blitzlichtartig erhellten Traumbildern in der 1626er Fassung des *Diable boiteux* 21 Kapitel mit insgesamt 193 entweder knapp angedeuteten oder näher ausgeführten Gesellschaftsansichten gegenüber (Willers, 1935, S. 285 f). Bei dieser Erweiterung hat Lesage, wie er in der Zueignung freimütig einräumt, Anleihen bei einem weiteren spanischen Werk, nämlich bei Francisco Santos 1663 erstmals veröffentlichtem Buch *Dia y noche de Madrid* genommen, in dem ein aus maurischer Gefangenschaft losgekaufter Italiener namens Onofre von einem gewissen Juanillo durch die spanische Hauptstadt geführt wird. Dieser Quelle entnahm Lesage unter anderem jene Szene, in der vor den Augen Don Cleophas ein Feuer ausbricht. Asmodée, wie der hinkende Teufel bei Lesage genannt wird, rettet in der Gestalt des Cleophas die von Flammen umzingelte Seraphine, die der Student nach dem Abschluß seiner visionären Häuserschau heiratet. Diese bürgerliche Schlußlösung reflektiert die bei aller Kritik grundsätzlich optimistische Weltsicht Lesages.

Im Gegensatz zu Guevaras eher pessimistischer Weltanschauung befördert Lesages Erzählperspektive daher eine letztlich erbauliche Lesart der Geschichte vom hinkenden Teufel. Die im *Diable boiteux* entlarvte Unaufrichtigkeit der gesellschaftlichen Repräsentation, verweist – anders als die barocke Version des ›theatrum mundi‹ – nicht mehr auf einen metaphysischen Abgrund zwischen Sein und Schein. Ähnlich wie Scarrons *Aventurier Buscon*, in dem die mit unredlichen Mitteln angebahnte Heirat des Protagonisten zu einer Integration des Pikaro in die bürgerlichen Verhältnisse führt, ist auch im *Diable boiteux* der Umstand, daß eigentlich nicht Cleophas, sondern Asmodée Seraphine gerettet hat, kein Hindernis für eine glückliche Verbindung zwischen dem Studenten und der Bürgerstochter. Das profane Ende ratifiziert die weltimmanente Orientierung der satirischen Vision, die im *Diable boiteux* von Anfang an auf das Diesseits des menschlichen Lebens gerichtet ist. Das Jenseits, aus dem die Kunstfigur des hinkenden Teufels stammt, ist bei Lesage also nicht mehr das christliche Pandämonium, sondern die literarische Tradition, d.h., die im Text vorgestellte Sicht der Dinge wird nicht mehr aus einem weltanschaulichen Überbau, sondern aus der Literatur selbst abgeleitet.

7. Alain René Lesage:
Histoire de Gil Blas de Santillana (1715–34)

Diese Ableitung eines realistisch wirkenden, vermeintlich pittoresken Gesellschaftstableaus aus der Literatur kennzeichnet auch Lesages zwischen 1715 und 1734 entstandenes Hauptwerk, die *Histoire de Gil Blas de Santillana*, die ebenso wie der *Diable boiteux* zwar in Spanien zur Zeit Philipps III. und Philipps IV. spielt, aber unterschwellig Kritik an den französischen Zuständen zu Beginn des 18. Jahrhunderts übt. Lesage schöpfte dabei zum einen aus historiographischen Quellen über den Herzog von Olivarez, dessen Aufstieg und Fall über Spanien hinaus Aufsehen erregt hatte; zum anderen verwendete er Motive aus Vicente Espinels *Marcos de Obregon* (1618). Als wesentliche Übereinstimmung zwischen den beiden Werken kann vor allem der Umstand gelten, daß sich der Titelheld des französischen Romans letztlich ebensowenig wie Marcos durch die gesellschaftlichen Zustände zur Übernahme einer pikaresken Gesinnung verführen läßt.

Daher bleibt das Schelmendasein in Gil Blas' Leben eine Episode. Seine Geschichte unterscheidet sich darin nachdrücklich von der pikaresken Karriere einiger Nebenfiguren, deren vergleichsweise trauriges Ende veranschaulicht, wohin die Entwicklung der Hauptfigur hätte führen können, wenn sich der Ich-Erzähler nicht beizeiten um eine Integration in die bestehenden Verhältnisse bemüht hätte. Daß Gil Blas mit Glück und Geschick die marginale Position des halben Außenseiters überwindet und schließlich sogar ins Machtzentrum der Gesellschaft, an den königlichen Hof, vorstößt, ohne durch die Intrigen und Affären in seiner Umwelt dauerhaft korrumpiert zu werden, liegt zur Hauptsache daran, daß der soziale Antagonismus von Lesage ins Spielerische transponiert wird. Zwar erklärt der Verfasser im Vorwort, es sei ihm darum gegangen, das Leben so zu zeichnen, wie es wirklich sei. Doch dieser Vorsatz hindert ihn nicht daran, die sozialen

Konflikte wie ein Lustspiel zu behandeln. »Wir betrachteten also dieses verwegene Unterfangen als eine bloße Komödie, wobei man nur noch die richtige Aufführung zu verabreden habe«, erzählt Gil Blas einmal (4.Buch, 3.Kapitel), und man könnte diese Aussage ohne Schwierigkeiten auf das Vorhaben des Verfassers übertragen, der seine Geschichte so erzählt, als ob er einen pikaresken Roman schreiben wollte. Gil Blas jedenfalls entwickelt alle seine Auftritte in Übereinstimmung mit den gesellschaftlich vorgegebenen Regeln der Simulation und Dissimulation, denn Konformität ist der Schlüssel zum Erfolg.

Die Wirklichkeitsnähe der Weltdarstellung im Gil Blas ergibt sich, so gesehen, daraus, daß das menschliche Zusammenleben als ein dynamischer Prozeß der wechselseitigen Verhaltenskoordination vorgestellt wird. Während Gil Blas und sein Diener Scipion im Verlauf der Geschichte lernen, sich jeweils situationsgerecht zu verhalten, scheitert Don Raphael an seiner schelmischen Opposition zu den Regeln der höfischen Etikette. Der Roman zeigt, daß die pikareske Gesinnung nicht mehr zeitgemäß ist, weil der ›Sisyphos-Rhythmus‹, der den halben Außenseiter einst am gesellschaftlichen Aufstieg gehindert hatte, mit dem Taktgefühl desjenigen, der sich in die repräsentative Gesellschaft einzufügen weiß, überwunden werden kann. Zwar muß auch Gil Blas Rückschläge erleiden, aber am Ende der *Histoire* hat er es geschafft, sich vom Parkett in die gehobenen Ränge des Welttheaters emporzuspielen. Dieser Erfolg läßt eine Komplementärlektüre der Ich-Erzählung obsolet erscheinen. Der Abstand, den der Erzähler zu seinen früheren Rollen als Strauchdieb oder Ministerialbeamter markiert, rückt auch das jeweilige Milieu der Schelme und Hofleute in Distanz.

Diese vergleichsweise abgehobene Sicht der Dinge kann sich freilich nur derjenige leisten, der seine Schäfchen ins Trockene gebracht hat und daher nicht mehr länger mit den Wölfen heulen muß. Insofern kann man nicht von einer Konversion Gil Blas' sprechen: weder ist er als Pikaro ein Überzeugungstäter, der sich mühsam zu einer bürgerlichen Existenz überwinden müßte, noch weist seine Geschichte eine religiöse Lebenseinstellung auf. Die *Histoire* ist kein Bekehrungs-, sondern ein Entwicklungsroman, der von der Leitidee einer sozialen Integration des Individuums in eine Welt bestimmt wird, die so eingerichtet ist, daß sie den einzelnen bei guter Führung belohnt. Das Dilemma des Pikaro, der nur solange gesellschaftliche Anerkennung findet, wie er nicht als Vertrauensschwindler entlarvt wird, scheint im Gil Blas aufgehoben. Damit schafft Lesage die Voraussetzungen für eine das Subjektive mit dem Objektiven versöhnende Erzählhaltung, die der einseitigen Sicht der novela picaresca grundsätzlich widerstreitet. Obwohl – oder gerade weil – Lesages Roman als Kulminationspunkt der innerfranzösischen Entwicklung gilt, die von der Übersetzung der novela picaresca zur Nachahmung und von der Anverwandlung des Fremden zu eigenständigen Schöpfungen führt, kann er bestenfalls als ein semipikareskes Erzählwerk eingestuft werden. Die formale Wiederanknüpfung an den als Ich-Erzählung verfaßten Schelmenroman mit seiner moralsatirischen bzw. gesellschaftskritischen Ausrichtung dient Lesage lediglich als Ausgangspunkt einer Textgestaltung, die weder eine unaufhebbare Reversibilität der Auffassungsperspektiven noch eine ausweglos konfliktträchtige Verfassung der Welt enthüllt. Zwar weist Lesages Welt auch eine pikareske Hemisphäre auf, aber es gibt – zumindest für Gil Blas – eine durchlässige Grenze zu einer nonpikaresken Lebensform. Als Urheber seines eigenen Glücks hat Gil Blas den gesellschaftlichen Antagonismus bereits überwunden, bevor er im Rahmen der Fiktion seinen autobiographischen Diskurs beginnt. Infolgedessen gelingt es ihm als Memoirenschreiber auch mühelos, die Dissoziation von erzähltem und erzählendem Ich zu überwinden.

Das moralische Problem wird dabei eher ausgespart als gelöst. Da Lesages Protagonist nur über innerweltliche Maßstäbe der Beurteilung seines eigenen Verhaltens und des der anderen verfügt, gibt ihm der Erfolg recht; es gibt keine andere als die eine Welt der Erfahrung und die ist nicht so schlecht, daß man sich nicht in ihr einrichten könnte. So gesehen kommt Lesages Geschichte eines Emporkömmlings dem Bildungsroman bereits sehr nahe (Alter, 1964, S. 32). Das wird durch das Vorwort belegt, das Johann Wolfgang von Goethe den Memoiren Johann Christoph Sachses vorangestellt hat, die er 1822 bezeichnenderweise unter dem Titel *Der deutsche Gil Blas* herausgab. Auch in Sachses bewegtem Leben glaubte Goethe nämlich »zuletzt eine moralische Weltordnung zu erblicken, welche Mittel und Wege kennt, einen im Grunde guten, fähigen, rührigen, ja unruhigen Menschen auf diesen Erdenräumen zu beschäftigen, zu prüfen, zu ernähren, zu erhalten, ihn zuletzt durch Ausbildung zu beschwichtigen und mit einer geringen Ruhestelle zu entschädigen« (Sachse,

1987, S. 6f). Allerdings erinnert Sachse hinsichtlich seiner gesellschaftlichen Bedeutung eher an Gil Blas' Diener Scipion als an den Titelhelden von Lesages Roman. Scipion begleitet Gil Blas auf seiner Lebensreise und tritt auch als sekundärer Erzähler in Erscheinung. Seine Geschichte lehrt auf einer der primären Ich-Erzählung untergeordneten Ebene, daß aus einem Pikaro durchaus ein vollendeter Dienstbote werden kann. Liest man Scipions Geschichte als Kommentar der literarhistorischen Entwicklung, die vom spanischen Schelmenroman zum *Gil Blas* führt, dann wird in ihr die Domestizierung des Pikaro anschaulich auf den Punkt gebracht.

8. Pierre Carlet de Marivaux: Le Paysan parvenu (1734/35)

Le Paysan parvenu ou Les Mémoires de M*** wurde von Marivaux (1688–1763) 1734/35 als Romanfragment veröffentlicht. Jacob, der Ich-Erzähler, berichtet aus einer dem *Gil Blas* verwandten Perspektive, wie er von einem unbedeutenden Bauernschlingel, der einst als kleiner Bediensteter nach Paris gekommen war, zu einem angesehenen Bürger aufgestiegen ist, der mit der großen Welt des Adels am Versailler Hof verkehrt und ein eigenes Gut auf dem Lande besitzt. Das Geheimnis seines Erfolges liegt in Jacobs Charme, den der vermeintlich naive Protagonist zielbewußt einzusetzen weiß, um sich z.B. die Gunst einer begüterten, älteren Dame zu erwerben, die den Domestiken trotz der Bedenken ihrer Schwester heiratet und so in die gehobene Gesellschaft einführt. Wenn Jacob in diesem Zusammenhang die wenig schmeichelhaften Ansichten referiert, die seine Schwägerin über ihn hegt, läßt Marivaux die Möglichkeit einer Komplementärlektüre durchblikken.

Die stringent durchgeführte Rollenprosa, die mehr oder weniger unvermutet abbricht, als Jacob die selbstgefällige Lesart seiner Karriere bis zu dem Punkt durchgeführt hat, an dem er gesellschaftlich voll etabliert ist und der Interpret seinen Charakter erkannt hat, zeugt von der psychologisch subtilen Figurenführung, die als das Gütesiegel von Marivaux' Schreibweise gilt. Der Akzent liegt daher eher auf der Selbst- als auf der Weltdarstellung des Ich-Erzählers, dessen Verhalten freilich die zeitgenössischen Sitten reflektiert. Da Jacob den erotischen Vertrauensschwindel perfektioniert, mit dem schon der Aventurier Buscon zu reüssieren wußte, rührt die Ambivalenz der Geschichte nicht von einem Gegensatz zwischen seinen materialistischen Motiven und den ideellen Werten einer religiös fundierten Moral her, sondern von der paradoxen Verbindung aus Indiskretion und Camouflage, die seinen Bekenntnissen eigen ist. Diese Bekenntnisse sind gewissermaßen die charmante Variante des ›Stigma-Management‹, denn aus niedrigen Verhältnissen zu stammen, bedeutet bei Marivaux anders als in der novela picaresca nicht mehr, für immer zu einer Randexistenz verurteilt zu sein. Die existentielle Zwickmühle des halben Außenseiters, der eine Zugehörigkeit zur Gesellschaft simulieren muß, die er nicht besitzt, betrifft Jacob nicht mehr.

So gesehen hat Marivaux im *Paysan parvenu* das ironische Pendant zu seinem Hauptwerk *La Vie de Marianne* geschaffen, das als Prototyp des empfindsamen Romans gilt. Jacobs kokette Beichte läßt ahnen, daß auch der empfindsame Diskurs eine zwiespältige Inszenierung ist, denn die Selbstdarstellung als gefühlvoller Mensch, mit der der Ich-Erzähler seine Umwelt (und womöglich auch den Leser) betört, resultiert aus einer Verhaltenskontrolle, die sehr viel Disziplin und wenig Spontaneität verrät.

VIII. Anatomies of Roguery

1. England zwischen Bürgerkrieg und Glorreicher Revolution

Auch der besondere Verlauf der englischen Geschichte gewinnt im 17. Jahrhundert vor dem allgemeinen Hintergrund der religiösen Gegensätze Kontur, die Europa in jener Zeit insgesamt gekennzeichnet und die Entstehung absolutistischer Regierungsformen begünstigt haben. Karl I. (1625–1649) löste das Parlament, das sich in England schon früh eine zentrale Machtstellung erobert hatte, 1629 auf und regierte elf Jahre lang allein. Als er von seinen protestantischen Untertanen den Schwur auf das Bekenntnis der von ihnen als papistisch empfundenen Staatskirche verlangte und Anstalten unternahm, auch das calvinistische Schottland in diese Religionspolitik einzubeziehen, kam es zu einem Aufstand, der den König nötigte, das Parlament wieder einzusetzen und um Hilfe zu bitten. Da die Mehrheit der Abgeordneten dies 1642 zum Anlaß nahm, die Macht vom König auf das Parlament zu übertragen, brach der Konflikt mit dem Herrscher offen aus. Rasch standen sich königstreue und königsfeindliche Truppen gegenüber; der politische Machtkampf ging in einen konfessionellen Bürgerkrieg über. Am Ende überwarf sich der gegen den König siegreiche Anführer des Parlamentsheeres, Oliver Cromwell, ebenfalls mit den Abgeordneten. Er ließ Karl I. 1649 hinrichten und England zum Commonwealth erklären. Doch nun erhoben sich Irland und Schottland zugunsten der Monarchie. Cromwell gelang es zwar, diese beiden Reiche zu unterwerfen, aber er schaffte es nicht, seiner Herrschaft, die de facto einer Militärdiktatur gleichkam, eine tragfähige Verfassung zu geben. Daher kehrte England bereits kurz nach Cromwells Tod 1658 zur Monarchie zurück. Das Parlament berief den ältesten Sohn Karl I. als Karl II. zum König und leitete damit eine Phase der Restauration ein, die von 1660 bis 1668 andauern sollte. Karls Nachfolger Jakob II. brachte mit seiner Neigung zu Katholizismus und Absolutismus wiederum das Parlament gegen sich auf. 1688/89 kam es zur ›Glorious Revolution‹: der König floh nach Frankreich, und das Parlament, das diese Flucht als Abdankung interpretierte, bat den mit Jakobs Tochter verheirateten Wilhelm III., die Thronfolge zu übernehmen. Gleichzeitig legte es in der ›Bill of Rights‹ Sicherungen gegen den Mißbrauch der königlichen Gewalt ein. Die Toleranzakte gewährte den Protestanten die Freiheit ihrer Religionsausübung außerhalb der anglikanischen Staatskirche. Während der Absolutismus auf dem europäischen Festland im Verlauf des 18. Jahrhunderts immer mehr in Widerspruch zu den gesellschaftlichen Verhältnissen und der Aufklärung geriet, gewann die aus Großbürgertum und Landadel zusammengesetzte Oberschicht der Insel, die nicht zuletzt das gemeinsame Interesse an der wirtschaftlichen Ausbeutung der englischen Kolonien verband, zunehmend an Einfluß gegenüber dem Königtum. Anders als beispielsweise in Frankreich fehlten daher in Großbritannien, das 1707 durch den Zusammenschluß von England und Schottland entstanden war, die Voraussetzungen für eine Revolution.

Der Bürgerkrieg des 17. Jahrhunderts fand auch in der Philosophie seinen Niederschlag. Thomas Hobbes (1588–1679) hatte die Verurteilung und Hinrichtung Karls I. als Mathematiklehrer von dessen Sohn, dem späteren Karl II., miterlebt. In seinem 1651 erstmals veröffentlichten *Leviathan* legitimiert er die staatliche Gewalt mit ihrer friedensstiftenden Funktion. Wo diese Gewalt fehlt, fällt der Mensch in den sog. Naturzustand zurück, dessen Konzeption als ›bellum omnia contra omnes‹ den Einfluß des Bürgerkriegs auf Hobbes' Staatstheorie verrät. Da die Menschen einander von Natur aus so ähnlich sind, daß der eine jeweils das gleiche wie der andere erstrebt, führt der Mangel an erstrebenswerten Gütern zu Konflikten, die nur eine übergeordnete Instanz zu lösen vermag. Diese Instanz ist der Leviathan, d. h. der Staat, auf dessen Friedensordnung sich die Menschen im zivilen Prozeß ihrer Vergesellschaftung verständigen.

Der Schelmenroman, in dem es zahlreiche Anspielungen auf die Wolfsnatur des Menschen gibt, zeigt allerdings immer wieder, daß die Friedenspflicht noch keinen gerechten Interessensausgleich schafft und daß daher auch in der zivilen Gesellschaft massive Konflikte entstehen. Da diese nicht offen ausgetragen werden, wird die verdeckte Rivalität der Menschen von Simulation und Dissimulation überlagert: man gibt sich als Ehrenmann und bringt den Gegner mit List zu Fall. Gerade in England, dessen Stellung als weltweit führende See- und Handelsmacht dazu führen mußte, daß der Alltag wesentlich durch das Konkurrenzdenken und Erwerbsstreben der Kaufleute geprägt wurde, lag es nahe, die pikareske Sicht der Dinge mit einer Kritik am Antagonismus des Wirtschaftslebens zu verbinden und eine satirische Parallele zwischen dem zivilen Dasein und dem vermeintlich überwundenen Naturzustand des Menschen zu ziehen. Ansätze dazu finden sich im *English Rogue* von Head und Kirkmann – der bereits im Zusammenhang mit dem *Simplicianischen Jan Perus* behandelt worden ist –, in Defoes *Moll Flanders*, aber auch bei Smollett.

Voraussetzung einer solchen Applikation des pikaresken Modells war die Rezeption des spanischen Schelmenromans, die mit der ersten englischen Übersetzung des *Lazarillo de Tormes* durch David Rowland 1568 begann. Auch de Lunas *Continuación* wurde relativ rasch, nämlich 1622 ins Englische übertragen. Im selben Jahr erschien der *Guzmán de Alfarache* in einer von James Mabbe besorgten Version, und 1657 wurde der *Aventurier Buscon* dem englischen Publikum vorgestellt. Für die Aufnahme und Weiterführung der novela picaresca bestanden in England, abgesehen vom sozialpolitischen Kontext, auch in literarhistorischer Hinsicht günstige Voraussetzungen. Die von Geoffrey Chaucer zwischen 1387 und 1400 verfaßten *Canterbury Tales* enthielten bereits eine Reihe von schelmisch veranlagten Gestalten, deren Geschichte in einem pikaresken Milieu angesiedelt war. Zu der dem ›low life‹ gewidmeten Erzähltradition Englands kann man außerdem die ›Anatomies of Roguery‹ zählen, die aus ähnlichen Gründen wie das *Liber Vagatorum* entstanden waren und die Kniffe und Tricks professioneller Diebe und Betrüger beschrieben. Im Gegensatz zu den als Ich-Erzählungen verfaßten Schelmenromanen verbinden die ›Anatomies of Roguery‹ die paraenzyklopädische Auflistung krimineller Machenschaften allerdings nicht mit einer apologetischen Lebensbeichte (Blackburn, 1979, S. 19).

Die Popularität der Auflistung einschlägiger Schurkenstücke in den ›Anatomies‹ wurde lediglich von den sensationalistisch verfaßten Verbrecherbiographien übertroffen, die in Form von Flugblättern anläßlich der öffentlichen Hinrichtungen ihrer Titelfiguren vertrieben wurden. Gerade bei Defoe, der selbst solche Biographien verfaßt hat, besteht ein nicht nur thematischer Zusammenhang zwischen Flugblattliteratur und Pikaroroman. Als erster englischer Schelmenroman gilt jedoch *The Unfortunate Traveller*, der dank seiner noch uneinheitlichen Verbindung verschiedener Textsorten als »a proto-novel« (Simons, 1988, S. 17) eingestuft werden kann.

2. Thomas Nashe: The Unfortunate Traveller (1594)

Thomas Nashe (1567–1600), der in Cambridge studiert hatte und der antipuritanischen Partei seiner Zeit angehörte, war bereits mit einer *Anatomy of Absurdity* und *Pierce Peniless Supplication to the Devil* aufgefallen, bevor er mit *The Unfortunate Traveller or the Life of Jacke Wilton* 1594 das wohl meist gelesene Erzählwerk der Shakespeare-Ära vorlegte. Die *Anatomy of Absurdity* ist eine als Analyse der Torheit vorgestellte Enthüllung zeitgenössischer Mißstände, die in die Kritik der Verlogenheit auch die modischen Ritterromane einbezieht – eine Kritik, die im *Unfortunate Traveller* aufgegriffen wird. Im Gegensatz zu diesem Enthüllungsbuch weist die Bittschrift an den Teufel einen Ich-Erzähler, nämlich den mittellosen Pierce Peniless auf, der sein Gesuch um finanzielle Unterstützung mit einer Anklage von Geiz und Habsucht verbindet, die sich zu einem visonären Traktat über diese und andere Todsünden ausweitet. Die beiden Hauptstränge des Werkes, die Selbstdarstellung des Bittstellers und die in eine Höllenbeschreibung gekleidete Moralsatire, werden jedoch nicht wirklich aufeinander abgestimmt und in eine durchgängige Erzählperspektive integriert. Die quasiobjektive Lasterrevue bricht mit der subjektiven Weltsicht des Ich-Erzählers (Weimann, 1987, S. 15).

Einen ähnlichen Bruch weist auch Jacke Wiltons Geschichte auf, die zwar als pikareske Autobiographie mit der Nacherzählung einiger Streiche des agilen Titelhelden beginnt, dann aber zu einem kolportagehaften Reiseroman umfunktioniert wird, in dem der Ich-Erzähler nur noch ein weitgehend passiver Chronist von abstrusen Vorfällen ist, die offenbar zahlreiche Vorurteile des englischen Publikums über die Zustände auf dem europäischen Festland widerspiegeln und streckenweise einer karnevalesken Geschichtsklitterung gleichkommen. Insgesamt kann man den von grotesken Sprachbildern und obskuren Ereignissen bestimmten Gang der Erzählung in fünf Sektionen unterteilen:

Nachdem Jacke zunächst die eulenspiegelhafte Ausübung seines Pagen-Amtes anhand einiger burlesker Beispiele erläutert hat, schildert er in der zweiten Sektion nach Art einer menippeischen Satire die europäische Gelehrtenrepublik. Neben Erasmus, Morus, Luther, Karlstadt und Agrippa findet dabei auch Aretino Erwähnung, dessen Frivolität Nashe in einigen Partien seines Werkes nachzuahmen sucht. Zuvor führt er seinen Protagonisten jedoch in das Münsteraner Wiedertäuferreich und die philosophische Sekte der Zyniker ein. Erst in der dritten Sektion erreicht der unglückliche Reisende in der Begleitung des adeligen Surrey Oberitalien, wo er gleichsam als Hommage an Aretino in erotische Abenteuer verwickelt wird und Gelegenheit erhält, ein Ritterturnier zu beobachten, dessen Beschreibung Nashes parodistische Absichten verrät. Schon hier ist Jacke Wilton lediglich noch ein Sprachrohr des Verfassers, der ihn dann in der vierten Sektion der Erzählung in die römische Unterwelt einschleust. Dort wird Wilton zusammen mit seiner Geliebten in eine mörderische Intrige verwickelt, die es dem Verfasser gestattet, seinen Vorbehalten gegen Juden, Papisten und Kurtisanen drastischen Ausdruck zu verleihen.

Der hyperbolische Charakter des Komplotts, vor allem aber die mit der Sensationsgier des Publikums kokettierende Sprache Nashes haben die Forschung veranlaßt, im *Unfortunate Traveller* ein perfides Spiel mit den zeitgenössischen Lesererwartungen zu vermuten. Das Werk unterlaufe beständig die illusionäre Annahme, daß die zivilisierte Welt vernünftig und sinnvoll eingerichtet sei. »Despite man's claim to a meaningful position in an ordered universe he is still a vicious, irrational animal« (Stephanson, 1983, S. 33). Dieser an Quevedo erinnernde Einspruch gegen die (Selbst-)Täuschung des Menschen über seine subhumane Stellung in einer chaotischen Welt, zeugt nach Meinung der Interpreten von einer radikalen Skepsis Nashes sowohl gegenüber dem Zivilisationsprozeß als auch gegenüber der mit ihm verbundenen Tendenz zur Rationalisierung aller Erfahrung. So verstanden, erscheint *The Unfortunate Traveller* zugleich als »Trivialroman und Anti-Trivialroman« (Stanzel, 1969, S. 84), da er einerseits einen Abgrund an Gemeinheit und Dummheit enthüllt, andererseits aber auch die klischeehaften Vorstellungen des englischen Publikums über alle Nicht-Engländer bestätigt. Jedenfalls beschließt der Ich-Erzähler seine Geschichte, die in der fünften Sektion von der bluttriefenden Tragödie der Mörder Cutwolf und Esdras handelt, mit der Bemerkung, daß die Geschichte der Welt ausschließlich durch Bluttaten bestimmt sei.

Obwohl Jacke Wilton mehr als ein bloßes Demonstrations-
objekt ist, führt die Übernahme der pikaresken Genreform-
Maske also nicht dazu, daß aus Nashes Ich-Erzähler ein subjektives Medium wird. Vielmehr dient *The Unfortunate Tra-*
veller der Exemplifikation einer radikal ahistorischen Sicht,
die durch den Agenten der Rollenprosa lediglich exekutiert
wird. Insofern Jacke Wilton eher ein Instrument der grotesken
Darstellungsabsichten Nashes als ein persönlich gestalteter
Charakter ist, dürfte es unangemessen sein, in *The Unfortunate*
Traveller eine Art Bildungsroman zu sehen, wie dies L. Si-
mons vorgeschlagen hat (Simons, 1988, S. 17). Gleichwohl
trifft die Bestimmung des Romans als einer ›proto-novel‹ den
Schwellencharakter des Textes ziemlich genau, denn ›Jest-
Book‹ (Schwankbuch) und ›Rogue‹-Revue, Ständesatire und
Literaturparodie werden von Nashe zu einer ›Anatomy of
Brutality‹ verbunden, deren Uneinheitlichkeit auf die Risse im
sozialen Universum verweist.

3. Daniel Defoe:
Fortunes and Misfortunes of the Famous Moll Flanders (1722)

Daniel Defoe (um 1660–1731) war ein ausgesprochen vielsei-
tiger Schriftsteller, der neben Romanen auch politische
Kampfschriften, Flugblätter und Verbrecherbiograhien verfaßte. Im Vorwort zu *Moll Flanders* erklärt er, die angeblich
authentischen Memoiren seiner Ich-Erzählerin, die der Titel
des Romans nach dem Vorbild des *Lazarillo* unter die Schirm-
herrschaft der Glücksgöttin stellt, redigiert zu haben, da die
ehemalige Dirne und Diebin ihre Geschichte in einer Sprache
abgefaßt habe, die mehr zu jemandem passe, der noch im
Gefängnis sitze, als zu einer Frau, die voller Reue auf ihre
Verfehlungen zurückblicke. Damit wird die Legende, die Moll
selbst anschließend von ihrer Bekehrung zu einer ›gentlewoman‹ propagiert, a priori in Zweifel gezogen. Indem Defoe
ausdrücklich darauf hinweist, daß die sprachliche Gestalt der
Lebensbeichte ein Indikator für ihren geistigen Gehalt bzw. für
die Gesinnung der Verfasserin sei, kalibriert er den Leser auf
eine Komplementärlektüre, für die der Text zahlreiche weitere
Anhaltspunkte liefert. So weist Moll mehrfach auf die Lük-
kenhaftigkeit ihrer Erinnerungen hin und räumt ein, daß ihre
Widersacher die Geschehnisse wohl einer anderen Lesart als

sie selbst unterziehen würden. Wie Paul Goetsch in einer detaillierten Studie nachgewiesen hat, steht fast jede der Verfehlungen, die von Moll so dargestellt werden, als seien sie durch widrige Umstände erzwungen worden, vor dem Hintergrund alternativer Handlungsmöglichkeiten, deren Durchführbarkeit anhand der Komplementärgeschichten diverser Kontrastfiguren veranschaulicht werden. Damit etabliert Defoe eine Szenographie, eine virtuelle Gegendarstellung der expressis verbis ausgeführten Selbst- und Weltdarstellung, die dem Leser die Einseitigkeit und Selbstgefälligkeit von Molls Version ins Bewußtsein rückt:

»Moll steht während ihrer Lebensbeichte gleichsam vor Gericht, der Platz des Lesers befindet sich jedoch im Verlauf der Lektüre nicht nur an der Seite des Richters, des Anklägers oder des vom Gericht bestellten Buchprüfers [der Molls Zahlenangaben in Zweifel zieht], sondern auch auf der Seite der Verteidigung und des auf pikante Enthüllungen wartenden Publikums. Ja, wie so oft bei Erzählungen von erfolgreichen Gaunereien, die sich ums Geld drehen, ist der Leser zeitweise auch geheimer Komplize Molls und teilt in seiner Phantasie Molls oft unverhohlene Freude an Schwindeleien, Tricks und anderen Regelverstößen« (Goetsch, 1980, S. 285).

Diese dynamische Entwicklung der rezeptiven Einstellung erklärt u.a., warum es in der Sekundärliteratur zu einen Streit über die Frage kommen konnte, ob Moll eine ironisch konzipierte Figur sei oder nicht. Ian Watt hatte in seinem einflußreichen, 1957 erstmals veröffentlichtem Buch *The Rise of the Novel* behauptet, »daß in Moll Flanders keine konsistente ironische Haltung« vorliege (Watt, 1974, S. 146). Gegen diese Ansicht haben sich eine Reihe von Interpreten gewandt. Sie wiesen auf eine Divergenz zwischen Molls Anspruch, eine ›gentlewoman‹ geworden zu sein, und dem Verlauf ihrer Geschichte hin und schlossen von der Doppeldeutigkeit des Textes auf eine bewußt herbeigeführte Widersprüchlichkeit. Auch ohne explizite Signale enthalte der Roman ein System von signifikanten Unstimmigkeiten, die eine ironische Haltung des Verfassers gegenüber seiner Ich-Erzählerin implizieren würden (van Ghent, 1970, S. 33; Novak, 1970, S. 47). Da sich den Lesern jedoch erst Schritt für Schritt der Widerspruch zwischen Molls kriminellen Machenschaften und der Moral ihrer Geschichte enthülle, sei Defoes ironische Haltung gegenüber Molls amoralischem Bewußtsein nicht auf Anhieb zu erkennen. Die Ambivalenz ihrer Memoiren, die in materieller Hinsicht zwar eine Erfolgs-Story enthalten, tatsächlich jedoch die Geschichte einer zunehmenden Korrumpierung der Titelheldin erzählen, ergibt sich daraus, daß Moll angesichts der Todesstrafe, die sie erwartet, zwar Galgenreue empfindet, nach ihrer Begnadigung jedoch mit dem während ihrer pikaresken Karriere unredlich erworbenen Vermögen eine bürgerliche Existenz führen kann.

Zu den intratextuellen Indizien für einen ironischen Umgang Defoes mit dem narrativen Konzept der Bekehrungsgeschichte, die den Leser zu einer Komplementärlektüre veranlassen, kommt ein intertextueller Beleg. Ebenfalls 1722 veröffentlichte Defoe nämlich *The History and remarkable Life of the Truly Honourable Colonel Jack*, dessen Geschichte einerseits markante Parallelen und andererseits ebenso markante Differenzen zu Molls Biographie aufweist. Wie die Dirne und Diebin fristet auch der Held dieses Romans zunächst ein pikareskes Dasein, und wie Moll gelangt auch Jack von England nach Amerika. Die Umstände seiner Deportation sind jedoch anders. In Molls Fall wird ein Todesurteil in eine Verbannung umgewandelt, in Jacks Fall führt ein Zufall dazu, daß der Ich-Erzähler ohne Richterspruch eine Strafe verbüßt, die ihm gerechterweise zusteht. Im Gegensatz zu Moll durchläuft Jack in den Kolonien einen ernsthaften Läuterungsprozeß, der dadurch begünstigt wird, daß seine unredlich erworbenen Reichtümer bei einem Schiffsunglück untergehen. Am existentiellen Nullpunkt angelangt, macht er sich auf, sein Glück nunmehr mit redlichen Mitteln zu versuchen. Alsbald steigt Jack dank seiner guten Führung von einem Sklavenarbeiter zum Herrn einer eigenen Tabaksplantage auf und wird ein echter ›gentleman‹. Das komplementäre Verhältnis der beiden Romane, die einander wechselseitig erhellen und in ihrer dialogischen Machart an das Verhältnis von *Simplicissimus* und *Trutz=Simplex* erinnern, belegt, daß Defoe dort, wo es ihm darauf ankam, die Reversibilität der Auffassungsperspektiven aufzuheben, keinen Zweifel an der Integrität seines Ich-Erzählers gelassen hat. Demgegenüber wird die Ambivalenz, die Molls Beichte auszeichnet, durchgängig aufrechterhalten.

Defoes Ironie erschöpft sich jedoch nicht im Hinblick auf die Selbstdarstellung seiner Ich-Erzählerin; vielmehr trifft deren Entlarvung als einer weniger um ihr Seelenheil als um Reichtümer bemühten Gaunerin das Geschäftsgebaren einer Gesellschaft, deren Mitglieder Moll in ihrer lazarillohaften Verwechslung von Glück mit Geschicklichkeit und Wohlstand mit Wohlanständigkeit gleichen. »Moll's story is offered ostensibly as an instructional manual, i.e., as a practical check-list of what to do and what not to do in one's dealing with others« (Spadaccini, 1978, S. 15). Diese Checkliste enthüllt Punkt für Punkt, daß Moll in letzter Instanz »a very serious businesswoman« (Alter, 1964, S. 42f) ist. »She manipulates her relationships with men in a mercantile manner, always seeking her advantage« (Faletti, 1978, S. 178f), und diese hemmungslose Anwendung der Marktgesetze auf den zwischenmenschlichen Verkehr, der die Person zur Ware herabstuft, läßt deutlich werden, wie verkehrt die Welt eingerichtet ist. Der als ›gentleman‹ auftretende Kaufmann ist das exakte Pendant zu der Ex-Prostituierten, die mit einem gewissen Recht wähnt, tatsächlich eine ›gentlewoman‹ geworden zu sein, befindet sie sich doch am Ende ihrer Tage insofern im Einklang mit der vorherrschenden Mentalität, als auch für sie nicht die innere Einstellung, sondern die äußere Ausstattung entscheidend für die Beurteilung einer Person ist.

Dank dieser Doppeldeutigkeit erweisen sich *The Fortunes and Misfortunes of the Famous Moll Flanders* als eine kongeniale Anknüpfung an die pikareske Erzähltradition. Anstatt diese Tradition, wie F.J. Kearful meint, dem providentiellen Schema der spirituellen Konfession unterzuordnen (Kearful, 1970, S. 387), ist es genau umgekehrt: Defoe unterläuft das Muster der Bekenntnis- und Bekehrungsliteratur mit den narrativen Mitteln des Schelmenromans, dessen Genreform-Maske stets auf eine ironische Distanz des Verfassers gegenüber der Erzählerfigur schließen läßt.

4. Jonathan Wild bei Defoe (1725) und bei Fielding (1743/52)

Defoes *Wahrer und wirklichkeitsgetreuer Bericht über das Leben und die Taten des verstorbenen Jonathan Wild* erschien 1725 wenige Tage nach der Hinrichtung dieses Verbrechers, der bereits zu seinen Lebzeiten eine berühmt-berüchtigte Figur war. Wilds ebenso ingeniöse wie skrupellose Masche bestand darin, Bestohlenen gegen Bezahlung die Wiederbeschaffung ihres Eigentums anzubieten. Wenn sich die oft von ihm selbst mit dem Raub beauftragten Diebe weigerten, ihre Beute auszuhändigen, wurden sie kurzerhand an die Justiz verraten; der Hehler stand dann als Diebesfänger dar. Offiziell trat Jonathan also als Verbrechensbekämpfer und Wohltäter in Erscheinung; inoffiziell steckte er mit den Schurken unter einer Decke. Tatsächlich gab es bis zu seiner Entlarvung Zeitgenossen, die ihn für einen anständigen Bürger hielten, obwohl sich das englische Parlament bereits 1718 genötigt sah, ein Gesetz zu verabschieden, daß die Wiederbeschaffung von Diebesbeute gegen Bezahlung unter Strafe stellte – offenbar eine speziell gegen Wild gerichtete Maßnahme.

Schon vor der Veröffentlichung von Defoes Biographie gab es eine Reihe von Flugschriften, in denen Wilds schillernde Persönlichkeit porträtiert worden war. Defoe wendet sich gegen diese Darstellungen, da ihr Unterhaltungswert seiner Meinung nach von der moralischen Problematik der kriminellen Machenschaften ablenkt. Wilds Geschichte sei im Grunde eine Tragödie gewesen, die keinerlei Spott verdiene und eher Entsetzen als Ergötzen hervorrufen müsse. Folgerichtig zielt Defoes eigene Darstellung darauf ab, sowohl die Abscheulichkeit von Jonathans Handlungen als auch den Umstand herauszustellen, daß dieser Verbrecher für seinen Untergang selbst verantwortlich sei: mit den von ihm verratenen Dieben, die vor Gericht als Zeugen gegen ihn auftraten, lieferte Wild sich selbst ans Messer. Im Unterschied zu dem als Ich-Erzählung angelegten Roman über Moll Flanders ist Defoes Wild-Biographie bewußt ohne jede Ironie abgefaßt und mit Kommentaren versehen, die keinen Zweifel an der antipikaresken Moral der Geschichte lassen.

Als Henry Fielding (1707–1754) Anfang der vierziger Jahre des 18. Jahrhunderts Jonathan Wild zum Helden einer nun wiederum höchst ironischen Fabel machte (*History of the Life of the late Mr. Jonathan Wild the Great*), die sich gegen die sogenannten großen Männer der Geschichte wandte, griff er auch auf Defoes Bericht zurück (Irwin, 1941, S. 19). Sein eigener Roman stellt eine szenisch-dialogische Dramatisierung der Verbrecherbiographie dar, die nicht nur am falsch verstandenen Begriff der Größe, sondern auch an der Mentalität des zeitgenössischen Publikums Kritik übt, dessen Kleinmütigkeit und Engherzigkeit die Voraussetzungen der fragwürdigen Heldenverehrung bilden. In der ersten, 1743 veröffentlichten Fassung ist *Jonathan Wild the Great* mehr oder weniger unmißverständlich auf Sir Robert Walpole zugeschnitten, zu dessen politischen Gegnern Fielding gehörte. In der zweiten Fassung von 1752 sind diese nicht mehr aktuellen Bezüge abgemildert. Gleichwohl gilt auch für die ursprüngliche Version, daß nicht nur die Person des 1742 zurückgetretenen englischen Premierministers getroffen werden sollte. Schon damals nämlich hatte Fielding erklärt: »Roguery and not a Rogue is my subject.«

Um dieser Absicht Nachdruck zu verleihen, vertritt sein Er-Erzähler scheinbar die zynische Weltanschauung des Verbrechers, dessen vermeintliche Größe sich aus dem Kontrast zu der Armseligkeit jener herzensguten Menschen ergibt, die nicht egoistisch, sondern altruistisch handeln und daher das ideale Opfer der Vertrauensschwindel sind, die der dubiose Titelheld verübt. Fieldings Erzähler fordert die Leser also zu einer Komplementärlektüre heraus, die seine offensichtlich verkehrte Sicht der Dinge richtigstellt und das Entlarvungspotential der Vergleichung von Staatsmann und Verbrecher aktualisiert. Bei dieser Gleichung fungiert die Schurkerei alias Größe als ›tertium comparationis‹, d.h. Jonathan Wilds heuchlerische Verstellung als uneigennütziger Ehrenmann läßt ihn als zynischen ›homo politicus‹ erscheinen. Die Degradierung des großen Mannes ist daher nicht von der Kritik der Affektation zu trennen, die sein öffentliches Auftreten bestimmt. Diese Kritik durchzieht Fieldings gesamtes Erzählwerk und hängt eng mit seinem Begriff des Lächerlichen zusammen.

Auch die dramatische Zuspitzung der Geschichte auf ein schlimmes Ende, das im letzten Moment glücklich verhindert wird, ist ein Verfahren, das *Jonathan Wild* mit *Joseph Andrews* und *Tom Jones* verbindet. Dem Verbrecher gelingt es nämlich beinahe, den Juwelier Heartfree, der von Fielding als Gegenfigur zu Wild vorgestellt wird, in seiner Existenz zu vernichten. Mit Heartfrees Rettung und Jonathans Überführung wird jedoch zu guter Letzt die moralische Weltordnung wieder hergestellt, die der große Mann in ihr Gegenteil zu verkehren bemüht war. Daher läßt sich der asymmetrische Konflikt zwischen Wild, dem Täter, und Heartfree, dem Opfer der Intrige, symbolisch generalisieren. Die beiden Figuren stehen für ›greatness‹ und ›roguery‹ auf der einen sowie ›goodness‹ oder ›virtue‹ auf der anderen Seite. Der an ihren Verhaltensweisen veranschaulichte Wertdissens wird am Ende des Romans eindeutig entschieden. Daher ist die Reversibilität der Auffassungsperspektiven, die Fieldings ironischem Lob der Größe zugrundeliegt, ähnlich wie in Erasmus ebenso ironischem *Lob der Torheit* nur scheinbar oder transitorisch. Das unterscheidet das auktorial verfaßte Buch vom Schelmenroman, der die Umkehrbarkeit der in ihm angelegten Lesarten gerade nicht aufhebt, sondern den Leser hinsichtlich seines Glaubens an eine moralische Weltordnung nachhaltig verunsichert. Gleichwohl weist Wilds Persönlichkeit zweifellos pikareske Züge auf. Man muß aber das Porträt des macchiavellistischen Schurken (vgl. Shea, 1957, S. 55 ff) von der Genreform-Maske des ›unreliable first-person narrator‹ im Pikaroroman unterscheiden.

5. Henry Fielding:
A Journey from this World to the Next (1743)

Einen Schelmenroman im konventionellen Sinne hat Fielding nie geschrieben. Am ehesten kann noch die Geschichte des Apostaten Julian, die er in *A Journey from this World to the Next* erzählt, als eine dem pikaresken Modell nachgebildete Lebensbeichte verstanden werden. Ausgangssituation dieser 1743 vorgestellten Jenseitsdichtung in der Nachfolge von Lukians *Wahrer Geschichte* ist der Tod des primären Ich-Erzählers, der auf seiner Reise in die andere Welt u. a. auf Julian trifft, der immer wieder in das Diesseits der Menschheitsgeschichte zurückgeschickt wird, weil sein Lebenswandel nicht den Anforderungen an eine Aufnahme seiner Seele ins Himmelreich entspricht.

Infolgedessen kommt es zu einer pikaresken Seelenwanderung, in deren Verlauf der Apostat kapitelweise als Sklave, Jude, Lackaffe, Mönch, Bettler, Narr, Staatsmann, Dichter usw. wiedergeboren wird. Dank seiner dem ›Sisyphos-Rhythmus‹ von Tod und Auferstehung unterworfenen multiplen Existenz, die das Prinzip der Palingenese mit der literarischen Tradition der Ständesatire verbindet, schlüpft der sekundäre Ich-Erzähler Julian in zahlreiche Berufsrollen, in denen er sich jeweils als Vertrauensschwindler erweist. Dadurch werden neben dem Schelm selbst auch die von ihm jeweils praktizierten Lebensformen ins Zwielicht gerückt. Die Moral der phantastischen Autobiographie ergibt sich aus dem Verständnisrahmen, den der primäre Ich-Erzähler zuvor unter Bezug auf den einschlägigen Topos von der Zwei-Wege-Lehre etabliert hat. Der Mensch ist bei Fielding vor die Wahl gestellt, entweder den Weg der Größe oder den Weg der Güte einzuschlagen – eine Wahl, die auf die thematische Nähe des

Werkes zu *Jonathan Wild the Great* verweist. Strukturell betrachtet, führt Fielding in seiner imaginären Reise die beiden Traditionsstränge der pikaresken und der visionären Literatur zusammen. Die retrospektive Erzählung des Apostaten weist dabei insofern eine spezifische Note auf, als der Protagonist die verschiedenen Sphären der Gesellschaft nicht in erster Linie aufgrund seiner Auseinandersetzungen mit wechselnden Antagonisten, sondern dank seiner iterativen Inkarnation kennenlernt.

6. Henry Fielding:
Joseph Andrews (1742) und Tom Jones (1749)

Wie der bereits zitierte Untertitel zu *The History of the Adventures of Joseph Andrews and of His Friend Mr. Abraham Adams* deutlich macht, gehört dieser 1742 veröffentlichte Roman nicht dem pikaresken Genre sondern jener Traditionslinie des europäischen Romans an, die auf den *Don Quijote* zurückgeht. Die Ironie des auktorialen Erzählens, die Travestie literarischer Motive und die an den Ritter von der traurigen Gestalt erinnernde Fehlrahmung der Wirklichkeit durch Abraham Adams sind die wohl wichtigsten Verbindungsglieder. Wie die Liebespaare aus den Novellen im ersten Teil des *Don Quijote* werden Joseph und Fanny einer Reihe von Prüfungen ausgesetzt, die sie mit den klassischen Paaren des spätantiken Prüfungsromans verbinden. Anders als die Hauptfiguren eines Heliodor entstammen Joseph und Fanny jedoch einem vergleichsweise niedrigen Milieu. Sie sind realistisch gezeichnete, mittlere Charaktere und keine Idealgestalten. Folgerichtig werden die Widerstände, die sie zu überwinden haben, von Fielding in einer an Scarron geschulten burlesken Manier geschildert (Goldberg, 1969, S. 44 ff). Auch die Schurken im Stück tragen durchaus menschliche Züge und werden vom Erzähler zwar wegen ihres Verhaltens getadelt, aber keineswegs verteufelt.

Schon in *Jonathan Wild the Great* hatte sich Fielding gegen eine vorschnelle Beurteilung von Menschen gewandt. Im Kontext dieser Anatomie einer rabenschwarzen Seele stellte jene Wendung jedoch eine Warnung vor den Vertrauensschwindeln des Titelhelden dar. In *Joseph Andrews* und noch deutlicher in *Tom Jones* bekundet dieser Vorbehalt dagegen eine grundsätzliche Skepsis gegenüber allen reduktionistischen Werturteilen. Die Kernthese von Fieldings Vergleich der Welt mit einer Bühne, die in *Tom Jones* entfaltet wird, lautet dementsprechend, daß das Leben gerade darin dem Theater gleiche, daß eine schlechte Tat aus einem Menschen ebensowenig einen vollkommenen Halunken mache, wie aus einem Schauspieler, der den Schurken im Stück mimt. Ähnlich wie Cervantes einst auf die komplementäre Funktion der einzelnen Gattungen hingewiesen hatte, die nur im Zusammenhang ein repräsentatives Bild der Wirklichkeit ergeben, wendet sich Fielding gegen ein Menschenbild, in dem nur bestimmte Charaktereigenschaften zur Geltung kommen. Der ausgewogenen Figurendarstellung entspricht die Distanz, die Tom Jones zu jener einseitigen, semipikaresken Sicht der Dinge wahrt, die ›the man on the hill‹ vorträgt. Da die Schlechtigkeit der Welt nicht allein auf die vermeintliche Bosheit der Menschen, sondern auch auf widrige Umstände zurückzuführen sei, berechtige sie niemanden zu einer pauschalen Verdammung der Welt (Book VIII, Chapter 15).

Indem Tom die misanthropische Weltanschauung des Einsiedlers im Rahmen der Figurenrede einer Komplementärlektüre unterzieht, die offenbar mit Fieldings philanthropischer Moral übereinstimmt, hebt er die Reversibilität der Auffassungsperspektiven auf. Daher zerfällt der Chronotopos des Romans zwar in eine seriöse und in eine burleske Hemisphäre, die von semipikaresken Gestalten bevölkert wird, aber ähnlich wie Heartfree stehen die über jeden Zweifel erhabene Sophia Western für das Gute im Menschen und Allworthy dafür ein, daß schließlich doch noch die Gerechtigkeit siegt. Folgerichtig wird Tom Jones trotz seiner nicht immer einwandfreien Haltung am Ende nicht nur rehabilitiert, sondern vom Findling zum vollwertigen Mitglied der bürgerlichen Gemeinschaft, die es sich leisten kann, selbst den intriganten Blifil nicht gänzlich aus ihren Reihen zu verstoßen.

Wie Lesage setzt also auch Fielding stillschweigend voraus, daß ein im Grunde ehrlicher Charakter in dieser Welt nicht untergehen kann. *The History of Tom Jones, A Foundling* weist daher wie die Geschichte des französischen Emporkömmlings auf den Bildungsroman voraus, denn sein Held erwirbt im Verlauf seiner Abenteuer jene Menschenkenntnis und Weltklugheit, die ihn einerseits vor der Verführung durch pikareske Vertrauensschwindler bewahrt und andererseits mit der bestehenden Gesellschaftsordnung versöhnt. Die von Fielding

als ›prudence‹ apostrophierte Weltklugheit und Menschenkenntnis unterscheidet sich gerade dadurch von der zynischen
Anpassung eines Jonathan Wild an den oft schlechten Lauf
der Welt, daß sie nicht von der Güte zu trennen ist, die wahre
menschliche Größe kennzeichnet (Löffler, 1985, S. 30 ff). So
gesehen ist Fieldings Wertekanon dem humanitätsphilosophi-
schen Ideal des Bildungsromans näher als der pragmatische
Realismus des *Gil Blas.*

8. Tobias Smollett: The Adventures of Roderick Random (1748)
& The Adventures of Peregrine Pickle (1751/58)

Wie Tom Jones wird Roderick Random, dessen Abenteuer
Tobias Smollett (1721–1771) in seinem Erstlingswerk (1748)
erzählt, aufgrund einer Intrige in eine pikareske Welt ver-
schlagen, in der er sich zwar behaupten kann, aber nicht auf
Dauer einrichten mag. Seiner Bestimmung entspricht es vielmehr, am Ende der Geschichte wie Gil Blas aller materiellen
Sorgen und Konflikte enthoben zu sein. Stärker noch als
Lesages *Histoire de Gil Blas*, auf deren Vorbild Smollett die
Geschichte seines Helden im Vorwort des eigenen Werkes
bezieht, ist *Roderick Random* ein Prüfungsroman. Die edle
Gesinnung des Titelhelden wird durch das irdische Inferno,
das er durchwandern muß, auf eine harte Probe gestellt, denn
der soziale Antagonismus nimmt bei Smollett geradezu sadi-
stische Züge an. Eben darin unterscheidet sich sein Gesell-
schafts- und Menschenbild von Fieldings Sicht. Die Vertrauenskrise, in die Roderick Random gestürzt wird, ist beinahe
total, obwohl auch er einige wahre Freunde hat. Umso er-
staunlicher ist der Elan, mit dem Smolletts Held sich gegen
eine See von Plagen zu behaupten weiß. »›Mens sana in
corpore sano‹ is the protocol of Smollett's version of the
picaresque« (Reed, 1981, S. 141), und daher gleicht die Geschichte des Romans einem marathonähnlichen Hindernis-
lauf. Indem Roderick nicht nur die Hürden, die ihm von
seiner eigenen Verwandtschaft in den Weg gelegt werden,
sondern auch die pikaresken Elemente seiner Persönlichkeit
überwindet, verdient er sich die Liebe der schönen Narcissa.
Mit ihrer geistig-moralischen Unterstützung gelingt es ihm
dann, das Erbe zurückzuerobern, das ihm von Rechts wegen
zusteht.

Die Entwicklung, die der Ich-Erzähler dergestalt von einem ebenso ungestümen wie unverwüstlichen Draufgänger zu einem liebenswerten Ehemann absolviert, läßt sich auch an den sentimentalen Passagen ablesen, die im zweiten Teil des Romans an die Stelle der groben Schelmenschelte treten, die seinen ersten Teil zu einem satirischen Weltgericht macht. Auf diese Weise durchkreuzen sich bei Smollett die zeitgenössische Literatur der Empfindsamkeit und die Tradition des Schelmenromans, die von einer durch und durch unsentimentalen Lebenseinstellung geprägt ist. Das relativ unvermittelte Nebeneinander von Brutalität und Romantik, das kaum Raum für eine psychologisch plausible Entfaltung der Charaktere läßt, trägt wesentlich zu dem Eindruck einer Verselbständigung des Zufallsprinzips bei, das der Titelheld im Namen führt. »From almost every viewpoint *Roderick Random* is an example of the already disintegrated picaresque novel« (Sieber, 1977, S. 57), deren Auflösung Smollett in *The Adventures of Peregrine Pickle* – vermutlich unbeabsichtigt – noch weiter treibt.

Im Gegensatz zu seinem Erstlingswerk weist dieser 1751 in einer ersten und 1758 in einer zweiten, revidierten Fassung vorgelegte Roman nämlich nicht einmal mehr einen Ich-Erzähler auf, obwohl der Held der Geschichte im Prinzip mit allen literarischen Kompetenzen ausgestattet wird, die eine autobiographische Fiktion beglaubigen würden. Eine gewisse Unentschiedenheit haftet auch dem paraenzyklopädischen Erzählstrang an, der einerseits zu einem satirischen Panorama der zeitgenössischen Gesellschaft, andererseits aber zu einem Liebesduell zwischen Peregrine und Emilia neigt. Wie schon in *Roderick Random* schält sich dabei immer stärker heraus, daß auch *Peregrine Pickle* ein Prüfungsroman ist. Der Titelheld muß erst seinen Hochmut überwinden, bevor er die nicht minder stolze Emilia heiraten und sein Glück in dieser Welt machen kann.

Man hat Smolletts semipikareske Erzählwerke als ›novels of incidents‹ bezeichnet (Habel, 1930, S. 46) und darauf hingewiesen, daß die Hauptaufgabe ihrer Helden darin bestehe, die diversen Vorfälle zu integrieren (Putney, 1945, S. 1058). Im Rahmen einer Entwicklungsgeschichte des europäischen Schelmenromans muß man freilich sagen, daß diese rein formale Integration bei aller Gesellschaftskritik, die Smolletts Romane enthalten, nicht an die rezeptionsästhetische Raffinesse der novela picaresca heranreicht. Weder in *Roderick*

Random noch in *Peregrine Pickle* kommt es zu einer agonalen Interaktion von Text und Leser, die jene Konflikte widerspiegelt, die den Kontext der apologetischen Schelmenbeichte bilden. Zwischen der dargestellten Vertrauenskrise und der Art und Weise ihrer narrativen Vermittlung besteht kein struktureller Zusammenhang mehr. Indem die Vertrauenskrise als eine existentielle Ausnahmesituation dargestellt wird, erscheint die pikarische Welt der gewöhnlichen Erfahrungswirklichkeit entgegengesetzt. Der Chronotopos des abenteuerlichen Alltagsromans wird daher schon in *Roderick Random* durch sentimentale Passagen aufgelockert. In *Peregrine Pickle* wird darüber hinaus die Interdependenz zwischen der dialogisch konzipierten Genreform-Maske des unzuverlässigen Ich-Erzählers und der Reversibilität der Auffassungsperspektiven zerstört.

Während Lesages *Gil Blas* davon handelte, daß die Lebenseinstellung des Schelms unzeitgemäß geworden war, belegen Smolletts Romane, daß das pikareske Erzählformular Mitte des 18. Jahrhunderts seine dialogische Funktion weitestgehend eingebüßt hat. Die Vermittlung von Mensch und Umwelt, Individuum und Kollektiv, scheint mit dem antagonistischen Schema allein nicht mehr zu erfassen zu sein. Daher sind die sentimentalen Passagen bei Smollett nicht als Symptom seiner schriftstellerischen Unzulänglichkeit, sondern als Indiz dafür zu verstehen, daß die Darstellung der Gefühlswelt seiner Figuren nach Erzählformen verlangt, die erst noch gefunden werden müssen. Die Empfindsamkeit der Zeitgenossen findet im unsentimentalen Genre des Schelmenromans keinen adäquaten Ausdruck mehr. Das war sicher auch Laurence Sterne, dem Verfasser des *Tristram Shandy* und der *Empfindsamen Reise* klar. Bereits Chandler hatte daher kurz und bündig erklärt: »Laurence Sterne broke with the picaresque tradition, and never drew a rogue« (Chandler, 1958, S. 320). Zweifellos gehört der *Tristram Shandy* jedoch in die Reihe der großen selbstreflexiven Erzählwerke, die von Cervantes über Furetière zu Sterne und von diesem wiederum zu Diderot reicht (Reed, 1981, S. 145f).

9. Laurence Sterne:
The Life and Opinions of Tristram Shandy, Gentleman
(1759-67)

Obwohl der Ich-Erzähler dieses in neun Bänden veröffentlichten Romans den Leser immer wieder an der Nase herum und aufs Glatteis führt, ist das Buch keine Schelmengeschichte. An die Stelle einer Biographie, wie sie der Titel des Werkes in Aussicht stellt, treten in Tristrams eigenwilligem Diskurs Abschweifungen, die aus dem Lebensbericht ein Protokoll davon machen, was jeweils im Bewußtsein des Ich-Erzählers geschieht. Das Simulakrum einer Gedankenwelt, das so entsteht, wird von Sterne (1713–1768) auf die Bewußtseinsphilosophie John Lockes' bezogen, gegen dessen logozentristische Auffassung einer rein begrifflichen Verständigung der Verfasser des *Tristram Shandy* die zentrifugalen Kräfte der poetischen Sprache mobilisiert: während der Philosoph bildliche Ausdrucksweisen als irreführend geächtet hatte, rehabilitiert Sterne die figürliche Rede ironischerweise mit einer Figurenrede, die immer wieder zeigt, daß eindeutig definierte Begriffe der Mehrdeutigkeit menschlicher Existenz nicht gerecht zu werden vermögen und daß die Metapher als expressives Instrument der zwischenmenschlichen Verständigung unverzichtbar bleibt.

Daß diese Erkenntnis im Rahmen einer geselligen Konversation vorgetragen wird, belegt, wie weit die Unterhaltung der empfindsamen Protagonisten von dem gesellschaftlichen Antagonismus entfernt ist, der die pikarische Welt kennzeichnet. Der Schelm und seine Widersacher treffen im öffentlichen Raum aufeinander; die konfliktträchtigen Ereignisse, die sie verbinden, sind an die objektive Zeit dieser Ereignisse gebunden. Tristram Shandy und seine Familienmitglieder kommen dagegen ausschließlich in der Privatsphäre von Shandy Hall bzw. im Bewußtsein des Ich-Erzählers zusammen, in dem die chronologische Reihenfolge ihrer Begegnungen zugunsten einer subjektiven Ereignisordnung aufgelöst wird. Nicht die satirische Entlarvung des sozialen ›Theatrum mundi‹, sondern die virtuose Inszenierung eines Kopftheaters steht also im Mittelpunkt des philosophisch inspirierten Romans, dessen Novität vor allem darin liegt, daß die Literatur nicht mehr durch ihren Bezug auf die außerliterarische Wirklichkeit, sondern durch ihre Bedeutung als erkenntnisleitendes Gedankenexperiment gerechtfertigt wird.

Damit hatte Sterne der Erzählkunst eine Möglichkeit eröffnet, die Denis Diderot (1713–1784) in seinem vermutlich zwischen 1773 und 1775 entstandenen Roman *Jacques le fataliste et son maître* begeistert aufgriff. Der Dialog zwischen dem Diener und seinem Herrn, der das Rückgrat dieses Romans bildet, kreist um die Problematik des freien Willens, auf die Diderot im Zusammenhang mit seinen naturwissenschaftlichen Studien gestoßen war. Der Spielraum, der dem Menschen in einer kausal determinierten Welt bleibt, wird im Rahmen einer oft paradoxen Konversation vermessen, die immer wieder autoreflexiv auf den dialogischen Charakter des Textes verweist. Dabei setzt Diderot das Gespräch über den Roman als Gattung fort, das Cervantes in seinem *Don Quijote* begonnen hatte. Das burleske Spiel, das der ironische Erzähler mit den Erwartungen der Leser an eine stringent entwickelte Geschichte treibt, verdeutlicht, daß die symbolische Ordnung der Welt weder naturgegeben ist noch einfach von einer auktorialen Instanz erwartet werden kann. Jeder Leser ist der Urheber seiner eigenen Interpretation. Diderot ratifiziert damit die semiologische Wende, die Sterne im *Tristram Shandy* vorgenommen hat: die Formen der Erzählkunst und die Zeichen der menschlichen Sprache bilden die Welt nicht ab, wie sie an sich ist, sondern sie erzeugen ein Bild von der Welt, das den mündlichen oder schriftlichen Text zur epistemologischen Metapher macht.

Diese neue Auffassung des Verhältnisses von Zeichen und Bezeichnetem, diese neue Poetologie, führt weit über die narrative Praxis des Schelmenromans hinaus, die an der regulativen Leitidee einer Übereinstimmung von Darstellung und Dargestelltem ausgerichtet war. Die Notwendigkeit einer Komplementärlektüre ergibt sich ja aus der Annahme, daß ein Schelm bestenfalls die halbe Wahrheit spricht. Obwohl es, wie Verfasser und Leser wissen, keine Möglichkeit gibt, den literarischen Text wie eine Tatsachenaussage hinsichtlich ihres empirischen Gehalts zu überprüfen, bringt die unglaubwürdige Wahrheitsbeteuerung des parteiischen Ich-Erzählers doch die Leitidee der ganzen Wahrheit ins Spiel, die die Komplementärlektüre stimuliert. Die Reversibilität der Auffassungsperspektiven, die aus der Umkehrbarkeit der Schelmenbeichte zur Schelmenschelte resultiert, reflektiert die Unmöglichkeit, die Vertrauensfrage ein für alle Mal zu beantworten. Einerseits ist der Mensch, solange er lebt, in Situationen gestellt, die ihn zu einer Antwort auf diese Frage zwingen, andererseits kann jede Entscheidung für Vertrauen oder Miß-trauen jeweils nur eine relative, situative Gültigkeit beanspru-chen. Die tiefere Wahrheit zumindest des veritablen Schel-menromans liegt, so gesehen, darin, daß seine spezifische Machart den dialogischen Charakter des menschlichen Zu-sammenlebens bzw. die permanente Virulenz der Vertrauens-frage ins Bewußtsein hebt.

Der *Tristram Shandy* und *Jacques le fataliste* setzen auf einer anderen Ebene an und weisen daher auch eine andere Ver-suchsanordnung als der Schelmenroman auf: Sterne und Di-derot fragen ähnlich wie Cervantes und Furetière nach dem Beitrag der Literatur zur symbolischen Ordnung der Welt sowie nach der Verläßlichkeit bzw. Verbindlichkeit solcher Ordnungen. Gerade weil ein fiktionaler Text die Wirklichkeit nicht im Maßstab 1:1 abbildet, kann er zum Modell der Welterzeugung werden. Solche Modellierung ist jedoch etwas anderes als die satirische Verzerrung der Realität, die der Schelmenroman leistet. Seine Art des Weltbezugs ist die einer auf die Primärerfahrung des vergesellschafteten Menschen ge-richteten Mimesis, bezieht sich also auf den Objektbereich der alltäglichen Interaktion. Demgegenüber reflektiert das meta-fiktionale Gedankenspiel, das Sterne und Diderot veranstal-ten, das Verhältnis von Kommunikation und Bewußtsein. Insbesondere im *Tristram Shandy* wird deutlich, daß nicht nur zwischen den Zeichen und ihren Bezugsgegenständen, son-dern auch zwischen der Sprache und den in ihr ausgedrückten Gedanken eine problematische Differenz besteht. Der Dis-sens, der die Menschen voneinander trennt, entsteht in diesem Buch nicht aus dem von Hobbes analysierten Interessenskon-flikt, sondern daraus, daß die Figuren zwar in einer gemein-samen Wirklichkeit, aber dennoch in ganz verschiedenen Be-wußtseinswelten leben.

Verfolgt man die Dialektik von Genre & Countergenre weiter, so stößt man im 20. Jahrhundert nicht nur auf eine bemerkenswerte Wiederkehr der Schelme, die in der Literatur des 19. Jahrhundert keine bedeutsame Rolle gespielt haben. Vielmehr erscheint Mitte der sechziger Jahre in den USA ein Roman, dessen Erzähler genau an der Schnittstelle zwischen der pikaresken und der cervantesken Weise der narrativen Welterzeugung operiert. Zum einen knüpft John Barth in seinem *Sot-Weed Factor* an das Gespräch über den Roman an, das Cervantes begonnen und Furetière, Sterne oder Diderot fortgesetzt hatten. Zum anderen reflektiert die Rollenvertei-

lung zwischen dem quichottesken Ebenezer Cooke, der sich
im Verlauf der Geschichte zu einem traurigen Tom Jones
wandelt, und dem pikaresken Vertrauensschwindler Bur-
lingame die komplementären Weltanschauungen von Idea-
lismus und Realismus, von Phantasie und Empirie. Während
Barth mit seiner verwirrend vielschichtigen Fabel Fieldings
Kunst der dramatischen Verwicklung zu überbieten versucht,
nimmt seine Parodie historischer Dokumente und philosophischer Texte karnevaleske Züge an. Daher verwundert es
nicht, daß das Buch zahlreiche Anspielungen auf Rabelais,
aber auch auf Voltaire enthält.

IX. Schlußbetrachtung

Voltaires (1694–1778) *Candide ou L'Optimisme* (1759) ist ein gutes Beispiel für die Instrumentalisierung pikaresker Motive und Topoi im Rahmen einer Erzählung, die eigentlich nicht mehr als Schelmenroman bezeichnet werden kann. Das Buch gilt gemeinhin als Travestie der philosophischen Idee von der besten aller möglichen Welten, die Pangloss als Leibniz Stellvertreter verkündet, und die Candides Erfahrung der Realität in drastischer Form widerlegt. Wie der Pikaro erfährt Voltaires Protagonist die Welt auf einer Odyssee, die den Optimismus der Frühaufklärung scheinbar ad absurdum führt. Jean Starobinski hat allerdings zu Recht darauf aufmerksam gemacht, daß Voltaire bei aller Ironie gegenüber jeder Idealisierung der Realität keine fatalistische oder zynische Weltanschauung vertritt (Starobinski, 1978, S. 782f). Seine Kritik gilt nicht etwa dem menschlichen Bemühen, die Welt zu ändern, sondern der in Leibniz' These angelegten Suggestion, es gäbe gar nichts zu verbessern, da die Welt in Rücksicht auf die gegebenen Möglichkeiten bereits optimal eingerichtet sei. Dementsprechend mobilisiert Voltaire die zentrifugalen Kräfte der jeweils konkreten und partikularen Erfahrung gegen die zentripetale Tendenz der Philosophie, die Totalität der Welt auf eine abstrakte Formel zu reduzieren, in der die Komplexität und Kompliziertheit des menschlichen Daseins ausgeblendet wird.

Zugleich verhindert die Leichtigkeit, mit der Voltaires auktorialer Erzähler die Lasten und Beschwernisse des Lebens schildert, daß die Leser des *Candide* einer depressiven Stimmung verfallen. Es scheint beinahe, als ob der Erzähler die Abenteuer des Titelhelden nicht ganz ernst nehmen oder ihnen kein wirklich existentielles Gewicht beimessen würde. Daher dürfte es angemessen sein, im *Don Quijote* nicht nur ein Modell für die Figur des Pangloss zu sehen, der die Wirklichkeit einer permanenten Fehlrahmung unterzieht, sondern auch die Tendenz zur Metafiktion, die dem *Candide* innewohnt, auf Cervantes Weise der narrativen Welterzeugung zurückzuführen. Voltaire gibt nämlich ähnlich wie der Erzähler des *Don Quijote* vor, daß sein Buch lediglich eine

Übersetzung sei, und in der Tat mutet der Text streckenweise wie die »Nachahmung einer Erzählung« (Starobinski), wie die spielerische Variation von Themen an, die im Schelmenroman ernsthaft ausgeführt werden.

Es erscheint somit nicht abwegig, in Voltaires luzidem Roman eine Menippeische Satire zu sehen, die neben dem überzogenen Optimismus einer gewissen Philosophie auch den übertriebenen Pessimismus einer bestimmten literarischen Gattung in Zweifel zieht. Daher ist der Chronotopos des abenteuerlichen Alltagsromans im *Candide* bis zur Karikatur komprimiert: die abrupten Glückswechsel und Stimmungsumschwünge sowie die unwahrscheinliche Häufung von Schicksalsschlägen wirken wie eine hypertrophe Imitation des ›Sisyphos-Rhythmus‹. Aber auch das Schema von Trennung und Wiederbegegnung, das im höfisch-heroischen Roman die Darstellung der Freundschafts- und Liebesverhältnisse bestimmt, wird parodiert. Das jeder harmoniestiftenden Auslegung widerstreitende Chaos der Weltgeschichte, das Candide auf seinen Reisen erlebt, erinnert an die groteske Hölle des Karnevals, die entsteht, wenn mit dem metaphysischen Überbau der Gesellschaft auch die soziale Disziplin zusammenbricht. Bezieht man Voltaires Roman, wie dies R.J. Howells getan hat, auf die Phänomenologie des grotesken Körpers, stellen sich eine Reihe aufschlußreicher Parallelen ein: die vielen Anspielungen auf die Kreatürlichkeit und Sexualität des Menschen, die unwahrscheinliche Häufung des Schemas von Untergang und Auferstehung, das Candides überraschenden Wiederbegegnungen mit Pangloss, Kunigunde und deren Bruder zugrundeliegt, sowie die zur Zeit des Karnevals in Venedig angesiedelten Szenen belegen wie die groteske Körperlichkeit der unverwüstlichen Figuren die Nähe des Romans zur verkehrten Welt (Howells 1985). Ebensowenig wie im Karneval geht es jedoch bei Candides Spießrutenlauf darum, den Krieg aller gegen alle, den die Menschen, Hobbes zufolge, im Naturzustand führen, zu restaurieren. Eher schon dient der ganze Spuk dazu, den Glauben an die Notwendigkeit einer Überwindung des ›bellum omnia contra omnes‹ zu intensivieren, dem die selbstgerechte und allzu genügsame Affirmation der Welt, so wie sie ist, entgegensteht. Wenn daher im *Candide* die pikareske Weltanschauung zitiert und auf Hobbes *Leviathan* angespielt wird, dann dient diese Beschwörung eines grausamen Szenarios der Austreibung des Trägheitsmoments aus dem Geist der Aufklärung.

Solch eine exorzistische Funktion muß man auch Johann Carl Wezels (1747–1819) Nachahmung des *Candide* zubilligen. Sein 1776 veröffentlichter Roman *Belphegor oder Die wahrscheinlichste Geschichte unter der Sonne* beginnt wie Voltaires Parabel mit dem Hinauswurf seines Titelhelden aus einem vermeintlichen Paradies; wie im Schelmenroman führt Belphegors Odyssee in Form einer Initiationsgeschichte durch das ›bellum omnium contra omnes‹, das als Leitmotiv und Motto des ersten Romanteils dient. Obwohl Akante, Fromal und Medardus nicht in jeder Hinsicht Kunigunde, Pangloss und Martin gleichen, ist Wezels Figurenführung offensichtlich an Voltaire geschult. Während jedoch Voltaire lediglich demonstrieren wollte, daß die bestehende Welt nicht die beste aller möglichen und daher verbesserungswürdig ist, scheint Wezel der Überzeugung Ausdruck verleihen zu wollen, daß es sich bei dieser Welt um die schlechteste aller möglichen handelt.

Allerdings verweist der Verfasser mehrfach auf den polemischen und ergänzungsbedürftigen Charakter seiner Darstellung. Er stelle, schreibt Wezel im Vorwort, »ein Gemählde der Welt auf, in welchem Neid und Unterdrückung die Hauptzüge sind«, und begründet dies mit dem Hinweis auf jene Schriftsteller, »die uns die Welt und den Menschen als vortreflich geschildert [haben]. Aber entweder betrogen sie sich selbst oder wollten den Leser betriegen.« Kurz vor Schluß relativiert eine der Figuren noch einmal das im *Belphegor* zum Alptraum stilisierte Bild der Welt mit dem Hinweis, daß dieses Bild »ein gedungnes, voll gruppirtes Gemälde ist, dessen Theile sich in der Natur nicht so nahe berührten, wo zwischen den armseligen Spitzbübereyen und Mördereyen etwas heitre Intervalle waren.« Damit zeigt Wezel die Möglichkeit einer Komplementärlektüre auf, die der dialogischen Machart seines Werkes gewiß gerechter wird, als die pauschale Ablehnung, die es bei seiner Erstveröffentlichung erfuhr.

Sieht man die traurige Wissenschaft, die Wezel als Genealoge einer menschenverachtenden Unmoral betreibt, als Ausdruck seiner Empörung über die Schlechtigkeit der Welt und die Blauäugigkeit jener Schriftsteller, die das humanitätsphilosophische Idealbild des Menschen mit seiner wirklichen Erscheinung verwechseln, dann ist der *Belphegor* keine menschenfeindliche Fabel, sondern eine letztlich menschenfreundliche Hyperbel: die Darstellung der Gewalt wirkt so überzogen, daß der Leser nicht umhin kann, in dem schier

unverwüstlichen Belphegor vor allem ein Demonstrations-
objekt zu sehen. Aus dem Umstand, daß Wezels Titelheld
kein bemitleidenswertes Subjekt ist, folgt jedoch keineswegs,
daß der Verfasser aus seiner Geschichte zynische Schlußfolgerungen zieht. Gleichwohl ist Wezels Roman stärker als
Voltaires Werk ein Thesenroman. Im *Candide* wird die
Scheinantwort, die Leibniz auf die Frage, wie die Übel dieser
Welt gerechtfertigt werden könnten, zwar kritisiert, aber nicht
durch eine alternative Antwort ersetzt; im *Belphegor* wird eine
bestimmte Behauptung aufgestellt und anhand eindeutiger
Fallbeispiele exemplifiziert: die Welt ist de facto schlecht; wer
das Gegenteil behauptet, betrügt sich und andere. Während
also Voltaire Ideologiekritik betreibt, fordert Wezel sie heraus.

Daß Wezels Roman bei seiner Erstveröffentlichung ausge-
rechnet von Wieland geächtet wurde, dessen *Geschichte des
Agathon* knapp zehn Jahre zuvor die Bildungsgeschichte als
Erzählformular inauguriert hatte, kann kaum verwundern.
Die menschenfeindliche Gesinnung, die Wieland im *Belphegor*
ausgemacht zu haben glaubte, mußte ihm wie ein Affront
gegen das pädagogische Konzept seines Romans und das
Leitbild einer aufgeklärten, humanen Gesellschaft erscheinen.
Wielands Kritik ist daher ein guter Ausgangspunkt, um die
weltanschauliche Opposition zwischen dem Bildungs- und
dem Schelmenroman zu bestimmen, spielt doch auch der
Pikaro beständig auf die Wolfsnatur des Menschen an. Trotz
dieses ideologischen Gegensatzes stehen Bildungs- und Schelmenroman, wie die *Histoire de Gil Blas* zeigt, auch in einem
genealogischen Verhältnis. Aus der konfliktträchtigen Handlung und der dipolaren Anlage der novela picaresca mit ihrem
paraenzyklopädischen und ihrem pseudoautobiographischen
Erzählstrang folgt, daß bereits die frühen Schelmengeschich-
ten keimhaft zwei Romanformen in sich tragen: den Gesell-
schafts- und den Entwicklungsroman. Auch »der Bildungsroman behandelt die Entwicklung des Individuums in stetiger
Auseinandersetzung mit der Welt und wird deshalb beide Pole
dieses spannungsreichen Prozesses sichtbar machen müssen«
(Jacobs, 1972, S. 15). Sein Wirklichkeitsbezug oszilliert zwischen der öffentlichen Sphäre der Gesellschaft und der persönlichen Entwicklung des Bildungshelden, der sich zunächst
an den Zuständen, die er vorfindet, die Hörner abläuft, bevor
er – wie Hegel meinte – in die Verkettung der Welt eintritt.
Während der Pikaro wider Willen ein halber Außenseiter

bleibt, finden Wilhelm Meister und seine Brüder, die Helden der Bildungsromane, wenn auch unter Entsagungen eine Position, die sie mit ihrer Umwelt versöhnt.

Überträgt man die Dialektik von Genre & Countergenre auf die Ko-Opposition von Bildungs- und Schelmenroman, kann man also die Verbürgerlichung des Pikaro zur Vorgeschichte jener Gattung rechnen, die in Wielands *Agathon* erstmals eine noch entwicklungsbedürftige Gestalt annimmt. Umgekehrt entsteht der neopikareske Roman des 20. Jahrhunderts als Parodie und Travestie der Bildungsgeschichte. Das gilt für die deutschsprachigen Vertreter – Thomas Manns *Felix Krull* oder Günter Grass' *Blechtrommel* – ebenso wie für Ralph Ellisons *Invisible Man* oder Saul Bellows *Augie March*. Die Lücke, die in der Gattungsgeschichte des Schelmenromans klafft, ließe sich dann damit erklären, daß die bürgerliche Welt des 19. Jahrhunderts mit der Figur des Pikaro nichts anzufangen wußte. Allerdings hat die Forschung eine Reihe von Interimskandidaten ermittelt, die diese Lücke wenigstens ansatzweise überbrücken. Dazu zählen neben Heinrich Heines *Memoiren des Herren von Schnabelewopski* aus dem Jahre 1834, William Makepeace Thackerays *Barry Lyndon* (1844) und Mark Twains *Huckleberry Finn* (1884). Für Jürgen Jacobs hat das pikareske Erzählen darüber hinaus in jenen autobiographischen Werken überdauert, die wie *Der Deutsche Gil Blas* belegen, daß es auch im Zeitalter des Bildungsromans genug Außenseiter gab, die sich allein mit List und Tücke durchs Leben schlagen mußten (Vgl. Jacobs, 1983, S. 90 ff). Daß Goethe, der den *Deutschen Gil Blas* herausgab, Randerscheinungen wie Johann Christoph Sachse keineswegs übersehen hat, beweisen auch einige Nebenfiguren im *Wilhelm Meister*, der ja als das Paradigma des Bildungsromans gilt. Auch in Goethes *Reineke Fuchs* kann man eine pikareske Gestalt sehen, zumal die Verteidigungsrede, die der Schalk vor Gericht hält, eine Komplementärlektüre provoziert (Bauer, 1993, S. 87 f).

Der Schelmenroman hat immer eine gewisse Nähe zu jenen Tierfabeln und Sprichworten bewahrt, in denen auf die Wolfsnatur des Menschen angespielt wird. Es lohnt sich daher, nicht nur bei der Lektüre des *Goldenen Esels*, des *Güldenen Hundes* oder Cervantes *Coloquio* auf Redensarten und Metaphern zu achten, die in die Richtung des ›homo homini lupus‹-Axiom weisen. Allerdings ist das polemische Bild des Menschen als Raubtier Teil der pikaresken Weltanschauung und damit an die Umkehrbarkeit der Betrachtungsweisen gekoppelt, die sich aus der dialogischen Machart des Schelmenromans ergibt. Auch die Gleichnisrede von der Wolfsnatur des Menschen kann daher einer Komplementärlektüre unterzogen werden.

Fragt man nach dem Ursprung der Tiermetaphorik, die den Schelmenroman mit der Bildsprache der politischen Philosophie eines Macchiavelli oder Hobbes verbindet, stellt sich heraus, daß die polemische Gleichnisrede eine autoreflexive Pointe hat. Daß ausgerechnet die Dichter so hellhörig sind, wenn es um die Zwickmühle des halben Außenseiters geht, hängt nämlich offenbar damit zusammen, daß sie selbst von interessierter Seite immer wieder als Lügner und Vertrauensschwindler diffamiert worden sind, weil man den Sonderstatus fiktionaler Rede nicht erkannt hat.

Die vielleicht bekannteste und folgenreichste Schelmenschelte dieser Art findet sich in Platons *Staat*. Der Vorwurf, der dort erhoben wird, lautet, daß die Dichter nichts Gesundes und Wahres im Schilde führen, weil sie die öffentliche Ordnung mit der Darstellung subversiver Denk- und Verhaltensweisen untergraben würden. Dazu zählt unter anderem ihre frivole Behauptung, es gäbe viele Ungerechte, die glücklich, und viele Gerechte, die unglücklich seien. Sokrates vermutet darin ein Argument für das Recht des Stärkeren, gegen das sich seine gesamte Erörterung der Gerechtigkeit wendet. Dabei greift auch er auf die einschlägige Tiermetaphorik zurück: während der tyrannische Herrscher ein Wolf ist, gleicht der gerechte Regent einem guten Hirten. Seine Wachhunde sollen aber nicht nur fremde Feinde verjagen, sondern auch die schwarzen Schafe aus den eigenen Reihen in Schach halten. Und zu diesen schwarzen Schafen zählt Sokrates all diejenigen, die sich nicht auf seine philosophischen Leitideen einschwören lassen.

Man muß Platons Dichterschelte daher vor dem Hintergrund des alten Streits zwischen den Philosophen und den Künstlern sehen, der noch Nietzsche beschäftigt hat. Die Philosophen beanspruchen, hinter den Erscheinungen die Ideen zu erkennen, die ihrer Meinung nach das eigentliche Sein ausmachen, während Dichtung und Malerei, so gesehen, lediglich Gegenstände nachahmen, die ihrerseits Nachahmungen der Ideen sind. Dreht man den Spieß wie im *Candide* zugunsten der sinnlichen Wahrnehmung um, die für sich ins Feld führen kann, daß die Ideen lediglich aus der Beobachtung abgeleitete, begriffliche Verdichtungen bestimmter Erfahrungen sind, wird offenbar, daß es in dem Streit zwischen Philosophie und Kunst weniger um Wahrheit als um Macht geht. Das Heil des Staates, den Platon beschreibt, soll nämlich von der Herrschaft der Philosophen abhängen. Indem die Dichter die Ideen profanisieren und mittels Geschichten zeigen, daß alles auch ganz anders sein könnte, als die Herrscher behaupten, unterlaufen sie die von Platon postulierte Hierarchie der Wahrnehmung, die mit der Wesensschau auch die Philosophen privilegiert – ein Schelm, wer Böses dabei denkt.

Unter diesen Voraussetzungen ist die dialogische Machart des Schelmenromans bzw. die Umkehrbarkeit der Betrachtungsweisen, die aus ihr folgt, auch ein Hinweis darauf, daß die Vielfalt der Erscheinungen keiner Ideenlehre gehorcht. Das Kipp-Bild der verkehrten Welt zeigt, daß die idealistische Vereinheitlichung der Welt nicht der in sich widersprüchlichen und vielfältigen Realität des menschlichen Zusammenlebens gerecht wird. Daraus folgt zwar keine pikareske Moral, aber doch die Erkenntnis, daß auch der Schelmenroman eine ganz spezielle, an seine dialogische Machart gekoppelte Wahrheit über das ›zoon politikon‹, das gesellige Wesen des Menschen, enthält.

X. Bibliographie

1. Primärliteratur

Aegidius Albertinus: *Der Landstörtzer Gusman von Alfarche oder Picaro genannt*, hrsg. von Jürgen Mayer, Reprint Hildesheim New York 1975.

Aegidius Albertinus: *Lucifers Königreich und Seelengejaidt*, hrsg. von Rochus Freiherrn v. Liliencron, Berlin Stuttgart 1890 (Reprint 1948).

Apuleius: *Der Goldene Esel*, Aus dem Lateinischen von August Rode, Frankfurt/M. 1986.

Aurelius Augustinus: *Bekenntnisse*, Übersetzt, mit Anmerkungen versehen und hrsg. von Kurt Flasch und Burkhard Mojsisch, Stuttgart 1989.

Johann Beer: *Sämtliche Werke*, hrsg. von Ferdinand von Ingen und Hans-Gert Roloff, Bern Frankfurt/M. Las Vegas 1981.
Bd. 1: *Simplicianischer Welt-Kucker*.
Bd. 3: *Corylo*.
Bd. 4: *Pokazi – Jucundus Jucundissimus*.

Johann Beer: *Die teutschen Winter-Nächte & Die kurzweiligen Sommer-Täge*, hrsg. von Richard Alewyn, Frankfurt/M. 1985.

Miguel de Cervantes: *Die Novellen*, übersetzt von Konrad Thorer, Frankfurt/M. 1987.

Miguel de Cervantes: *Der sinnreiche Junker Don Quijote von der Mancha*, Übertragung von Ludwig Braunfels, durchgesehen von Adolf Spemann, München 1981.

Daniel Defoe: *Romane*, 2.Bde., hrsg. von Norbert Miller, München 1968.

Der Deutsche Gil Blas, Eingeführt von Goethe, oder *Leben, Wanderungen und Schicksale Johann Christoph Sachses, eines Thüringers von ihm selbst verfasst*, hrsg. von Jochen Golz, Nördlingen 1987.

Denis Diderot: *Jacques der Fatalist und sein Herr*, Übersetzung von Ernst Sander, Stuttgart 1982.

Hieronymus Dürer: *Lauf der Welt und Spiel des Glücks, Zum Spiegel Menschliches Lebens vorgestellet in der Wunderwürdigen Lebensbeschreibung des Tychander*, Reprint Hildesheim Zürich New York 1984.

Henry Fielding: *Mr. Jonathan Wild der Große, Die Geschichte eines Helden*, Aus dem Englischen übersetzt von Horst Höckendorf, Frankfurt/M. 1987.

Henry Fielding: *Eine Reise von dieser Welt in die nächste, Ein skurriler Roman*, Auf der Grundlage der anonymen Leipziger Übersetzung von 1812 überarbeitet von Robin Crackett und Thomas Hack, München 1994.

Henry Fielding: *Die Geschichte der Abenteuer des Joseph Andrews und seines Freundes Mr. Abraham Adams*, Übersetzung aus dem Englischen und Nachwort von Ilse Leisi, Zürich 1987.

Henry Fielding: *Tom Jones, Die Geschichte eines Findlings*, aus dem Englischen übertragen von Siegfried Lang, München 1978.

Antoine Furetière: *Der Bürgerroman*, Aus dem Französischen übersetzt und hrsg. von Wolfgang Tschöke, Basel Frankfurt/M. 1992.

Richard Head; Francis Kirkman: *The English Rogue, Described in the Life of Meriton Latroon, A Witty Extravagant*, London 1928.

Horaz: *Ars Poetica/Die Dichtkunst*, Übersetzt und mit einem Nachwort hrsg. E. Schäfer, Stuttgart 1984.

H.J. C. v. Grimmelshausen: *Satyrischer Pilgram*, hrsg. von Wolfgang Bender, Tübingen 1970.

H.J. C. v. Grimmelshausen: *Der Abentheuerliche Simplicissimus Teutsch und Continuatio des abentheuerlichen Simplicissimi*, hrsg. von Rolf Tarot, Tübingen 1967.

H.J. C. v. Grimmelshausen: *Lebensbeschreibung der Ertzbetrügerin und Landstörtzerin Courasche*, hrsg. von Wolfgang Bender, Tübingen 1967.

H.J. C. v. Grimmelshausen: *Der seltzame Springinsfeld*, hrsg. von Franz Günter Sieveke, Tübingen 1969.

H.J. C. v. Grimmelshausen: *Das wunderbarliche Vogelnest*, hrsg. von Rolf Tarot, Tübingen 1970.

H.J. C. v. Grimmelshausen: *Die verkehrte Welt*, hrsg. von Franz Günter Sieveke, Tübingen 1973.

Alain René Lesage: *Der hinkende Teufel*, Aus dem Französischen übertragen und mit einem Nachwort versehen von Walter Hoyer, München 1983.

Alain René Lesage: *Geschichte des Gil Blas von Santillana*, Übertragung von G. Fink, durchgesehen von Walter Widmer, München 1959.

Lukian von Samosata: *Lügengeschichten und Dialoge*, Aus dem Griechischen übersetzt und mit Anmerkungen und Erläuterungen versehen von Christoph Martin Wieland, Nördlingen 1985.

Juan de Luna: *Die Fortsetzung der Geschichte von Lazarillo de Tormes*, Aus dem Spanischen übertragen und mit einem Nachwort versehen von Walter Widmer, in *Die Geschichte vom Leben des Lazarillo de Tormes und von seinen Leiden und Freuden von ihm selbst erzählt*, Mitsamt deren Fortsetzung, Darmstadt 1989.

Pierre Carlet de Marivaux: *Romane*, Übersetzung von Paul Baudisch, hrsg. Norbert Miller, München 1968.

Johann Michael Moscherosch: *Visiones De Don Quevedo, Wunderliche und Wahrhafftige Gesichte Philanders von Sittewalt*, Reprint Hildesheim New York 1974.

Thomas Nashe: *Der unglückliche Reisende oder Die Abenteuer des Jack Wilton, Ein elisabethanischer Schelmenroman*, aus dem Englischen übertragen und mit Anmerkungen und einem Nachwort versehen von Werner von Koppenfels, München 1970.

Andrea Perez: *Die Landstörtzerin Iustina Dietzin Picara genandt*, Reprint Hildesheim New York 1975.

Wolfgang Caspar Printz: *Güldner Hund, Ausgewählte Werke*, hrsg. von Helmut K. Krausse, Bd. 2, Berlin New York 1979.

Francisco de Quevedo: *Die Träume, Die Fortuna mit Hirn oder die Stunde aller*, hrsg. und übersetzt von Wilhelm Muster, Frankfurt/M. 1980.

François Rabelais: *Gargantua und Pantagruel*, hrsg. von Horst und Edith Heintze, 2 Bde., Frankfurt/M. 1985.

Christian Reuter: *Schelmuffskys wahrhafftige curiöse und sehr gefährliche Reisebeschreibung zu Wasser und zu Lande*, hrsg. von Ilse-Marie Barth, Stuttgart 1985.

Johannes Riemer: *Der Politische Maul-Affe, Werke*, hrsg. von Helmut Krause, Bd. 1, Berlin New York 1979.

Paul Scarron: *Die Komödianten, Ein komischer Roman*, Übersetzung und Anmerkungen von Helga Coenen, Stuttgart 1983.

Georg Schielen: *Deß Frantzösischen Kriegs-Simplicissimi Hoch-verwunderlicher Lebens-Lauff*, Freiburg 1682/83. Exemplare des 1. Teils: LB Karlsruhe, Stadtbibl. Ulm; Exemplare des 2. und 3. Teils: UB Freiburg, LB Karlsruhe, Stadtbibl. Mainz, LB Stuttgart.

Simplicianischer Jan Perus, hrsg. von Hans Gerd Rötzer, Tübingen 1986.

Charles Sorel: *Wahrhaftige und lustige Historie vom Leben des Francion*, ins Deutsche übertragen von Christine Hoeppner, Frankfurt/M. 1968.

Tobias Smollett: *Die Abenteuer des Roderick Random*, Revidierte Übersetzung von W. Chr. S. Mylius, München 1982.

Tobias Smollett: *Die Abenteuer des Peregrine Pickle*, Übersetzung von W. Chr. S. Mylius, Darmstadt 1989.

Spanische Schelmenromane, hrsg. von Horst Baader, 2 Bde., München 1964/65.

Bd. 1: *Das Leben des Lazarillo de Tormes*, übertragen von Helene Henze; *Das Leben des Guzmán von Alfarache*, übertragen von Rainer Specht.

Bd. 2: *Das Leben des Buscón*, übertragen von Herbert Koch; *Das Leben des Schildknappen Marcos von Obregón*, übertragen von Rainer Specht.

Daniel Speer: *Ungarischer oder Dacianischer Simplicissimus*, hrsg. von Marian Szyrocki und Konrad Gajek, Wien 1972.

Laurence Sterne: *Das Leben und die Ansichten Tristram Shandys*, Aus dem Englischen von Rudolf Kassner, Zürich 1982.

Niclaus Ulenhart: *Historia von Isaac Winckelfelder und Jobst von der Schneidt*, hrsg. von Gerhart Hoffmeister, Frankfurt/M. 1983.

Luis Vélez de Guevara: *El Diablo Cojuelo*, hrsg. von E. Rodríguez, Madrid 1984.

Voltaire: *Candide ou L'Optimisme*, Paris 1984.

193

Christian Weise: *Die drei ärgsten Erznarren in der ganzen Welt*, Halle 1878.

Johann Carl Wezel: *Belphegor oder Die wahrscheinlichste Geschichte unter der Sonne*, hrsg. von Hubert Gersch, Frankfurt/M. 1984.

2. Sekundärliteratur

2.1 Gesamtdarstellungen, Aufsatzsammlungen, Romantheorie

F. W. Chandler: *The Literature of Roguery*, New York 1958.

F. W. Chandler: *Romances of Roguery, An Episode of the Novel, The Picaresque Novel in Spain*, New York 1961.

F. de Haan: *An Outline of the History of the Novela Picaresca in Spain*, The Hague New York 1903.

A. Hirsch: *Bürgertum und Barock im deutschen Roman, Eine Untersuchung über die Entstehung des modernen Weltbildes*. Frankfurt/M. 1934 (2. Auflage 1957).

W. Beck: *Die Anfänge des deutschen Schelmenromans, Studien zur frühbarocken Erzählung*, Zürich 1957.

J. v. Eichendorff: *Geschichte der poetischen Literatur Deutschlands, Neue Gesamt-Ausgabe*, hrsg. G. Baumann und S. Grosse, Bd. 4, Stuttgart 1958.

J. Striedter: *Der Schelmenroman in Rußland, Ein Beitrag zur Geschichte des russischen Romans vor Gogol*, Berlin 1961.

R. Alter: *Rogue's Progress, Studies in the Picaresque Novel*, Cambridge 1964.

S. Miller: *The Picaresque Novel*, Cleveland 1967.

A. A. Parker: *Literature and the Delinquent, The Picaresque Novel in Spain and Europe 1599–1753*, Edinburgh 1967.

G. A. Alfraro: »El despertar del pícaro«, Romanische Forschungen 80 (1968), S. 44–52.

H. Heidenreich (Hrsg.): *Pikarische Welt, Schriften zum europäischen Schelmenroman*, Darmstadt 1969.

G. Guillén: »Zur Frage der Begriffsbestimmung des Pikaresken«, *Pikarische Welt*, hrsg. H. Heidenreich, Darmstadt 1969, S. 375–396.

W. M. Frohock: »The Idea of the Picaresque«, Yearbook of Comparative and General Literature 16 (1969), S. 43–52.

G. Guillén: *Literature as System, Essays Toward the Theory of Literary History*, Princeton 1971.

J. Jacobs: *Wilhelm Meister und seine Brüder, Untersuchungen zum deutschen Bildungsroman*, München 1972.

H. J. Mähl: »Narr und Picaro, Zum Wandel der Narrenrolle im Roman des 17. Jahrhunderts«, *Festschrift für Adolf Beck*, Heidelberg 1973, S. 18–40.

V. Meid: *Der deutsche Barockroman*, Stuttgart 1974. (SM 128)

W. C. Booth: *Die Rhetorik der Erzählkunst*, Bd. 1, Heidelberg 1974.

D. Arendt: *Der Schelm als Widerspruch und Selbstkritik des Bürgertums, Vorarbeiten zu einer literatursoziologischen Analyse der Schelmenliteratur,* Stuttgart 1974.

C. J. Whitbourn (Hrsg.): *Knaves and Swindlers, Essays on the Picaresque Novel in Europe,* London New York Toronto 1974.

U. Wicks: »The Nature of Picaresque Narrative, A Modal Approach«, Publications of the Modern Language Association of America 89 (1974), S. 240–249.

F. Monteser: *The Picaresque Element in Western Literature,* Alabama 1975.

W. Riggan: *The Reformed Picaro and His Narrative,* Orbis Litterarum 30 (1975), S. 165–186.

H. Geulen: *Erzählkunst in der Frühen Neuzeit, Zur Geschichte epischer Darbietungsweisen und Formen im Roman der Renaissance und des Barock,* Tübingen 1975.

E. Goffman: *Stigma, Über Techniken der Bewältigung beschädigter Identität,* Frankfurt/M. 1975.

A. C. Zijdervelt: *Humor und Gesellschaft, Eine Soziologie des Humors und des Lachens,* Graz Wien Köln 1976.

R. Bjornson: *The Picaresque Hero in European Fiction,* Harrison 1977.

D. Kimpel: *Der Roman der Aufklärung (1670–1774),* Stuttgart 1977. (SM 68)

H. Sieber: *The Picaresque,* London 1977.

M. Bachtin: *Die Ästhetik des Wortes,* Frankfurt/M. 1979.

H. Mancing: »The Picaresque Novel, A Protean Form«, College Literature 6 (1979), S. 182–204.

A. Blackburn: *The Myth of the Picaro, Continuity and Transformation of the Picaresque Novel 1554–1954,* Chapel Hill 1979.

P. N. Dunn: *The Spanish Picaresque Novel,* Boston 1979.

J. Rodriguez-Luis: »Pícaras, The modal Approach to the Picaresque«, Comparative Literature 31 (1979), S. 32–46.

D. Souiller: *Le Roman picaresque,* Paris 1980.

A. Carpentier: *Stegreif und Kunstgriffe, Essays zur Literatur, Musik und Architektur in Lateinamerika,* Frankfurt/M. 1980.

W. L. Reed: *An Exemplary History of the Novel, The Quixotic versus the Picaresque,* Chicago London 1981.

P. Dinzelbacher: *Vision und Visionsliteratur im Mittelalter,* Stuttgart 1981.

W. Riggan: *Picaros, Madmen, Naifs, and Clowns, The unreliable first-person-narrator,* Oklahoma 1981.

J. Jacobs: *Der deutsche Schelmenroman, Eine Einführung,* München Zürich 1983.

R. Rosenthal: *Die Erben des Lazarillo, Identitätsfrage und Schlußlösung im pikarischen Roman,* Frankfurt/M. 1983.

V. Sklovskij: *Theorie der Prosa,* Frankfurt/M. 1984.

R. Selbmann: *Der deutsche Bildungsroman,* Stuttgart 1984. (SM 214)

N. Goodman: *Weisen der Welterzeugung,* Frankfurt/M, 1984.

W. Iser: *Der Akt des Lesens, Theorie ästhetischer Wirkung*, München 1984.

F. Rico: *The Spanish Picaresque Novel and the Point of View,* Cambridge 1984.

H. H. Reed: *The Reader in the Spanish Picaresque Novel,* London 1984.

M. Bachtin: *Literatur und Karneval, Zur Romantheorie und Lachkultur,* Frankfurt/M Berlin Wien 1985.

G. Hoffmeister (Hrsg.): *Der moderne deutsche Schelmenroman, Neue Interpretationen,* Amsterdam 1985/86.

G. Pellon; J. Rodriguez-Luis (Hrsg.): *Upstarts, Wanderers or Swindlers, Anatomy of the Pícaro, A Critical Anthology,* Amsterdam 1986.

G. Guillén: »Genre and Countergenre, The Discovery of the Picaresque«, *Upstarts, Wanderers or Swindlers,* hrsg. G. Pellon und J. Rodriguez-Luis, Amsterdam 1986, S. 67–80.

V. Roloff; H. Wentzlaff-Eggebrecht (Hrsg): *Der spanische Roman vom Mittelalter bis zur Gegenwart,* Düsseldorf 1986.

U. Eco: *Nachschrift zum ›Namen der Rose‹,* München 1986.

J. Adamietz (Hrsg.): *Die römische Satire,* Darmstadt 1986.

G. Hoffmeister (Hrsg.): *Der deutsche Schelmenroman im europäischen Kontext, Rezeption, Interpretation und Bibliographie,* Amsterdam 1987.

U. Eco: *Lector in fabula, Die Mitarbeit der Interpretation in erzählenden Texten,* München 1987.

S. Chwastek: *Pikareske Persönlichkeitsentwicklung in spanischen Schelmenromanen, Kindheit und Umwelt als Determinanten,* Idstein 1987.

W. D. Stempel; K. H. Stierle (Hrsg.): *Die Pluralität der Welten, Aspekte der Renaissance in der Romania,* München 1987.

M. Bachtin: *Formen der Zeit im Roman, Untersuchungen zur historischen Poetik,* Frankfurt/M. 1989.

G. Smolka-Koerdt u. a. (Hrsg.): *Der Ursprung von Literatur – Medien, Rollen, Kommunikationssituationen zwischen 1450 und 1650,* München 1989.

A. Rey Hazas: *La novela picaresca,* Madrid 1990.

B. Hillebrand: *Theorie des Romans, Erzählstrategien der Neuzeit,* Stuttgart Weimar 1993.

M. Bauer: *Im Fuchsbau der Geschichten, Anatomie des Schelmenromans,* Stuttgart Weimar 1993.

2.2 Historisches Umfeld, Kulturgeschichte

J. Grimm: *Deutsche Rechtsalterthümer,* Bd. 1., 4. vermehrte Auflage, Leipzig 1899.

A. Castro: *Spanien, Vision und Wirklichkeit,* Köln Berlin 1957.

W. Danckert: *Unehrliche Leute, Die verfemten Berufe,* Bern München 1963.

H. U. Rudolf (Hrsg.): *Der Dreißigjährige Krieg*, Darmstadt 1977.

H. Trevor-Roper (Hrsg.): *Die Zeit des Barock, Europa und die Welt 1559-1660*, München Zürich 1980.

R. Vierhaus: *Deutschland im Zeitalter des Absolutismus* (1648-1763), Göttingen 1984.

R. Johannismeier: *Spielmann, Schalk und Scharlatan, Die Welt als Karneval, Volkskultur im späten Mittelalter*, Reinbek 1984.

P. Burke: *Helden, Schurken und Narren, Europäische Volkskultur in der Frühen Neuzeit*, München 1985.

M. Defourneaux: *Spanien im Goldenen Zeitalter, Kultur und Gesellschaft einer Weltmacht*, Stuttgart 1986.

D. LaCapra: *Geschichte und Kritik*, Frankfurt/M. 1987.

2.3 La novela picaresca

2.3.1 Lazarillo de Tormes

G. *Siebenmann: Über Sprache und Stil im Lazarillo de Tormes*, Bern 1953.

C. Guillén: »La disposición temporal del ›Lazarillo de Tormes‹«, Hispanic Review 25 (1957), S. 264-279.

H. R. Jauss: »Ursprung und Bedeutung der Ich-Form im ›Lazarillo de Tormes‹«, Romanistisches Jahrbuch 8 (1957), S. 290-311.

P. Baumanns: »Der ›Lazarillo de Tormes‹ eine Travestie der Augustinischen Confessiones?« Romanistisches Jahrbuch 10 (1959), S. 285-291.

M. Kruse: »Die parodistischen Elemente im ›Lazarillo de Tormes‹«, Romanistisches Jahrbuch 10 (1959), 292-304.

R. R. Willis: »Lazarillo and the Pardoner, The Artistic Necessity of the Fifth Tractado«, Hispanic Review 27 (1959), S. 267-379.

S. Gilman: »The Death of ›Lazarillo de Tormes‹«, Publications of the Modern Language Association of America (1966), S. 149-156.

F. Durand: »The Author and Lázaro, Levels of comic meaning«, Bulletin of Hispanique Studies, 45 (1968), S. 89-101.

M. Nerlich: »Plädoyer für Lázaro, Bemerkungen zu einer Gattung«, Romanische Forschungen 80 (1968), S. 354-394.

M. Bataillon: *Novedad y fecundidad del ›Lazarillo de Tormes‹*, Salamanca 1968.

R. W. Truman: »›Lazarillo de Tormes‹ and the Homo Novus Tradition«, Modern Language Review 64 (1969), S. 62-67.

A. D. Deyermond: ›*Lazarillo de Tormes‹, A Critical Guide*, London 1972.

F. Lázaro Carreter: ›*Lazarillo de Tormes‹ en la picaresca*, Barcelona 1972.

H. Mancing: »The Deceptiveness of ›Lazarillo de Tormes‹«, Publications of the Modern Language Association of America 40 (1975), S. 426-432.

R. W. Truman: »›Lazarillo de Tormes‹, Petrarchs ›De Remediis Adversae Fortunae‹ and Erasmus ›Praise of Folly‹«, Bulletin of Hispanic Studies 52 (1975), S. 33–53.

A. Ruffinato: *Struttura e significazione del ›Lazarillo de Tormes‹*, 2 Bde., Turin 1975–1977.

E. Cros: »Le Folklore dans le ›Lazarillo de Tormes‹, Nouvel examen, Problemes methodologiques«, *Actes Picaresque Européene, Etudes Sociocritique*, Montpellier 1976, S. 9–24.

H. Sieber: *Language and Society in ›La vida de Lazarillo de Tormes‹*, Baltimore 1979.

V. García de la Concha: *Nueva lectura del ›Lazarillo de Tormes‹, El deleite de la perspectiva*, Madrid 1981.

B. König: »Margutte – Cingar – Lázaro – Guzmán, Zur Genealogie des pícaro und der novela picaresca«, Romanistisches Jahrbuch 32 (1981), S. 286–305.

A. Gómez-Morina: »La subversión del discurso ritual, Una lectura intertexual del ›Lazarillo del Tormes‹«, Co-textes 8 (1984), S. 21–79.

2.3.2 Alemán, Guzmán de Alfarache

R. Specht: »Turm über dem Menschenleben. Zu Mateo Alemáns vergessenem Schelmenroman«, Hochland 49 (1957), S. 252–259.

G. Sobejano: »De la intención y valor de ›Guzmán de Alfarache‹«, Romanische Forschungen 71 (1959), S. 267–311.

C. S. de Cortázar: »Notas para el estudio de la estructura del ›Guzmán de Alfarache‹«, Filología 8 (1962), S. 79–95.

F. Maurer-Rothenberger: *Die Mitteilungen des ›Guzmán de Alfarache‹*, Berlin 1967.

E. Cros: *Protée et les gueux, Recherches sur les origines et la nature du recit picaresque dans ›Guzmán de Alfarache‹*, Paris 1967.

D. McGrady: *Mateo Alemán*, New York 1968.

M. N. Norval: »Original Sin and the Conversion in the ›Guzmán de Alfarache‹«, Bulletin of Hispanic Studies 51 (1974), S. 346–364.

R. Pérez Perelmuter: »The Rogue as Trickster in ›Guzmán de Alfarache‹«, Hispania 59 (1976), S. 820–826.

J. Arias: *›Guzmán de Alfarache‹, The Unrepentant Narrator*, London 1977.

B. Brancaforte: *›Guzmán de Alfarache‹, Conversión o proceso de degradación?* Madrid 1980.

R. Tscheer: *›Guzmán de Alfarache‹ bei Mateo Alemán und Juan Martí*, Frankfurt/M. 1983.

C. A. Rodríguez Matos: *El narrador pícaro, ›Guzmán de Alfarache‹*, Madison 1985.

J. A. Whitenack: »Patterns of Rejection in ›Guzmán de Alfarache‹«, Kentucky Romance Quarterly 34 (1987), S. 63–76.

2.3.3 Quevedo, El Buscón

L. Spitzer: »Zur Kunst Quevedos in seinem ›Buscón‹«, Archivum Romanicum 11 (1927), S. 511–580.

F. Schalk: »Über Quevedo und ›El Buscón‹«, Romanische Forschungen 74 (1960), S. 11–30.

F. Lázaro Carreter: »Originalidad del ›Buscón‹«, Studia philologia 3 (1962), S. 319–338.

H. Sieber: »Apostrophes in the ›Buscón‹, An Approach to Quevedo's Narrative Technique«, Modern Language Notes 83 (1968), S. 178–211.

D. Reichardt: *Von Quevedos ›Buscón‹ zum deutschen Aventurier*, Bonn 1970.

E. Cros: ›Approche Sociocritique du Buscón‹, *Actes Picaresque espagnole, Etudes Sociocritique*, Montpellier 1976, S. 69–100.

E. Cros: *Ideología y genético textual, El caso del ›Buscón‹*, Madrid 1980.

H. G. Rötzer: »Die Metamoprhose des Pikaro, Eine Anmerkung zur Wirkungsgeschichte des ›Buscón‹«, Daphnis 10 (1981), S. 257–268.

D. P. Russi: »The Animal-Like World of the ›Buscón‹«, The Philological Quarterly 66 (1987), S. 437–455.

2.3.4 Quevedo, Los Sueños

S. E. Fernández: *Ideas sociales y políticas en el ›Infierno‹ de Dante y en los ›Sueños‹ de Quevedo*, Mexico 1950.

M. Morreale: »Luciano y Quevedo«, Revista de Literatura 8 (1955), S. 213–227.

I. Nolting-Hauff: *Vision, Satire und Pointe in Quevedos ›Sueños‹*, München 1968.

W. B. Berg: »Die Sprache als Weltgericht, Strukturen der Traum-Deutung bei Francisco de Quevedo«, Romanische Forschungen 102 (1990), S. 24–41.

2.3.5 Úbeda: La pícara Justina

A. del Monte: *Itinerario del romanzo picaresco spagnuolo*, Florenz 1957.

M. Bataillon: »La picaresca. A propos de la ›Pícara Justina‹«, *Festschrift für F. Schalk*, Frankfurt/M. 1963, S. 233–250.

M. Bataillon: *Pícaros y picaresca, La pícara Justina*, Madrid 1969.

U. Stadler: »Parodistisches in der ›Justina Dietzin Picara‹, Über die Entstehungsbedingungen von Úbedas Schelmenroman in Deutschland«, Arcadia 7 (1972), S. 158–170.

B. M. Damiani: *Francisco López de Úbeda*, Boston 1977.

P. López de Tamargo: *La intertextualidad de ›La pícara Justina‹*. Diss. John Hopkins Univ. 1979.

B. M. Damiani: *›La pícara Justina‹*, Madrid 1982.

2.3.6 Cervantes: Novelas ejemplares

P. Waley: »›The Unity of the Casamiento engañoso and the ›Coloquio de los perros‹«, Bulletin of Hispanic Studies 34 (1957), 201–212.

L. J. Woodward: »›El Casamiento engañoso‹ y ›El Coloquio de los perros‹«, Bulletin of Hispanic Studies 34 (1959), S. 80–87.

L. A. Murillo: »Cervantes' ›Coloquio de los perros‹, a Novel-Dialogue«, Modern Philology 58 (1960/61), S. 174–187.

G. Sobejano: »›El coloqio de los perros‹ en la picaresca y otros apuntes«, Hispanic Review 43 (1975), S. 25–41.

R. S. El Saffar: *›El celoso extremeño‹ and ›El coloquio de los perros‹. A Critical Guide*. London 1976.

J. L. Varela: »Sobre el realismo cervantino en ›Rinconete y Cortadillo‹«, Atlántida 4 (1968), S. 434–449.

R. S. El Saffar: *Novel to Romance, A Study of Cervantes ›Novelas ejemplares‹*, Baltimore London 1974.

A. W. Hayes: »Narrative Errors in ›Rinconete y Cortadillo‹«, Bulletin of Hispanic Studies 58 (1981), S. 13–20.

G. Edwards: »›Rinconete y Cortadillo‹, The Wonder of the Ordinary«, Iberoromania 15 (1982), S. 37–46.

2.3.7 Cervantes, Don Quijote

L. A. Murillo: *Bibliografía fundamental sobre ›Don Quijote de la Mancha‹*, Madrid 1985.

H. Weinrich: *Das Ingenium Don Quijotes*, Münster 1956.

J. Ortega y Gasset: *Meditationen über ›Don Quijote‹*, Stuttgart 1959.

C. A. Soons: »Cide Hamete Benengelí, His Significance for ›Don Quijote‹«, Modern Language Review 54 (1959), S. 351–357.

H. J. Neuschäfer: *Der Sinn der Parodie im ›Don Quijote‹*, Heidelberg 1963.

S. de Madariaga: *Über ›Don Quijote‹*, Wien München 1966.

W. Krauss: *Miguel de Cervantes, Leben und Werk*, Berlin 1966.

R. L. Predmore: *The World of ›Don Quijote‹*, Cambridge 1967.

H. Baader: »Das Pikareske als Formproblem bei Cervantes«, *Das literarische Werk von Miguel de Cervantes*, Berlin 1967, S. 35–40.

H. Hatzfeld (Hrsg.): *›Don Quijote‹, Forschung und Kritik*, Darmstadt 1968.

J. J. Allen: *Don Quijote, Hero or Fool? A Study of Narrative Technique*, Gainesville 1969.

L. Nelson (Hrsg.): *Cervantes, A Collection of Critical Essays*, Englewood Cliffs 1969.

H. Levin: »The Example of Cervantes«, *Cervantes*, hrsg. L. Nelson, Englewood Cliffs 1969, S. 34–48.

F. Márquez Villanueva: *Fuentes literarias cervantinas*, Madrid 1973.

F. Márquez Villanneva: *Personajes y temas de ›Don Quijote‹*, Madrid 1975.

R. S. El Saffar: *Distance and Control in ›Don Quijote‹, A Study in Narrative Technique*, Chapel Hill 1975.

C. Fuentes: *Cervantes y la crítica de la lectura*, Madrid 1976.

K. Dirscherl: »Lügner, Autoren und Zauberer. Zur Fiktionalität der Poetik im «Don Quijote», Romanische Forschungen 94 (1982), S. 19–49.

H. Mancing: *The Chivalric World of ›Don Quijote‹, Style, Structure and Narrative Technique*, Missouri 1982.

G. Barriga Casacini: *Los dos mundos del ›Don Quijote‹, realidad y ficción*, Madrid 1983.

V. Nabokov: *Die Kunst des Lesens, Cervantes ›Don Quijote‹*, Frankfurt/M. 1985.

R. Jurzik: *Der Stoff des Lachens, Studien über Komik*, Frankfurt/M New York 1985.

H. Weinrich: »Die Leser des ›Don Quijote‹«, Zeitschrift für Literaturwissenschaft und Linguistik 57/58 (1985), S. 52–66.

E. C. Riley: *›Don Quijote‹*, Boston 1986.

2.3.8 Vélez de Guevara, El diablo cojuelo

H. Willers: »›Le diable boiteux‹ (Lesage) – ›El diablo cojuelo‹ (Guevara)«, Romanische Forschungen 49 (1935), S. 215–316.

U. Holtz: *›Der hinkende Teufel‹ von Guevara und Lesage, Eine literatur- und sozialkritische Studie*, Wuppertal 1970.

G. Alfarao: »›El diablo cojuelo‹, y la picaresca alegorizada«, Romanische Forschungen 83 (1971), S. 1–9.

R. Bjornson: »Thematic Structure in ›El diablo cojuelo‹«, Hispano 60 (1977), S. 13–19.

C. G. Peale: *La anatomía de ›El diablo cojuelo‹, Deslindes del género anatomístico*, Chapel Hill 1977.

2.3.9 Espinel, Marcos de Obregón

G. Haley: *Vicente Espinel and ›Marcos Obregón‹*, Providence 1969.

V. Y. McConell: *Antithetical Expression and Subconscious Conflict in Vicente Espinel's Vida del ›Marcos de Obregón‹*. Diss. Univ. of Arizona 1966.

A. G. Montoro: »Libertad cristiana, Relectura de ›Marcos de Obregón‹«, Modern Language Notes 91 (1976), S. 213–230.

2.3.10 Luna, Continuación del Lazarillo

J. M. Navarro de Adriaensens: »›La continuación del Lazarillo‹ de Luna y la aventura del Lago Mummel en el ›Simplicissimus‹«, Romanistisches Jahrbuch 12 (1961), S. 242–247.

H. Baader: »Lazarillos Weg zur Eindeutigkeit oder Juan de Luna als Leser und Interpret des anonymen ›Lazarillo de Tormes‹«, *Festschrift für Walter Papst*, Berlin 1972, S. 11–33.

2.4 Pikaroroman, Simplicianische Schriften, Politischer Roman

H. E. Hespelt: »The First German Translation of ›Lazarillo de Tormes‹«, Hispanic Review 4 (1936), S. 170–175.

H. Rosenfeld: »Die Entwicklung der Ständesatire im Mittelalter«, Zeitschrift für deutsche Philologie 71 (1951), S. 196–207.

B. Könneker: *Sebastian Brant, ›Das Narrenschiff‹*, München 1966.

M. Szyrocki: *Die deutsche Literatur des Barock, Eine Einführung*, Reinbek 1968.

J. Mayer: *Mischformen barocker Erzählkunst, Zwischen pikareskem und höfisch-historischem Roman*, München 1970.

H. G. Rötzer: *Pícaro – Landstörtzer – Simplicius, Studien zum niederen Roman in Spanien und Deutschland*, Darmstadt 1972a.

H. G. Rötzer: *Der Roman des Barock 1600–1700*, Kommentar zu einer Epoche, München 1972b.

I. Spriewald: *Vom ›Eulenspiegel‹ zum ›Simplicissimus‹, Zur Genesis des Realismus in den Anfängen der deutschen Prosaerzählung*, Ost-Berlin 1978.

H. G. Rötzer: »Novela picaresca und Schelmenroman, Ein Vergleich«, *Literatur und Gesellschaft im deutschen Barock, Aufsätze*, hrsg. C. Wiedemann, Heidelberg 1979, S. 30–76.

2.4.1 Albertinus, Gusman

C. v. Reinhardstöttner: »Aegidius Albertinus, der Vater des deutschen Schelmenromans«, Jahrbuch für Münchner Geschichte (1888), S. 13–86.

H. Rausse: *Zur Geschichte des Schelmenromans*, Münster 1908

E. Dünninger: »Aegididus Albertinus«, *Bayrische Literaturgeschichte in ausgewählten Beispielen*, hrsg. E. Dünninger u. D. Kiselbach, Bd. 2, München 1967, S. 57–68.

R. Schönhaar: »Pikaro und Eremit, Ursprung und Abwandlungen einer Grundfigur des europäischen Romans vom 17. bis 18. Jahrhundert«, *Festschrift für Josef Kunz*, Berlin 1973, S. 43–94.

G. v. Gemert: *Die Werke des Aegidius Albertinus (1569–1620), Ein Beitrag zur Erforschung des deutschsprachigen Schrifttums der katholi-*

schen *Reformbewegung in Bayern um 1600 und seiner Quellen*, Amsterdam 1979.
H. Walz: *Der Moralist im Dienste des Hofes, Eine vergleichende Studie zu der Lehrdichtung von A. Guevara und A. Albertinus*, Frankfurt/ M. Bern 1984.
G. v. Gemert: »Martin Frewdenholds ›Gusman‹-Fortsetzung, Struktur – Einordnung – Verfasserfrage«, *Festschrift für H. G. Roloff*, Bd. 2, Bern 1992, S. 739–759.

2.4.2 Ulenhart, Historia

R. Schulze-van Loon: *Niclas Ulenharts Historia, Beiträge zur deutschen Rezeption der novela picaresca*, Diss. Hamburg 1956.
G. Hoffmeister: »Einführung«, Miguel de Cervantes; Niclaus Ulenhart, *Historia von Isaac Winckelfelder und Jobst von der Schneidt*, Frankfurt/M. 1983, S. 5–35.

2.4.3 Moscherosch, Geschichte

W. Hinze: *Moscherosch und seine deutschen Vorbilder in der Satire*, Diss. Rostock 1903.
C. v. Faber du Faur: »Johann Michael Moscherosch, der Geängstigte«, Euphorion 51 (1957), S. 233–249.
B. Höft: *Johann Michael Moscheroschs ›Gesichte Philanders von Sittewalt‹, Eine Quellenstudie zum ersten Teil des Werkes*, Diss. Freiburg 1964.
W. Harms: *Homo viator in bivio, Studien zur Bildlichkeit des Weges*, München 1970.
W. P. Ahrens: *Johann Michael Moscheroschs ›Gesichte‹, A Study of Structure Devices*, Diss. Ohio State Univ. 1969.
W. E. Schäfer: »Der Satyr und die Satire, Zu Titelkupfern Grimmelshausens und Moscheroschs«, *Festschrift für G. Weydt*, Bern München 1972, S. 183–232.
W. E. Schäfer: *Johann Michael Moscherosch, Staatsmann, Satiriker und Pädagoge im Barockzeitalter*, München 1982.
W. E. Schäfer: *Moral und Satire, Konturen oberrheinischer Literatur des 17. Jahrhunderts*, Tübingen 1992.

2.4.4 Grimmelshausen (allgemein)

I. M. Battafarano: *Grimmelshausen-Bibliographie 1666–1972, Werk – Forschung – Wirkungsgeschichte*, Napoli 1975.
J. H. Scholte: *Der ›Simplicissimus‹ und sein Dichter, Gesammelte Aufsätze*, Tübingen 1950.

S. Streller: *Grimmelshausens Simplicianische Schriften, Allegorie, Zahl und Wirklichkeitsdarstellung*, Berlin 1957.

H. Hartmann: »Bemerkungen zu Siegfried Strellers Theorie der Zahlenkomposition«, Weimarer Beiträge 5 (1959), S. 428–436.

W. E. Schäfer: »Laster und Tugendsystem bei Grimmelshausen«, Germanisch-Romanische Monatsschrift 43 (1962), S. 233–243.

I. L. Konopatzki: *Grimmelshausens Legendenvorlagen*, Berlin 1965.

G. Weydt: *Nachahmung und Schöpfung im Barock, Studien um Grimmelshausens*, Bern München 1968.

G. Weydt (Hrsg.): *Der Simplicissimusdichter und sein Werk*, Darmstadt 1969.

K. Haberkamm: *Sensus Astrologicus, Studien zu Beziehungen zwischen Literatur und Astrologie in Renaissance und Barock*, Bonn 1972.

U. Stadler: »Das Diesseits als Hölle, Sünde und Strafe in Grimmelshausens Simplicianischen Schriften«, *Europäische Tradition und deutscher Literaturbarock*, hrsg. G. Hoffmeister, Bern München 1973, S. 351–369.

J. H. Petersen: »Formen der Ich-Erzählung in Grimmelshausens Simplicianischen Schriften«, Zeitschrift für deutsche Philologie 93 (1974), S. 481–507.

P. Berghaus; G. Weydt (Hrsg.): *Simplicius Simplicissimus, Grimmelshausen und seine Zeit, Ausstellungskatalog*, Münster 1976.

M. Stern: »Geist und Geld bei Grimmelshausen«, Daphnis 5 (1976), S. 415–464.

H. D. Gebauer: *Grimmelshausens Bauerndarstellung, Literarische Sozialkritik und ihr Publikum*, Marburg 1977.

M. Koschlig: *Das Ingenium Grimmelshausens und das ›Kollektiv‹, Studien zur Entstehungs- und Wirkungsgeschichte des Werks*, München 1977.

G. Weydt: *Hans Jacob Christoffel von Grimmelshausen*, Stuttgart 1979. (SM 99)

V. Meid: *Grimmelshausen, Epoche – Werk – Wirkung*, München 1984.

E. Mannack: »H. J. C. v. Chrimmelshausen«, *Deutsche Dichter des 17. Jahrhunderts*, hrsg. B. v. Wiese, Berlin 1984, S. 517–552.

P. Heßelmann: *Gauckelpredigt, Simplicianische Poetologie und Didaxe, Zu allegorischen und emblematischen Strukturen in Grimmelshausens Zehn-Bücher-Zyklus*, Frankfurt/M. 1988.

A. Schmitt: »Intertextuelles Verwirrspiel – Grimmelshausens Simplicianische Schriften im Labyrinth der Sinnkonstitution«, Simpliciana 15 (1993), S. 69–87.

U. Stadler: »Satire und Romanform, Zur immanenten Poetik des H. J. C. v. Grimmelshausen«, Daphnis 9 (1980), S. 89–107.

J. B. Dallet: »›Satyrischer Pilgram‹ Triangulated«, Carleton Germanic Papers 12 (1984), S. 11–22.

W. Kühlmann: »Syllogismus practicus – Antithese und Dialektik in Grimmelshausens ›Satyrischer Pilgram‹«, Simpliciana 13 (1991), S. 391–406.

Grimmelshausen, Simplicissimus

E. Ermatinger: *Weltdeutung in Grimmelshausens Simplicius Simplicissimus*, Leipzig Berlin 1925.

F. Ernst: »Grimmelshausens ›Simplicissimus‹ und seine spanischen Verwandten«, Merkur 66 (1953), S. 753–764.

M. Koschlig: »Das Lob des ›Francion‹ bei Grimmelshausen«, Jahrbuch der deutschen Schillergesellschaft 1 (1957), S. 30–73.

G. Weydt: »›Don Quijote Teutsch‹, Studien zur Herkunft des simplicianischen Jupiter«, Euphorion 51 (1957), S. 61–72.

P. Gutzwiller: *Der Narr bei Grimmelshausen*, Einsiedeln 1959.

G. Rohrbach: *Figur und Charakter, Strukturuntersuchungen an Grimmelshausens ›Simplicissimus‹*, Bonn 1959.

W. Welzig: *Beispielhafte Figuren, Tor, Abenteurer, Einsiedler bei Grimmelshausen*, Köln Graz 1963.

C. Heselhaus: »›Der abenteuerliche Simplicissimus‹«, *Der Deutsche Roman, Vom Barock bis zur Gegenwart*, hrsg. B. v. Wiese, Düsseldorf 1963, S. 15–63.

G. Mayer: »Die Personalität des Simplicius Simplicissimus«, Zeitschrift für deutsche Philologie 88 (1969), S. 497–521.

H. Geulen: »Arcadische Simpliciana, Zu einer Quelle Grimmelshausens und ihrer strukturellen Bedeutung für den Roman«, Euphorion 63 (1969), S. 427–437.

J. Heckman: »Emblematic Structures in ›Simplicissimus Teutsch‹«, Modern Language Notes 84 (1969), S. 876–890.

K. D. Müller: »Die Kleidermetapher in Grimmelshausens ›Simplicissimus‹, Ein Beitrag zur Struktur des Romans«, Deutsche Vierteljahresschrift für Literaturwissenschaft und Geistesgeschichte 44 (1970), S. 20–46.

H. Gersch: *Geheimpoetik, Die ›Continuatio des Abentheuerlichen Simplicissimi‹ interpretiert als Grimmelshausens verschlüsselter Kommentar zu seinem Roman*, Tübingen 1973.

H. Gersch: »Ein Sonderfall im Zeitalter der Vorreden-Poetik des Romans, Grimmelshausens vorwortloser ›Simplicissimus‹«, *Festschrift für G. Weydt*, München 1972, S. 267–284.

F. Gaede: »Grimmelshausen und die Tradition des Skeptizismus«, Daphnis 5 (1976), 465–482.

R. Tarot: »Nosce te ipsum, Lebenslehre und Lebensweg in Grimmelshausens ›Simplicissimus Teutsch‹«, Daphnis 5 (1976), S. 499–530.

R. Tarot: »Simplicissimus und Baldanders, Zur Deutung zweier Episoden in Grimmelshausens ›Simplicissimus Teutsch‹«, Argenis 1–3 (1977), S. 107–129.

M. McQueen: »Narrative Structure and Reader Response in ›Simplicissimus‹ and ›Don Quijote‹, A Contrastive Study«, Argenis 1–3 (1977), S. 229–256.

P. Triefenbach: *Der Lebenslauf des Simplicius Simplicissimus, Figur – Initiation – Satire*, Stuttgart 1979.

C. Bauer: »Das Phönix-Kupfer von Grimmelshausens ›Abentheuerlichem Simplicissimus‹, Zur Forschungslage«, Text und Kontext 8 (1980), S. 43–62.

J. B. Dallet: »Geheimpoetik, Kritische Bemerkungen zu H. Gerschs Untersuchung und zur neueren Grimmelshausen Forschung«, Daphnis 10 (1981), S. 349–395.

G. Hillen: »Allegorie und Satire, Anmerkungen zu Grimmelshausens ›Simplicissimus‹«, *Festschrift für Blake Lee Spahr*, Amsterdam 1984, S. 265–277.

D. Breuer: »Krieg und Frieden in Grimmelshausens ›Simplicissimus Teutsch‹«, Der Deutschunterricht 37 (1985), S. 79–101.

W. Busch: *Hans Jacob Christoph von Grimmelshausen, ›Der abentheuerliche Simplicissimus Teutsch‹*, Frankfurt/M. 1988.

F. Gaede: *Substanzverlust, Grimmelshausens Kritik der Moderne*, Tübingen 1989.

R. P. T. Aylett: »Damned Lies, and Simplex' version of the Truth, Grimmelshausens unreliable narrator«, Daphnis 18 (1989), S. 159–179.

T. Verweyen: »Der polyphone Roman und Grimmelshausens «Simplicissimus‹»«, Simpliciana 12 (1990), S. 195–228.

Grimmelshausen, Courasche

J. W. Jacobson: »A Defense of Grimmelshausens's ›Courasche‹«, German Quarterly 41 (1968), S. 42–54.

M. Feldges: *Grimmelshausens ›Landstörtzerin Courasche‹, Eine Interpretation nach der Methode des vierfachen Schriftsinnes*, Bern 1969.

H. A. Arnold: »Moralisch-didaktische Elemente und ihre Darstellung in Grimmelshausens Roman ›Courasche‹, Beitrag zu einer möglichen Interpretation«, Zeitschrift für deutsche Philologie 88 (1969), S. 521–560.

H. Wagner: »Simplicissimo zum Trutz! Zur Struktur von Grimmelshausens ›Courasche‹«, German Quarterly 43 (1970), S. 177–187.

H. Büchler: *Studien zu Grimmelshausens ›Landstörtzerin Courasche‹ (Vorlagen/Struktur und Sprache/Moral)*, Bern Frankfurt/M. 1971.

K. Haberkamm: »Sensus astrologicus auch in Grimmelshausens

›Courasche‹? Vorläufiges zu einer offenen Frage des simplicianischen Zyklus«, Daphnis 5 (1976), S. 343–368.

H. E. Falletti: »The Picaresque Fortunes of the Erotic«, *Human Sexuality in The Middle Ages and the Renaissance* hrsg. D. Radcliffe-Umstead, Pittsburg 1978, S. 167–182.

H. A. Arnold: »Die Rollen der Courasche, Bemerkungen zur wirtschaftlichen und sozialen Stellung der Frau im 17. Jahrhunderts«, *Die Frau von der Reformation zur Romantik*, hrsg. B. Becker-Cantarino, Bonn 1980, S. 86–111.

Y. Carbonnel: »La ›Courasche‹ de Grimmelshausen et la société de cour«, Cahiers 4 (1980), S. 79–98.

J. Lefebvre: »Didaktik und Spiel in Grimmelshausens ›Courasche‹«, Simpliciana 2 (1980), S. 31–36.

R. E. Schade: »The ›Courasche‹-Frontispiece, Gypsy, Mule, and Acedia«, Simpliciana 2 (1980), S. 73–93.

J. Leighton: »›Courasche‹ and ›Moll Flanders‹, Roguery and Morality, *Festschrift für Blake Lee Spahr*, Amsterdam 1984, S. 295–310.

A. Solbach: »Macht und Sexualität der Hexenfigur in Grimmelshausens ›Courasche‹«, Simpliciana 8 (1986), S. 71–87.

L. E. Feldman: »The Rape of Frau Welt, Transgression, Allegory and the Grotesque Body in Grimmelshausens ›Courasche‹«, Daphnis 20 (1991), S. 61–80.

Grimmelshausen, Springinsfeld

W. E. Peuckert: »Zu Grimmelshausens ›Springinsfeld‹«, Zeitschrift für deutsche Philologie 74 (1955), S. 422 ff.

W. Stolz: »Sein Held war nicht erfunden, Über Grimmelshausen und Springinsfeld«, Freiburg 1983.

F. Gaede: »Homo homini lupus et ludius est, Zu Grimmelshausens ›Der seltzame Springinsfeld‹«, Deutsche Vierteljahresschrift für Literaturwissenschaft und Geistesgeschichte 57 (1983), S. 240–258.

Grimmelshausen, Vogelnest

J. Kienast: *H. J. Chr. v. Grimmelshausens, ›Das Wunderbarliche Vogelnest‹*, Diss. Wien 1937.

K. Haberkamm: »Fußpfad und Fahrweg, Zur Allegorese der Wegewahl bei Grimmelshausen«, *Festschrift für G. Weydt*, Bern München 1972, S. 285–317.

H. Wagener: »Perspektiven und Perspektivismus in Grimmelshausen ›Wunderbarlichem Vogelnest‹«, German Quarterly 49 (1976), S. 1–12.

2.4.5 Printz, Güldner Hund

A. Jacoby: »Von dem bösen Amtmann, der in einen Hund verwandelt worden«, Mitteilungen der Schlesischen Gesellschaft für Volkskunde 15 (1913), S. 212–230.

H. F. Menck: *Der Musiker im Roman*, Heidelberg 1930.

S. Stöpfgeshoff: *Die Musikromane von Wolgang Caspar Printz und Johann Kuhnau zwischen Barock und Aufklärung*, Diss. Freiburg 1960

H. Heckmann: »W. C. Printz«, Die Musik in Geschichte und Gegenwart 10 (1962), S. 1629–1634.

R. W. Brednich: »Der Edelmann als Hund, Eine Sensationsmeldung des 17. Jahrhunderts und ihr Weg durch die Medien der Zeit«, Fabula 26 (1985), S. 29–57.

G. R. Hoyt: »Metamorphosis as bourgeois satire, Printz' Güldener Hund«, *Festschrift für H. G. Roloff*, Bd. 2, Bern 1992, S. 863–871.

2.4.6 Weise, Ertz-Narren

J. Beinert: »Christian Weises Romane in ihrem Verhältnis zu Moscherosch und Grimmelshausen«, Studien zur vergleichenden Literaturgeschichte 2 (1907), S. 308–328.

R. Becker: *Christian Weises Romane und ihre Nachwirkung*, Diss. Berlin 1910.

M. Speter: »Grimmelshausens Einfluß auf Weises Schriften«, Neophilologus 11 (1926), S. 116–117.

K. Schäfer: *Das Gesellschaftsbild in den dichterischen Werken Christian Weises*, Diss. Berlin 1960.

G. Frühsorge: *Der politische Körper, Zum Begriff des Politischen im 17. Jahrhundert und in den Romanen Christian Weises*, Stuttgart 1974.

2.4.7 Riemer, Maul-Affen

H. D. Bracker: »Johannes Riemers satirische Romane. Ihre Zuschreibung und Gliederung nebst einigen Anmerkungen zu Johannes Beer«, Jahrbuch der deutschen Schillergesellschaft 19 (1975), S. 138–166.

W. Huala: *Die Romane Johannes Riemers, Vergleichende Studien zum Politischen Roman seiner Zeit*, Diss. Los Angeles 1975.

H. Krause: *Feder contra Degen, Zur literarischen Vermittlung des bürgerlichen Weltbildes im Werk Johannes Riemers*, Berlin 1979.

G. Molin: *Jan Perus und Jan Rebhù, Ein Beitrag zur Geschichte des volkstümlichen Romans im 17.Jahrhundert*, Diss. Wien 1931.

2.4.8 Beer:

E. Alewyn: *Johann Beer, Studien zum Roman des 17. Jahrhunderts*, Leipzig 1932.

F. Habeck: *Der Verliebte Österreicher oder Johann Beer*, Graz 1961.

K. G. Knight: »The Novels of Johann Beer (1655–1700)«, Modern Language Review 56 (1961), S. 194–221.

F. P. Varas Reyes: »Notas a dos novelas de Johann Beer«, Filología Moderna 3 (1962), S. 101–135.

M. Kremer: *Die Satire bei Johann Beer*, Diss. Köln 1964.

J. H. Müller: *Studien zu den Willenhag-Romanen Johann Beers*, Marburg 1965.

A. Schmiedecke (Hrsg.): *Johann Beer, Sein Leben von ihm selbst erzählt*, Göttingen 1965.

M. Bircher: »Neue Quellen zu Johann Beers Biographie«, Zeitschrift für deutsches Altertum und deutsche Literatur 100 (1971), S. 230–242.

M. L. Daley: »Johann Beer's Approach to the novel«, Seminar 7 (1971), S. 31–41.

J. Seitz: *Die Frau und ihre Stellung im Werk Johann Beers*, Diss. Minnesota 1971.

M. Roger: *Hiermit erhebte sich ein abscheulich Gelächter, Untersuchungen zur Komik in den Romanen von Johann Beer*, Bern Frankfurt/M. 1973.

R. Aleywn: *Probleme und Gestalten*, Frankfurt/M. 1974, S. 59–74

A. Menhennet: »Narrative and Satire in Grimmelshausen and Beer«, Modern Language Review 70 (1975), S. 808–819.

C. P. Stehr: *Johann Beers ›Simplicianischer Welt-Kucker‹, Picarroroman – verwildertes Experiment – oder Literatursatire?* Diss. Oregon 1975.

V. Snyder: *Aspects of the Grotesque in the novels of Johann Beer*, Diss. Buffalo 1975.

J. Hardin: *Johann Beer, Eine beschreibende Bibliographie*, Bern München 1983.

R. P. T. Aylett: »Violence in Johann Beers ›Willenhag‹-Novels«, Daphnis 16 (1987), S. 432–439.

M. Kremer: »Vom Pikaro zum Landadeligen, Johann Beers ›Jucundus Jucundissimus‹«, *Der deutsche Schelmenroman im europäischen Kontext*, hrsg. G. Hoffmeister, Amsterdam 1987, S. 113–126.

W. Neuber: »Regionalismus und biographisches Erzählmodell in Beers ›Willenhag‹-Dilogie«, Simpliciana 13 (1991), S. 97–108.

F. v. Ingen: »Spielformen der Satirischen Schreibart, Zum Autor-Leser-Verhältnis bei Grimmelshausen und Johann Beer«, Simpliciana 13 (1991), S. 125–142.

J. Krämer: Johann Beers Romane, Poetologie, immanente Poetik und Rezeption niederer Texte im späten 17. Jhd., Frankfurt/M. 1991.

2.4.9 Schielen: Französischer Simplicissimus

H. Rausse: »Zur Geschichte der Simpliziaden«, Zeitschrift für Bücherfreunde 4 (1912), S. 195–215.

M. Koschlig: »›Der Frantzösische Kriegs-Simplicissimus‹ oder die ›Schreiberey‹ des Ulmer Bibliotheksadjunkten Johann Georg Schielen (1633–1684)«, Jahrbuch der deutschen Schillergesellschaft 18 (1974), S. 148–220.

M. C. Roth: »Der Schelm als Soldat, ›Der Frantzösische Kriegs-Simplicissimus‹ und ›Schwejk‹«, *Der deutsche Schelmenroman im europäischen Kontext*, hrsg. G. Hoffmeister, Amsterdam 1987, S. 173–192.

2.4.10 Speer, Ungarischer Simplicissimus

H. J. Moser: »Der Musiker Daniel Speer als Barockdichter«, Euphorion 34 (1933), S. 293–305.

A. Hofer: *Daniel Speers Nachahmungen des ›Simplicissimus‹ von Grimmelshausen*, Diss. Wien 1940.

K. Gajek: »Über Daniel Speers Familie und Jugendzeit in Schlesien«, Acta Litteraria 9 (1967), S. 281–288.

F. Burckhardt: »Daniel Speer, Schulmeister, Musiker und Dichter 1636–1707«, Lebensbilder aus Schwaben und Franken 11 (1969), S. 48–68.

M. Koschlig: »Daniel Speer und die Ulmer Bücherzensur, Dokumente zur Bibliographie seiner politisch-satirischen Schriften«, Archiv für Geschichte des Buchwesens 15 (1975), S. 1201–1288.

2.4.11 Reuter, Schelmuffsky

H. König: *Christian Reuters ›Schelmuffsky‹ als Typ der barocken Bramarbas-Dichtung*, Diss. Hamburg 1945.

K. Tober: »Christian Reuters ›Schelmuffsky‹«, Zeitschrift für deutsche Philologie 74 (1955), S. 127–150.

W. Hecht: *Christian Reuter*, Stuttgart 1966. (SM 46)

P. G. Taino: »Il picaro di Christian Reuter«, Aevum 50 (1976), S. 549–564.

H. Geulen: »Noten zu Christian Reuters ›Schelmuffsky‹«, *Festschrift für G. Weydt*, München 1972, S. 481–492.

J. U. Fechner: »Schelmuffskys Masken und Metamorphosen, Neue Forschungsaspekte zu Christian Reuter«, Euphorion 76 (1982), S. 1–26.

A. Villon-Lechner: »Der entschwindende Erzähler, Zur Selbstreflexion des Mediums in Christian Reuters Roman ›Schelmuffsky‹«, Simpliciana 8 (1986), S. 89–96.

G. E. Grimm: »Kapriolen eines Taugenichts, Zur Funktion des Pika-

rischen in Christian Reuters ›Schelmuffsky‹«, *Der deutsche Schel-*
menroman im europäischen Kontext, hrsg. G. Hoffmeister, Amsterdam 1987, S. 127–149.

2.4.12 *Wezel, Belphegor*

W. Dietze: »Elend und Glanz eines ›Deutschen Candide‹. Vorläufige
Bemerkungen zu Johann Carl Wezels Roman Belphegor«, Wissen-
schaftliche Zeitschrift der Karl-Marx-Universität 14 (1965),
S. 771–796.
J. Schönert: »Fragen ohne Antwort, Zur Krise der literarischen Aufklärung im Roman des späten 18. Jahrhunderts«, Jahrbuch der
deutschen Schillergesellschaft 14 (1970), S. 183–229.
V. U. Müller: »Aufklärung als traurige Wissenschaft, Johann Carl
Wezels ›Belphegor oder Die wahrscheinlichste Geschichte unter
der Sonne‹«, *Reise und Utopie, Zur Literatur der Spätaufklärung*,
hrsg. H. J. Piechotta, Frankfurt/M. 1976, S. 170–221.

2.5 Roman comique, Roman bourgeois

R. Greifelt: »Die Übersetzungen des spanischen Schelmenromans in
Frankreich im 17. Jahrhundert«, Romanische Forschungen 50
(1936), S. 51–84.
G. Berger: *Der komisch-satirische Roman und seine Leser, Poetik, Funk-*
tion und Rezeption einer niederen Gattung im Frankreich des 17.
Jahrhunderts, Heidelberg 1984.

2.5.1 *Rabelais, Gargantua et Pantagruel*

M. Bambeck: »Epistemons Unterweltbericht im 30. Kapitel des ›Pan-
tagruel‹«, Etudes Rabelaisiennes 1 (1956), S. 29–47.
L. Schrader: *Panurge und Hermes, Zum Ursprung eines Charakters bei*
Rabelais, Bonn 1958.
A. Buck (Hrsg.): *Rabelais*, Darmstadt 1973.
F. R. Hausmann: »Rabelais und das Aufkommen des Absolutismus,
Religion, Staat und Hauswesen in den fünf Büchern ›Gargantua et
Pantagruel‹«, *Französische Literatur in Einzeldarstellungen*, hrsg. P.
Borckmeyer, H. H. Wetzel, Bd. 1, Düsseldorf 1981, S. 13–75.
U. Montigel: *Der Körper im humoristischen Roman, Zur Verlustge-*
schichte des Sinnlichen, Frankfurt/M. 1987.
M. Bachtin: *Rabelais und seine Welt, Volkskultur als Gegenkultur*,
Frankfurt/M. 1987.

2.5.2 Sorel, Francion

G. Goebel: *Zur Erzähltechnik in den Histoires comiques des 17. Jhd.*, Diss. Berlin 1965.

G. Berger: »Oppositionelle Literatur zu Anfang des 17. Jahrhunderts«, *Französische Literatur in Einzeldarstellungen*, hrsg. P. Brockmeier, H. H. Wetzel, Bd. 1, Stuttgart 1981, S. 225–260.

S. Thiessen: *Charles Sorels Rekonstruktion einer antiklassizistischen Literaturtheorie und Studien zum Antiroman.* München 1977.

H. Béchade: *Les romanes comiques de Charles Sorel, fiction narrative, langue et langages*, Genf 1981.

J. Serroy: *Roman et réalité, les Histoires comiques au XVIIe siècle*, Paris 1981.

B. Teubner: *Sprache, Körper, Traum, Zur karnevalesken Tradition in der romanischen Literatur der frühen Neuzeit*, Tübingen 1988.

2.5.3 Scarron, Buscón & Roman Comique

C. Dédéyan: *Scarron, Le roman comique*, Paris 1970.

A. Stoll: *Scarron als Übersetzer Quevedos, Studien zur Rezeption des pikaresken Romans ›El Buscón‹ in Frankreich*, Frankfurt/M. 1970.

F. A. De Armas: *The Four Interpolated Stories in the ›Roman Comique‹*, Chapel Hill 1971.

W. Floeck: »Zum Problem des Realismus in Scarrons ›Roman Comique‹«, *Sprache, Literatur, Kultur*, hrsg. D. Briesemeisters, Bern Frankfurt/M. 1974, S. 125–144.

J. v. Stackelberg: *Französische Literatur, Renaissance und Barock, Eine Einführung*, München Zürich 1984.

2.5.4 Furetière, Roman bourgeois

W. E. Strickland: »Social and Literary Satire in Furetière's ›Roman bourgeois‹«, French Review 27 (1953/54), S. 182–192.

B. Morawe: »Der Erzähler in den Romans comiques«, Neophilologus 47 (1963), S. 187–197.

E. Reichel: *Gesellschaft und Geschichte im ›Roman bourgeois‹ von Antoine Furetière*, Diss. Kiel 1965.

J. A. G. Tans: »Un Sterne francais, Furetière et la fonction du «Roman bourgeois‹», Dix Septième Siècle 32 (1980), S. 279–292.

P. Stewart: *Rereadings, Eight Early French Novels*, Birmingham/Alambama 1984.

2.5.5 Lesage, Gil Blas

V. Mylne: »Structure and Symbolism in ›Gil Blas‹«, French Studies 15 (1961), S. 134–145.

F. Brun: *Strukturwandlungen des Schelmenromans, Lesage und seine spanischen Vorgänger*, Diss. Zürich 1962.

J. v. Stackelberg: »Die Moral des ›Gil Blas‹ (Lesage und die Moralistik)«, Romanische Forschungen 74 (1962), S. 345–360.

C. Dédéyan: *Lesage et ›Histoire de Gil Blas‹*, 2 Bde., Paris 1965

W. Wehle: »Zufall und epische Integration, Wandel des Erzählmodells und Sozialisation des Schelms in der ›Histoire de Gil Blas de Santillana‹«, Romanistisches Jahrbuch 23 (1972), S. 103–129.

K. Heitmann: »Lesage, ›Gil Blas de Santillana‹«, *Der französische Roman*, hrsg. K. Heitmann, Düsseldorf 1975, Bd. 1, S. 146–167.

H. Klüppelholz: *La technique de emprunts dans ›Gil Blas‹ de Lesage*, Frankfurt/M. Bern 1978.

2.5.6 Marivaux, Le paysan parvenu

N. Miller: »Das Spiel von Fügung und Zufall, Versuch über Marivaux als Romancier«, Pierre Carlet de Marivaux, *Romane*, München 1968, S. 863–928.

L. Levin: »Masque et identité dans ›Le paysan parvenu‹«, Studies in Voltaire and the Eighteenth Century 79 (1971), S. 177–192.

L. G. Crocker: »Portrait de l'homme in ›Le paysan parvenu‹«, Studies in Voltaire and the Eighteenth Century 79 (1971), S. 253–276.

E. B. Hill: »Sincerity and Self-Awareness in the ›Paysan parvenu‹«, Studies in Voltaire and the Eighteenth Century 79 (1971), S. 735–748.

H. Baader: »›Le Paysan parvenu‹ de Marivaux et la tradition du roman picaresque espagnol«, *Actes Picaresque Européene, Etudes Sociocritiques*, Montpellier 1976, S. 127–143.

C. Miething: »Zu den Anfängen des Entwicklungsromans in Frankreich, Marivaux' ›Paysan parvenu‹ und seine ›Suite anonyme‹«, Romanistisches Jahrbuch 26 (1975), S. 95–121.

D. Coward: *›La vie de Marianne‹ and ›Le paysan parvenu‹*, London 1982.

2.5.7 Voltaire, Candide

I. O. Wade: *Voltaire and ›Candide‹*, Princeton 1959.

D. Hildebrandt: *Voltaire, ›Candide‹*, Frankfurt/M. Berlin 1963.

J. Sareil: *Essai sur ›Candide‹*, Genf 1967.

P. Gaillard: *Voltaire, ›Candide‹*, Paris 1972.

J. Starobinski: »›Candide‹ als Kaleidoskop«, Schweizer Monatshefte 58 (1978), S. 777–785.

N. Toursel-Lavialle: *Lectures de › Candide‹ de Voltaire*, Paris 1982.

R. J. Howells: »Cette boucerie héroique; ›Candide‹ as Carnaval«, Modern Language Review 80 (1985), S. 293–303.

P. Debailly, *Voltaire, › Candide‹, Dix textes expliquées*, Paris 1986.

F. Ludni: »Récit, exemple, dialogue«, Poétique 19 (1988), S. 211–232.

2.5.8 Diderot, Jacques le fataliste

J. R. Loy: *Diderot's Determined Fatalist*, New York 1950.

R. Warning: *Illusion und Wirklichkeit in › Tristram Shandy‹ und ›Jacques le fataliste‹*, München 1965.

E. Köhler: »Est-ce que l'on sait où l'on va?«, Romanistisches Jahrbuch 16 (1965), S. 128–148.

H. Cohen: *La figure dialogique dans ›Jacques le fataliste‹*, Oxford 1976.

S. Jüttner: »Experimentell-exploratorisches Erzählen«, Romanische Forschungen 90 (1978), S. 192–225.

G. Bremner: *Diderot, ›Jacques le fataliste‹*, London 1985.

2.6 Anatomies of Roguery

U. Habel: *Die Nachwirkungen des pikaresken Romans in England (von Nash bis Fielding und Smollett)*, Breslau 1930.

T. Henry: »The English Translations of Quevedo's ›La Vida del Buscón‹«, Revue Hispanique 81 (1933), S. 282–299.

I. Watt: *Der bürgerliche Roman, Aufstieg einer Gattung, Defoe, Richardson, Fielding*, Frankfurt/M. 1974.

2.6.1 Nashe, Unfortunate Traveller

W. Kollmann: »Nash's ›Unfortunate Traveller‹ and Head's ›English Rogue‹, die beiden Hauptvertreter des englischen Schelmenromans«, Anglia 22 (1899), S. 81–140.

F. Liedstrand: *Metapher und Vergleich in › The Unfortunate Traveller‹ von Thomas Nashe und bei seinen Vorbildern François Rabelais und Pietro Aretino*, Diss. Münster 1929.

F. T. Bowers: »Thomas Nashe and the Picaresque Novel«, *Studies in Honor of J. C. Metcalf*, New York 1941.

A. M. C. Latham: »Satire on Literary Themes and Modes in Nashe's ›Unfortunate Traveller‹«, English Studies 1948, S. 85–100.

G. R. Hibbards: *Thomas Nashe, A Critical Introduction*, London 1962.

F. K. Stanzel: »Thomas Nashe, ›The Unfortunate Traveller‹«, *Der englische Roman*, hrsg. F.K. Stanzel Bd. 1, Düsseldorf 1969, S. 54–84.

K. Klein: *Vorformen des Romans in der englischen Erzählprosa des 18. Jahrhunderts*, Heidelberg 1970.

W. v. Koppenfels: »Thomas Nashe und Rabelais«, Archiv für das Studium der neueren Sprachen 207 (1970), S. 277–291.

R. Weimann: »Jest book und Ich-Erzählung in ›The Unfortunate Traveller‹«, Zeitschrift für Anglistik und Amerikanistik 18 (1987), 11–29.

A. Leggatt: »Artistic Coherence in ›The Unfortunate Traveller‹«, Studies in English Literature 14 (1974), S. 31–46.

R. Stephanson: »The Epistemological Challenge in Nashe's ›The Unfortunate Traveller‹«, Studies in English Literature 23 (1983), S. 21–36.

L. Simons: »Rerouting ›The Unfortunate Traveller‹, Strategies for Coherence and Direction«, Studies in English Literature 28 (1988), S. 17–38.

2.6.2 Defoe, Moll Flanders

T. Martin: »The Unity of ›Moll Flanders‹«, Modern Language Quarterly 22 (1961), S. 115–124.

W. Piper: »›Moll Flanders‹ as a Structure of Topics«, Studies in English Literature 9 (1969), S. 489–522.

I. Nolting-Hauff: »Die betrügerische Heirat, Realismus und Pikareske in Defoes ›Moll Flanders‹«, Poetica 3 (1970), S. 409–420.

N. Spadaccini: »Daniel Defoe and the Spanish Picaresque Tradition, The Case of ›Moll Flanders‹«, Ideologies and Literature 2 (1978), S. 10–26.

R. C. Elliott (Hrsg.): *Twentieth Century Interpretations of ›Moll Flanders‹, A Collection of Critical Essays*, Englewood Cliffs 1970.

D. v. Ghent: On ›Moll Flanders‹, in Elliott, S. 30–39.

M. E. Novak: Conscious Irony in ›Moll Flanders‹, Facts and Problems in Elliott, S. 40–48.

H. L. Koonce: Moll's Muddle, Defoe's Use of Irony in ›Moll Flanders‹, in Elliott, S. 49–59.

P. Goetsch: »Defoe's ›Moll Flanders‹ und der Leser«, Germanisch-Romanische Monatsschrift 30 (1980), S. 271–288.

L. Chaber: »Matriarchal Mirror, Women and Capital in ›Moll Flanders‹«, Publications of the Modern Language Association of America 97 (1982), S. 212–226.

R. u. H. Heidenreich (Hrsg.): *Daniel Defoe, Schriften zum Erzählwerk*, Darmstadt 1982.

R. Erickson: *Mother Midnight, Birth, Sex and Fate in Eighteenth Century Fiction*, New York 1986.

2.6.3 Fielding, Jonathan Wild

J. E. Wells: »Fielding's Political Purpose in ›Jonathan Wild‹«, Publications of the Modern Language Association of America 28 (1913), S. 1–55.

W. R. Irwin: *The Making of ›Jonathan Wild‹, A Study in the Literary Method of Henry Fielding*, New York 1941 (Reprint Hamden 1966).

B. Shea: »Machiavelli and Fielding's ›Jonathan Wild‹«, Publications of the Modern Language Association of America 72 (1957), S. 55–73.

A. N. Wendt: »The Moral Allegory of ›Jonathan Wild‹«, Journal of English Literary History 24 (1957), S. 306–320.

C. J. Rawson: »Fielding's Good Merchant, The Problem of Heartfree in Jonathan Wild«, Modern Philology 69 (1972), S. 292–313.

R. B. Friedman: *Fielding's › The Life of Mr. Jonahan Wild the Great‹, A Textual and Critical Study*, Diss. New York 1982.

2.6.4 Fielding, Joseph Andrews & Tom Jones

I. Ehrenpreis: *Fielding, › Tom Jones‹*, London 1964.

M. C. Battestin (Hrsg.): *Twentieth Century Interpretations of › Tom Jones‹*, Englewood Cliffs 1968.

H. Goldberg: *The Art of ›Joseph Andrews‹*, Chicago London 1969.

E. T. Palmer: »Irony in ›Tom Jones‹«, Modern Language Review 66 (1971), 497–510.

C. A. Knight: »Multiple Structures and the Unity of ›Tom Jones‹«, Criticism 14 (1972), S. 227–242.

W. Iser (Hrsg.): *Henry Fielding und der englische Roman des 18. Jahrhunderts*, Darmstadt 1972.

B. Harrison: *Henry Fielding's › Tom Jones‹, The Novelist as Moral Philosopher*, London 1975.

G. Birkner: »Zum Verhältnis von ästhetischer Norm und Funktion in Fieldings ›Tom Jones‹ und ›Joseph Andrews‹«, Anglia 95 (1977), S. 359–378.

H. Breuer: »Dramatische Gestaltungsmittel in Henry Fielding's ›Tom Jones‹«, Anglia 99 (1981), S. 332–354.

A. Löffler: »Sophia Western und das Welttheater: Zum Verhältnis von idealer Norm und satirischer Kritik in ›Tom Jones‹«, Germanisch-Romanische Monatsschrift 35 (1985), S. 27–41.

2.6.5 Smollett, Roderick Random & Peregrine Pickle

R. Putney: »The Plan of ›Peregrine Pickle‹«, Publications of the Modern Language Association of America 60 (1945), S. 1051–1065

R. D. Spector: *Tobias George Smollett*, New York 1968.

A. G. Fredmann: »The Picaresque in Decline, Smollett's First Novel«, *English Writers of the Eighteenth Century*, hrsg. J. H. Midden-
dorf, New York 1971, S. 189–207.

F. J. Kearful: »Spanish Rogues and English Foundlings, On the Desin-
tegration of the Picaresque«, Genre 4 (1970), S. 376–391.

G. S. Rousseau: »Smollett and the Picaresque, Some Questions about
a Label«, Studies in Burke and his time 12 (1971), S. 1886–1904.

J. Weinsheimer: »Defects and Difficulties in Smollett's ›Peregine
Pickle‹«, Ariel 9 (1978), S. 49–62.

K. Poenicke: »Das Rad der Fortuna und die Revolution, Zur Ge-
schichtsideologie pikarischen Denkens«, Amerikastudien 23
(1978), S. 90–97.

D. K. Jeffrey: »›Roderick Random‹, The Form and Structure of a
Romance«, Revue belge de philologie et d'histoire 58 (1980),
S. 604–614.

J. H. Bunn: »Sings of Randomness in ›Roderick Random‹«, Eighteenth Century Studies 14 (1981), S. 452–469.

J. McAllister: »Smollett's Semiology of Emotions, The Symptomato-
logy of the Passions and Affections in ›Roderick Random‹ and
›Peregrine Pickle‹«, English Studies in Canada 14 (1988),
S. 286–296.

2.6.6 Sterne, Tristram Shandy

J. Traugott: *Tristram Shandy's World, Sterne's Philosophical Rhetoric*,
Berkeley Los Angeles 1954.

A. H. Cash: »The Lockean Psychology of ›Tristram Shandy‹«, Journal of English Literary History 22 (1955), S. 123–135.

J. J. Hall: »The Hobbyhorsical World of ›Tristram Shandy‹«, Modern
Language Quarterly 24 (1963), S. 131–145.

R. Alter: »›Tristram Shandy‹ and the Game of Love«, American
Scholar 37 (1968), S. 316–323.

B. Fabian: »›Tristram Shandy‹«, *Der englische Roman*, hrsg. F. K.
Stanzel, Bd. 1, Düsseldorf 1969, S. 232–269.

J. Preston: *The Created Self, The Reader's Role in Eighteenth- Century
Fiction*, London 1970.

H. Anderson: »›Tristram Shandy‹ and the Reader's Imagination«,
Publications of the Modern Language Association of America 51
(1971), S. 966–973.

D. A. Berger: »Das gezielte Mißverständnis, Kommunikationspro-
bleme in Laurence Sternes ›Tristram Shandy‹«, Poetica 5 (1972),
S. 329–347.

R. A. Lanham: ›*Tristram Shandy‹, The Games of Pleasure*, Berkeley
Los Angeles 1973

G. Rohmann (Hrsg.): *Laurence Sterne*, Darmstadt 1980.

J. Lamb: »Sterne's System of Imitation«, Modern Language Review 76 (1981), S. 794–810.

M. Byrd: › *Tristram Shandy*‹, London 1985.

G. Ahrends: »Sternes ›Tristram Shandy‹ und der Literaturtyp der Anatomie«, Germanisch-Romanische Monatsschrift 36 (1986), S. 16–31.

W. Iser: *Laurence Sternes › Tristram Shandy‹, Inszenierte Subjektivität*, München 1987.

Personenregister

Angaben zum Autor

Matthias Bauer, Studium der Germanistik, Geschichte und Publizistik an der Universität Mainz; 1992 Promotion über den Schelmenroman. Bei J.B. Metzler ist erschienen: *Im Fuchsbau der Geschichten.* 1993.

Sammlung Metzler

Printed in the United States
By Bookmasters